浙江广播电视大学资助出版

教师专业发展与自我领导力研究

JIAOSHI ZHUANYE FAZHAN YU ZIWO LINGDAOLI YANJIU

吴思孝 ◉ 著

中国财经出版传媒集团
经济科学出版社
Economic Science Press

图书在版编目（CIP）数据

教师专业发展与自我领导力研究 / 吴思孝著. —北京：经济科学出版社，2019.6
ISBN 978-7-5218-0518-5

Ⅰ.①教… Ⅱ.①吴… Ⅲ.①中小学-师资培养-研究 Ⅳ.①G635.12

中国版本图书馆 CIP 数据核字（2019）第 084800 号

责任编辑：周胜婷
责任校对：蒋子明
责任印制：邱 天

教师专业发展与自我领导力研究
吴思孝 著
经济科学出版社出版、发行 新华书店经销
社址：北京市海淀区阜成路甲 28 号 邮编：100142
总编部电话：010-88191217 发行部电话：010-88191522
网址：www.esp.com.cn
电子邮件：esp@esp.com.cn
天猫网店：经济科学出版社旗舰店
网址：http://jjkxcbs.tmall.com
北京密兴印刷有限公司印装
710×1000 16 开 14.5 印张 250000 字
2019 年 6 月第 1 版 2019 年 6 月第 1 次印刷
ISBN 978-7-5218-0518-5 定价：60.00 元
（图书出现印装问题，本社负责调换。电话：010-88191510）

前　　言

问题源于实践，对实践问题的困惑和好奇是研究的动力。教师专业发展关涉教育事业发展和教师职业幸福，更与学生健康成长和学校持续发展息息相关。笔者从事教师培训十余年，接触过许多优秀而个性独特的中小学教师，也见证了不少普通教师由“丑小鸭”蜕变成“白天鹅”的励志故事。哪些因素影响教师专业发展？优秀的教师存在哪些共性？哪些手段可有效促进教师专业成长？为什么相同的际遇会给不同教师带来不一样的发展结果？……对教师发展问题的理性思考理应成为每一位教师教育工作者共同的使命。

笔者对教师专业成长保有持续的热情。从2003年开始，笔者在工作中，对接触的每一位优秀教师都会请教一个问题“在您的专业成长路上，哪些因素对您有重大影响？最主要的一个影响因素是什么？”并逐渐形成对“优秀教师”的朴素诠释：有教育理想、有一颗“不安分”的心、会经营师生关系、能理解尊重和帮助学生、能为困难找方法、乐观通达有激情、有一个关键的重要他人、经历了一段刻骨铭心的事件等。这些简短的词语是每一位优秀教师用时间、精力和智慧积淀的结果，这是一种基于经验的共性探索。与优秀教师的每一次接触，犹如打开一本精彩的书籍；每一次交流，胜似阅读书籍丰富的篇章。每一位优秀教师的成长都是由一个个精彩绝伦的故事和色彩斑斓的阅历串联而成。这样的经历奠定了笔者简单朴实的教师观——优秀的教师应该是“有故事的人”。在与诸多中小学优秀教师的接触中，笔者深深感受到他们与众不同又如此相似的职业理解、价值追求和个人魅力。应该说，发自内在的成长驱动力是教师不断成长的力量源泉。只有教师愿意拥有改变自己的动机、信念和态度，发展才会由“要求”转为“需求”，由“外在”转向“内在”，才能讲好自己的教育故事。

肇始于西方的自我领导理论历经三十余年的持续发展，出现了大量的研究成果。在概念与内涵、方法与内容不断丰富的背景下，本书以W市中小学教师为样本，以教师专业发展为切入点，通过访谈、问卷、自传分析等混合研究方法，探寻教师自我领导力的内涵、结构、现状和影响因素等，寻求自我领导式教师专业发展策略。

笔者认为，教师自我领导力是教师以自我认识和职业认同为基础，以提高教育教学效率、促进学生发展和自身发展为目标，整合内外各种资源的自我影响、自我完善和自我建构的能力。本书基于已有的量表文献分析，通过教师访谈、问卷及教师工作遇到问题的语义分析，用测量学的方法编制形成由价值内化策略、工作意义感策略、目标导向策略、自我惩罚策略和自我奖励策略5个因素构成的教师自我领导力量表，较为充分地验证了自我领导力的内部结构，也发现中小学教师自我领导力独特的职业特点。

本书通过W市703个样本的调查分析发现，中小学教师自我领导力普遍较强，教师自我领导力在教师的性别、任教学科、学校类型上无显著性差异，在教师的学校所处区域、工龄、学历和荣誉上存在显著性相关。研究进一步发现：(1) 在性别上，男教师较女教师在工作意义感上得分更高，并具有显著性差异，女教师较男教师更倾向于使用自我惩罚策略。(2) 不同任教学科教师与自我领导力及价值内化策略、目标导向策略、自我惩罚策略无显著性相关。在中小学被称为副科的音、体、美、信息技术学科教师与被称为主科的语文、数学、外语学科教师在工作意义感策略和自我奖励策略上存在显著性相关。(3) 不同学校区域与教师自我领导力存在显著性相关。城市、乡镇和农村教师自我领导力分值依次递减，在其他五个维度上体现出类似的结果。(4) 不同学校类型与教师自我领导力及相关维度均无显著性相关。初中学校教师自我领导力得分最高，高中次之，小学最低，呈现出倒V形结构。在价值内化策略、工作意义感策略、目标导向策略和自我惩罚策略四个维度上，存在类似于教师自我领导力的分布结构。但在自我奖励策略的使用上，小学教师得分最高、初中次之、高中最低。(5) 不同工作年限教师与教师自我领导力、价值内化策略、目标导向策略存在显著性相关。教师自我领导力得分最高的是工龄在20年以上的，其次是10～20年、1～3年、最低是工龄在4～9年的教师，呈现出V形走势。(6) 不同学历教师在教师自我领导力上存在显著性差异，与工作意义感、自我奖励策略存在显著性相关。(7) 不同职称教师在自我领导力及价值内化策略、工作意义感策略和目标导向策略等维度存在显著性正相关。在教师职务诸多类型中，教师自我领导力的分值各不一样，中学高级职称教师得分最高，其次是中学三级（小教二级）、中学一级（小高），最低是中学二级（小教一级），呈现出V形结构。(8) 不同荣誉教师在自我领导力及价值内化策略、工作意义感策略、目标导向策略和自我奖励策略维度上均存在显著性相关，在自我惩罚策略维度上无显著性相关。在诸多学术荣誉中，市名师、特级教师自我领导力得分最高，接下来依次是“市三坛”或县名师、县学科骨干、市学科骨干或“县三坛”，最低是普通教师。教师的学术荣誉越高，教师自我领导力及价值内化策略、工作意义感策略、目标导向策略、自我奖励策略也越高。教师自我领导力随教师学术荣誉水平的提高呈爬坡式上升趋势。(9) 线性回归路径发现：教师自我领导力＝135.768＋0.150×学术荣誉－0.130×学校区域。教师自我领导力可有效预测教师的学术荣誉和教师所在的学校区域。学术荣誉越高，教师自我领导力越强；教师所在学校越偏离城市，教师自我领导力越弱。

本书通过对24位优秀中小学教师自传分析，进一步探讨教师自我领导力的影响因素和实践表现形式。研究认为：教师自我领导力是自我趋于完善的过程，是教师的一种实践能力，体现出历史参与感、工作意义感和个体实践性等共性；教师自我领导力是教师意义追寻的过程，受教师发展空间和教师自主权的影响。可从教育行政、学校组织、培训机构和教师个体四个角度的诸多策略提升教师自我领导力。

目　录

第一章　绪论 …………………………………………………………（1）

第一节　问题提出 ………………………………………………（1）
第二节　文献梳理 ………………………………………………（6）
第三节　研究目的与意义 ………………………………………（43）
第四节　研究设计 ………………………………………………（46）
第五节　本书框架 ………………………………………………（50）

第二章　教师自我领导力量表编制 ……………………………………（52）

第一节　概念分析 ………………………………………………（52）
第二节　量表形成 ………………………………………………（58）
第三节　量表分析 ………………………………………………（76）
第四节　讨论 ……………………………………………………（93）

第三章　教师自我领导力现状调查 ……………………………………（96）

第一节　研究方法 ………………………………………………（96）
第二节　调查分析 ………………………………………………（98）
第三节　讨论 ……………………………………………………（123）

第四章　教师自我领导力影响因素分析 ………………………………（130）

第一节　研究方法 ………………………………………………（131）

第二节　个体因素再探讨 …………………………………………（136）
第三节　学校组织因素探讨 ……………………………………（144）
第四节　自我领导力实践探讨 …………………………………（149）
第五节　讨论 ……………………………………………………（160）

第五章　结论与建议 ……………………………………………（174）

第一节　研究结论 ………………………………………………（174）
第二节　策略与建议 ……………………………………………（178）
第三节　反思与展望 ……………………………………………（192）

附录 1　国内自我领导力量表使用情况汇总 ……………………（196）
附录 2　SLQ 量表与 RSLQ 量表比较分析 ……………………（201）
附录 3　教师自我领导力正式量表 ……………………………（206）
参考文献 …………………………………………………………（209）
后记 ………………………………………………………………（219）

第一章　绪　　论

第一节　问题提出

一、研究缘起

笔者涉足教师自我领导力问题研究，缘起于个人多年来对中小学教师专业成长的实践思考、理论追寻和个人反思。

（一）实践思考：教师被教育管理边缘化

教育的问题说到底是实践的问题，实践的诉求是问题的起源。教育在宏大的国家改革叙事中占据着重要的地位，在风起云涌的教育改革背景下，教育工作者们正在探索各种教育实践活动。教育的实践问题被不同认识主体用价值这把刀修正、整合或剔除。作为一个基层教育工作者，有游走在教育诸多微观教育实践与问题间隙的困惑。宏观的教育政策遭遇基层教育实践者的价值诉求，中观教育管理者用行政思维划割权力的阈限，中小学教师在制度的框架中四目顾盼。

宏大的教育叙事在遭遇教育实践时往往容易浓缩为教师的生存和发展问题，因为，教师作为教育实践中的主体承载着组织架构和信息交汇的责任，肩负着教育价值理性和工具理性的产生和输出的角色。在“质量”和“公平”这一对永恒的教育话题细化下的政策凸显出一个问题：教师被忽略了。教育改革中，人们更多地是关注教育体制与教育结构上的调整和改变，强调的是预订的结果和期待的效果，对教师采取的态度是常常要求和防范。现实中，教师被视为改革政策的执行者甚至是改革对象，这无疑不利于教师专业能力的发展和工作积极性的提升。

实践中，教师却被置于问题的中心和问题解决的边缘。

社会发展史其实是人的发现史：国家的人—集体的人—组织的人—个体的人，不同发展阶段凸显出发展对人存在价值的发现和再认的社会进步印记。个人本位的教育或社会本位的教育，不足以全面阐述教育中的价值问题。人是组织的人，是组织结构中活跃的个体，个体的价值在教育中无法有效突显。在大量的社会隐喻中，教师代表着奉献、牺牲、爱与责任，但在这些被责任固化的角色背后是作为一个群体的教师，独立的个体的教师被忽略了。教育改革和学校管理视阈中的教师往往陷于“有学生无自主”“有绩效无创造”“有组织无个性”的角色偏颇之中。基于任务导向的管理方式和基于科层领导的管理模式，很难有效提供教师追寻教育价值的平台，很难激活教师探寻教育规律的勇气，很难保障教师发现自己的意识。制度、政策、规训和要求规制了教师人生的发展轨迹，夹缝中探寻职业发展是教师教育实践的客观诉求。如何发现教师的个体意义，如何实践教师的存在价值，如何体察教师发展的内在需要，如何廓清教师的自在走向，这些问题容易被当前的教育改革和学校变革所忽视。在教育范畴内，教师作为活动主体，对教育教学管理结果起到重要桥梁作用。教育管理实践如何回避对教师主体价值的忽视是本研究的缘起之一。

（二）理论追寻：教师自主被研究者遗忘

教师素质决定教育质量，对教师的认知决定学校发展高度。近年来，人们越来越认识到，教师的专业发展是提升学校办学质量、保障学校变革顺利进行的关键。岳欣云认为：“从关注教师特征和行为的教师研究，再到关注教师认知加工过程和教师个人实践知识的教师认知研究，以及关注教师与教师之间关系的教师生态文化研究，教师发展研究经历了从外在到内在、从个体关系的转达转换和发展，对教师的认识也越来越丰富和深刻。①”

---

① 岳欣云．教师研究的反思与再探讨［D］．上海：华东师范大学，2005：10.

诸如此类的教师专业发展研究，试图揭示优秀教师的共同特征，探寻优秀教师思考、行动和反思的轨迹，探索优秀教师的成长环境和影响因素，等等。

西方教师研究视教师为冷静的客体，重视教师外在要求，缺乏对教师个体积极、主动的关注。教师生命并不是一个抽象的、物质的存在，它是教育活动发生、舒展、持续的过程。教育活动对教师生命成长不仅具有结果上的价值，而且具有过程性意义。从存在论意义上关注教师，就是要在个体身上唤醒一种可靠的真实的生活的可能性，以抗拒趋于标准化甚至僵化的生存态势。2001 年，朱小蔓和笠佐领在教育部师范司举办的“基础教育改革与教师教育国际研讨会”上，提出了“培养自主成长教师”的观念。他们认为“新世纪的教师应该是自主选择、自主反思、自主建构、可持续发展的教师①”。何小忠认为，“在教师专业化漫长进程中，我们应当高度重视并选择教师专业自我发展的路径，自主发展是教师专业发展路径选择的必然要求”②。教师的自主发展应引起越来越多研究者的关注。

在教师发展沿革中，职前培养和职后培训已趋于一体化。教师在职培训是我国促进教师队伍建设的主要手段。不管是颁布新课程改革纲要，推行新课程实验项目，还是新教材的使用，甚至宣传推广某种教育理念或教学方法，都需要教师培训先行。教师作为教育教学中的实施者，他们的观念和行为影响甚至左右教育教学的后果。由培训主体、培训理念、培训对象、培训目标、培训内容、培训手段（方式、方法）与培训管理（过程监控、考核评价）等构成了中小学教师培训庞大的运行体系，这些要素在优化组合过程中取得不少成果，也面临许多问题。其中，参训教师培训意愿不强是影响培训有效性的核心问题。当前，教师培训还局限组织方提供自以为教师所需的内容，或者在简单调查后提供菜单以实现“以需求定要求”。教师专业发展的动力在教师自身。教师培训在多方了解需求、分析需求和引导需求的基础上，更需要

---

① 朱小蔓，笠佐领. 走综合发展之路 培养自主成长型教师［J］. 课程·教材·教法，2002（1）：59 -63.

② 何小忠. 教师专业自我发展及其策略探析［J］. 中小学教师培训，2006（10）：3 -5.

寻求学习主体内在深层次机制的保障。要有效改变教师行为和观念，就要关注教师思考所在、信念所向、决策所依等内在的主观意义系统，而不是简单的知识的获得和技能的培养。从目前教师培训手段和内容来看，培训对教师专业发展的促进更多地倾向于知识技能的提供和提升，过多地依赖于外部环境的改变。培训部门试图通过外部可控环境变化来改变教师专业发展路径，缺失对教师个体主观能动性激发的思考。教师的专业发展也处于被要求的应付状态。教师研究中对教师自主能力的遗忘是本研究的缘起之二。

（三）个人反思：个人成长经历具有普适性

个人成长经历的反省催促笔者思索成长的个性和共性问题。笔者出生在浙东南沿海的农村，天资驽钝，不善言辞。村小、乡中、普高，再到“211”高校及至工作，一路走来颇多艰辛，但拜努力和坚持所赐也收获诸多喜悦。我看到太多聪明的同学逃离学业或耽于慵懒工作，也见证了不少不懈努力坚持梦想、学有所成的朋友。学业和工作的经历让我逐渐明白，一个人的成长固然与外在许多条件紧密联系，但更重要的是需要一个积极的自我去不断探索和完善。人对自己的认识和改造可以弥补许多外源性的不足。在每个阶段，不同梦想赋予我不懈努力的勇气和胆量。怀着逃离农村的梦想考上大学，带着教育改变命运的梦想从事师范教育，揣起学习解决工作困难的梦想争取机会攻读专业学位。如今，循着学术的梦想开始新的追求。在成长的每个节点，有一种力量如“上帝之手”推动你向前、继续和积极面对。

个人成长的经历让我意识到，做学问的最佳方式便是从自己的生活体验切入。米尔斯（Mills）谈到“治学之道”时曾提醒从事学术研究的初学者：“那些最有名望的思想家并不把研究工作与日常生活相割裂。他们舍不得冷落任何一方面，以至于不能容忍这样的分离，并且要力图使两者相得益彰。……选择作一名学者，既是选择了职业，同时也是选择了一种生活方式。……你必须在学术工作中融入个人的生活体验：持续地审视它，解释它。从这个意义上说，治学之道就是你的核心，并且在你可能从事的每一项学术成果中纳入个人的体验”[①]。总有一种力量让我们不忍放弃坚守，总有一种精神催促我们走在前进的路上。对这种力量的寻求肇始于笔者对目前教育和教师发展的审视，也源于对自己工作和生活的意义探寻。教育实践是人的实践，学术史也是个人的成长史。个人经历的回顾和审视是本研究缘起之三。

二、问题提出

人有两种认识世界的方式，一种是通过个人和存在于经验中的知觉的相互作用，另外一种是通过个人和他人以及社会环境相互的影响。前者向内，后者向外，两者构成了我们对自己的认识和对自己以外的世界的认识。

认识源于问题。叶澜认为，“教师专业发展就是教师的专业成长或教师内在专业结构不断更新、演进和丰富的过程”[②]。教师发展是教师职业生涯持续不断专业化的动态过程，在这个过程中，内外各种因素影响教师发展的速度和效率，体现发展的实践差异。从 20 世纪 80 年代开始，教师专业发展逐渐成为研究热点，多维度关注深化了研究的视角和领域，朱旭东和周钧从学科视角发现有哲学、心理学、社会学、教育学、文化学、生态学、复杂系统科学和管理学八种选择[③]。就管理学视角而言，有学者应用彼德·圣吉的五项修炼理论，从自我超越、改善心智模式、建立共同愿景、团队学习和系统思考五个方面揭示影响教师专业发展的原因，并从这五个方面出发提出教师专业发展的策略。在诸多的教师专业发展影响因素和教师专业发展途径研究中所涉的自主式发展，也只是从管理的角度笼统地谈教师发展，从教师自我领导力角度去研究教师专业发展内容的所涉寥寥。

自我领导概念源于管理理论，在西方研究范畴内主要用于知识员工的管理。后来该理论被运用到教育领域并被引入国内。教师需要适应外部环境

① C. 赖斯·米尔斯. 社会学的想象力［M］. 陈强，译. 北京：生活·读书·新知三联书店，2001：212.

② 叶澜等. 教师角色与教师发展新探［M］. 北京：教育科学出版社，2001：226.

③ 朱旭东，周钧. 教师专业发展研究述评［J］. 中国教育学刊，2007（1）：68－73.

的变迁，又要适应组织内部的管理行为，所以，教师经常面临冲突、矛盾和困顿的挑战。那么，教育领域的中小学教师是否适合自我领导理论？中小学教师自我领导力会有哪些具体特征？中小学教师自我领导力内部结构与经典自我领导理论的内部结构是否一致？中小学教师自我领导力现状如何？教师自我领导力与教师人口学变量之间到底是怎样的一种关系？教师自我领导力多大程度上影响教师专业成长？本研究围绕中小学教师自我领导力这一核心概念，试图探寻教师自我领导力的内部结构及与诸多因素的关系，以丰富教师专业发展的研究视角和自我领导力的研究内涵。

第二节　文献梳理

自我领导是领导理论发展中的一个重要成果。国外研究者把领导理论发展分为三个阶段：第一阶段是20世纪初到20世纪80年代的领导理论，主要有特质领导理论、行为组织领导理论、权变领导理论、交换领导理论；第二阶段是20世纪80年代兴起的新领导理论，主要有变革型领导理论、愿景型领导理论；第三阶段是世纪之交兴起的领导理论，主要有分担式领导理论、有机领导范式、复杂领导理论、团队领导理论、分布式领导理论、真实领导理论。随着时间的推移和不同领域领导实践的不断深入，领导理论也在不断的发展和丰富。作为领导理论范畴的“领导力”研究是近几年教育管理领域的热点，自我领导在西方领导理论的发展洪流中孕育、产生、发展和完善起来。

一、自我领导力理论概述

自我领导理论直接来源于管理理论和领导理论，但深受心理学的影响，特别是德茨（Deci）的动机理论和班杜拉（Bandura）的社会学习理论和社会认知理论。

（一）内在动机理论

《简明不列颠百科全书》将动机解释为“为实现一个特定的目的而行动的原因”①。心理学把动机分为外在动机（extrinsic motivation）和内在动机（intrinsic motivation）②。德茨和瑞安（Deci & Ryan）提出了一套内在动机理论体系③，并认为，内在动机是一种要求自己在困难的挑战面前感到有能力、能做出决定的先天性需要。这些需要潜伏于人的多种行为中，包括探究活动、学习甚至游戏活动，它激起人们去寻找并努力征服一系列对其能力来说是最理想或最合适的挑战。在怀特（White，1959）研究的基础上，德茨和瑞安（1985）的认知评价理论提出胜任力和自我决定需要是驱使内在动机的主要因素。其中，胜任力的培养需要不断地训练和发挥自己的潜能，而自我决定需求是不受压力影响的需求（如有条件的奖励）。对胜任力和自我控制的感知（如自我决定）是自我领导理论中的自然报偿概念的核心部分（Manz & Neck，2004）。依据自我领导理论，在某种程度上，活动或任务的可选择程度以及结构或感知的方式，能促使胜任感和自我效能感的提升，进而提高工作绩效。虽然自然补偿比外部奖励持久有效，但适当的时候，偶尔利用外部奖赏，有助于弥补自然补偿或者内在奖赏的不足（Manz & Neck，2004）。譬如，安排的任务令人不快乐或者很乏味，缺乏内在激励功能，外部自我奖励策略的运用将变得尤为合适和有效。

（二）社会学习理论

社会学习理论是20世纪60年代兴起的一种理论，其创始人是美国新行为主义心理学家班杜拉。该理论阐明了“人怎样在社会环境中学习”，关注人的个性的形成和发展。班杜拉将学习分为直接学习和观察学习两种形式。直

---

① 邵瑞珍，张人杰. 中学百科全书（教育学·心理学卷）［M］. 上海：上海教育出版社，1990：53.

② Petri H L. Motivation：Theory and research［M］. Belmont：Wadsworth Publishing，1981.

③ Deci E L & Ryan R M. Intrinsic Motivation and Self-Netermination in Human Behavior［M］. New york：Plenum Press，1985.

接学习是指个体对刺激做出反应并受到强化而完成的学习过程；观察学习是指个体通过观察榜样在处理刺激时的反应及其受到的强化而完成学习的过程。社会学习理论以人、环境和行为三者之间相互作用的观点为基础，强调人的观察学习、替代性强化和自我强化，指出人的符号表征能力是进行观察学习的前提保证，同时提出人的行为受到其预期结果的控制——不仅仅是我们自身行为的预期结果，还有我们所能观察到的他人行为的结果。而且，一个人的行为会自我调节，人们根据自我需要，设定成绩标准，以自我调节或自我批评的方式对自己的行为做出反应。社会学习理论的本质意义在于，它将个体认知评价与外部环境的偶然性看作一个整体，并将这一整体作为对人类行为产生影响的决定因素。班杜拉（1977）指出，"行为要受到能够预测到的结果的控制，它不仅受到自我活动预测结果的控制，而且也会受到我们可以观察到的其他人活动结果的控制"。因此，人们可通过观察社会环境及其对刺激所做出的反应来获得进一步的学习。社会学习理论认为，人通过认知过程不仅能控制生活，而且能对未来制订计划和确定目标。

（三）社会认知理论

班杜拉（1986）提出社会认知理论，尔后慢慢完善理论体系。该理论强调个体所拥有的自我系统和信念对自身思想、情感和行为的主要控制作用，形成环境、行为和自我信念人类功能三角模型。根据班杜拉的社会认知理论，知识、技能和以前的成就对个体以后的成就往往起到很小的预测作用，因为只有个体对自己的能力和努力可能取得成果有信念，才能对个体行为产生强有力的影响。同时，班杜拉还认为，自我反省是人类最为独特的能力，因为通过这种具有自我指示性的思维方式，人们能够评价或改变他们自己的想法和行为。个体对外在影响的反应既有消极的一面，又有积极的一面；而且，外在环境也会因个体的反应而发生变化。个体与环境的相互影响为个体实现自身发展提供了可能。在目标与绩效之间存在着自我满足感、自我效能感和内在标准这三种起中介作用的自我影响。作为社会认知理论的核心概念，自我效能感反映个体对完成一项任务应该具备的能力的自我评估，会显著影响期望、努力程度、坚持程度和思维类型。自我领导策略，尤其是自然报偿策略和积极思维策略就是要通过提高个体的自我效能感来达到预期目标①。

（四）自我调节理论

卡弗和沙伊尔（Carver & Scheier，1998）提出了自我调节理论，用来解释“行为为何会产生”。研究认为，自我调节的过程类似于“温度调节器”的运作。当人们对行为进行自我调节时，首先要将行为的因变量和预先设定好的目标或理想状态进行比较，如果发现存在偏差或者错误，他们就会调整相应行为，以使其达到预期目标。无论何时，自我调节的目的都是为了减少实际绩效与理想目标之间的差异。当人们对某一目标有积极的预期时，他们就会加倍努力，反之，他们就会重新寻找新的目标。所以，卡弗和沙伊尔认为，自我调节理论关键在于人们对绩效预期的信心和期望。正如莱瑟姆和洛克（Latham & Locke，1991）所描述的“虽然人们是天然的自我调节者，目标导向是生活过程所固有的，但是人们不是天生的有效的自我调节者”。当自我调节功能失调时，自我调节理论则很少描述用哪些策略来提高自我调节的效率。

自我领导与诸多学科核心概念存在千丝万缕的关系，与组织管理学中的组织授权、自我管理，与心理学中的自我控制、内在动机、人格结构，与教育学中的自我教育等均有相关。不同学科理论的关注使自我领导成为不同研究领域的交集。

二、自我领导力内涵探索

1980年，美国马萨诸塞大学领导学教授曼茨（Manz）在对自我管理概念及策略的阐述中首次提出“自我领导”一词；1983年，曼茨将自我管理概念加以延伸并开始阐述自我领导理论。奠定自我领导理论基础的开创性学术论

① 班杜拉. 思想和行为的社会基础——社会认知论［M］. 林颖，等译. 上海：华东师范大学出版社，2001.

文是 1986 年曼茨的“Self-Leadership: Toward an Expanded Theory of Self-Influence Processes in Organization”（Neck & Houghton, 2006）。自此，学术界及管理实践领域对自我领导开展了广泛深入的探讨、研究与实践。近三十年，自我领导理论引起了众多学者的兴趣，伴随着大量的研究成果的出现，自我领导理论不断建构和完善的过程中也逐渐达成了许多共识，也保留了不少颇有纷争的问题。

（一）自我领导的概念

自我领导概念是自我领导理论存在和发展的基础。领导科学对“领导”概念的经典性界定是：“领导是影响他人去实现群体目标的一种过程。”而“自我领导”很显然有别于“领导对追随者的影响”的“领导”概念。我们可从表 1－1 罗列的不同时期的研究者对自我领导定义或策略的阐述窥见自我领导概念发展的脉络。

表 1－1　　自我领导主要含义摘要

文献	主要含义
安德拉西克和亨贝格（Andrasik & Heimberg, 1982）	自我领导是一种“习得的行为”
曼茨和安格尔（Manz & Angle, 1986）	个体为达到工作绩效所需的自我引导和自我激励的自我影响过程
曼茨（1986）	自我领导是引导自己执行自然激励的任务，以及管理自己去执行必须完成，但是却非自然激励的任务
曼茨（1992）	自我领导是个体为达成目标，自我施加影响的过程
曼茨和西姆斯（Manz & Sims, 1993）	自我领导是指影响自身效率和表现的思想及行为模式
布兰查德（Blanchard, 1995）	自我领导等同于工作中对员工个人的授权。员工通过形成自己的力量来源（力量点：职位力量、任务力量、个人力量、关系力量和知识力量），能够管理自己的职业生涯，而较少依靠别人的领导，从而会更好地准备发起创新并在工作中做出更大的贡献
库尔（Kur, 1997）	自我领导是指领导者和下级为了实现组织的使命、愿景、目的、价值观、策略和目标而独立采取行动

续表

文献	主要含义
内克和曼茨（1996）	个体为达到各种绩效而需要的自我引导和自我激励的自我影响过程
斯图温特，卡森和卡尔迪（Stewart，Carson & Cardy，1996）	自我领导是一种可以有效增加理想行为的环境干预
波特（Potter，1997）	从路径发现的角度认为，自我领导有三个发现路径：首先是设定路线，你要决定去那里、实现什么目标（包括界定你的使命，创造对结果的远景展望——你要实现什么）；其次是保持路线；最后是挑战路线，通过路线从这里走到实现你目标的地方
纳波利塔诺和亨德森（Napolitano & Henderson，1998）	自我领导是一套核心价值观：远见、正值、热情、勇气、乐观、自信聚焦、自律、灵活、坚韧、足智多谋、人性、自我更新和平衡
多尔比尔；瑟德斯特伦和斯坦哈特（Dolbier CL，Soderstrom M & Steinhardt MA，2001）	从心理治疗角度，提出了另一个自我领导概念，它以内部家庭系统（internal family system，IFS）模型为基础，结合思想多样性和系统思维的观点，构建起一个把个体作为一个系统看待的模型（Schwartz，1995）。工具 IFS 模型，天然的内在领导者就是自我，而人类天生具有领导和谐的内外部生命的能力
云、考克斯和西姆斯（Yun，Cox & Sims，2006）	人们同时运用思想和行动以影响自我，意指人们从自身寻求动机和控制根源
迪莱洛和霍顿（DiLiello & Houghton，2006）	自我领导是自我影响的过程，它有助于个人发展在工作场域中需有效执行的自我引导及自我激励
乔治亚娜（Georgianna，2007）	自我领导是个体激发内在动力，提高行为活动效能的自我促进策略，自我领导是通过一些具体的自我领导策略来实现的
赵国祥，梁瀚中（2011）	自我领导是个体在实践活动经验积累的基础上，通过自身需要的驱动，根据所形成的内部标准的指导，运用内部奖赏实现自我激励而达成绩效的自我影响过程
刘峰（2005）	自我领导是自己领导自己，过程为不断自我学习的历程，所以自我领导也是学习型领导；被领导者若能自己约束自己、自己激励自己、自己影响自己，即为“自我领导”的领导者
邱晏麟（2008）	自我领导是指个体借由一些特殊的行为或认知策略影响或引导自己，是个体控制自我行为的过程
黄宗显（2008b）	个体运用各种方式，影响自己去达成预立目标的行动历程
范炽文，林姿妙（2014）	自我领导是影响领导者自我与组织成员的理论，是个体运用行为、认知及心理策略，改变思维及行为模式，以达成自我指导及自我激励，进而提升自我效能、完成预立目标之行动历程

自我领导概念的发展是不断重复验证的过程。内涵不断丰富是对自我领导理论认同基础上的具体化表现。学者们从不同视角对自我领导做了分类。从来源上来说，自我领导大致可以分为两种观点：后天习得观和内部起源观。后天习得观认为：自我领导是通过后天学习获得的，具有极大可开发性。内部起源观认为自我领导产生于个体内部，尤其强调自我的核心领导作用。从归类重点而言，自我领导有价值说、模型说和策略说。

（1）价值说。纳波利塔诺和亨德森（Napolitano & Henderson）从价值层面，把自我领导定义为一套核心价值观，体现人类生存和发展中的远见、正直、热情、勇气、乐观、自信聚焦、自律、灵活、坚韧、足智多谋、人性、自我更新和平衡。他们认为，这些价值观对形成高效管理者或领导者非常关键。库尔（Kur，1997）认为，自我领导是指领导者和下级为了实现组织的使命、愿景、目的、价值观、策略和目标而独立采取行动。

（2）模型说。多尔比尔、瑟德斯特伦、斯坦哈特（Dolbier C L，Soderstrom M & Steinhardt M A）从心理治疗角度，构建一个把个体作为一个系统看待的 IFS 模型；模型认为，天然的内在领导者就是自我，而人类天生具有领导和谐的内外部生命的能力。

（3）策略说。曼茨（1986）以不同的方式定义自我领导：一种自我发现和自我满足的过程；一种自我影响的方法；一种自我效能技术；一种行为控制的来源；一种自我实现的过程。学者们把自我领导看成是一系列自我影响策略的集合（Manz，2004；Manzand & Neck，1998）；波特（Potter）提出自我领导三条发现路径。大多数学者把自我领导认定为是设置目标、运用策略、自我影响的过程。策略说也成为自我领导概念表述中最为普遍的一种说法。

国内学者对自我领导力研究已形成一个较为完善的理论体系，但在概念的使用上显得比较杂乱，具体表现为两个问题，一是“self-leadership”翻译为“自我领导”还是“自我领导力”；二是自我领导、自我领导理论、自我领导力、自我领导策略等混合使用；鉴于概念使用中的习惯，本研究将“self-leadership”翻译为“自我领导力”，强调自我领导动态的意蕴。另外，本研究认为，自我领导力有三个层次的含义。其一，指自我领导力理论（SLT），它是独立于其他理论的宏观知识体系。它有一套自己的理论框架、概念系统、操作模式和检测工具；类似于社会学习理论、动机理论等。其二，指广义的自我领导力（SL），可翻译为“自我领导”，即个体自己领导自己的综合能力，指在自我领导理论指导下，结合内外部条件，如心境、权力、环境、文化等进行自我领导的过程，是中观的行为状态。其三，指狭义的自我领导力（SLS），特指自我领导力策略，是自我领导力的具体化，是具体和微观的行为策略，每种行为策略还包含多样操作方式。三个不同层次的概念关系可表示为：自我领导力理论 > 自我领导力 > 自我领导力策略[①]。本研究指向宏观的自我领导理论构建，但着眼于由诸多具体策略构成的自我领导力。本研究认为，自我领导力是由许多自我领导力策略构成的稳定模型，这是本研究的基本认识之一。

由于自我领导作为一个不断发展完善的理论，在概念使用上出于不同的理解有时会显得模糊。所以在本书行文中不准备非常仔细地予以界定和比较，研究过程中若无明确指出自我领导力理论或自我领导力策略，均指中观的自我领导力。当然，自我领导力更倾向于是一种能力的表述符号，具有策略运用的外观。本研究认为，自我领导力是个体以目标为导向，整合和运用认知、行为和思维策略的自我影响能力。具体特点体现在以下三个方面：

首先，自我领导力的实施主体是“个人”。自我领导力是个体激发、控制及引导行为的主宰者和控制者，即每个人都是自己的领导者。自我领导力是个体为形成在自己选择的、难于实现的道路上所需的自我动机和自我方向而对自己施加的影响（Anerson & Prussia，1997）；自我领导力是个体激发内在动力，提高行为活动效能的自我促进策略，通过一些具体的自我领导力策略来实现（Georgianna，2007）。中国台湾的黄宗显（2008）认为，自我领导力是个体运用各种方式，影响自己去达成预立目标的行动历程。这里的“个人”不仅指各个岗位特色的独立“个人”，也包括团体、团队和组织。内克和曼茨（Christopher P. Neck & Charles C. Manz，2013）把自我领导力所涉的策略悉

① 英文缩写，SLT 指 slef-leadership theory，即自我领导力理论；SL 指 slef-leadership，即自我领导力；SLS 指自我领导力策略，即 slef-leadership strategy。

数的运用于团队领导。作为团队成员，个人的工作潜能需要通过自我领导力得到挖掘，而“个人在领导自己的同时，也在影响团队”。

另外，这里的“个人”是对人已有资源的挖掘和运用。芬兰的彭特·赛德马兰卡（Pentti Sydanmaanlakka，2004）阐述了他对自我领导力的认识。他把自我领导力分为两种模式，一种是自公司模式（self-ltd model），另一种是总体幸福感模式（total wellness）。自公司模式是公司总裁利用“意识统领”进行管理。其中“意识统领”包括五个“部门”，即机能层面的身体、心理层面的心灵、社会层面的情感、精神层面的价值和专业层面的工作。每个“部门”通过各自的职责去运行从而为意识服务。如，机能层面的身体包括食物、练习、休息、呼吸和放松等；心理层面的心灵包括思想、记忆、学习、创造和知觉；社会层面的情感包括情感管理、实证（positivism）、关系、习惯和社区；精神层面的价值包括价值、目标、意义、灵性（spiritituality）；专业层面的工作包括重要任务、目标、能力、反馈和发展。而总体幸福感模式又称为福祉（well-being），是人们为了维护高水平的需要而付出努力，包括专业、机能、心理、社会和精神条件。当我们的幸福曲线在这些领域都趋高的时候，就拥有了有效而良好的自我感觉。

其次，自我领导力体现在自我影响的过程中。通过对自我领导力与自我调节、自我管理的比较发现，自我领导力在目标认知与设置、行动策略运用及外在影响因素的选择与使用上都更主动、更有效、更富有意义感。从挖掘人的内在价值和潜力而言，自我领导力强调依据内在原则和价值去完成任务。另外，它更倾向于用积极的心态和方式去进行自我影响。如果说自我调节解决自我影响的“是什么”的问题，自我管理解决自我影响的“是什么”和“怎么办”的问题，那么自我领导力解决的是自我影响的“是什么”“怎么办”和“为什么”的问题。所以说自我领导力是作为一个比自我调节和自我管理更复杂、更高级的自我影响概念而存在（Manz，1986）。

最后，自我领导力是以目标为导向的策略综合运用。目标为导向的策略综合运用包括三层含义。一是目标设置。在所有自我领导力概念中均会提到目标的设置，自我领导力最终的目的是达成预设的目标。自我领导力通过总体目标、具体目标的设置，经过一系列行为、认知和思维策略激励，影响自己，消除消极因素，维护或增强积极正向行为能量，提升自我效能。二是任务导向。任务是目标细化过程中的具体工作，工作绩效是自我领导力运用策略过程中的效果检测标尺。三是策略运用。自我领导力需要具体行动才能实现，如自我指导和自我激励等。自我领导力为了完成相应的任务、达成设置的目标，会综合运用心理、认知及行为策略。在经典的自我领导力理论中包括行为策略、内在动机策略和建设性思维策略，这三大策略又包括若干小策略，针对不同的任务和条件。

尼克·维尔丹（Nick Kweldam，2013）提出个人领导力概念。他认为，个人领导力首先包含自我学习的能力，因为每个人都有自知之明（self-knowledge）的能力。尽管维尔丹并没有给个人领导力下一个明确的概念，但它在分析个人领导力与自我管理、自我控制、自我调节和自我领导力概念区别的基础上，提出个人领导的八个因素，即洞察力、自我意识、自我反省、自我调节、情感和流体智力（emotional and fluid intelligence）、有抱负、个人责任（personal responsibility）、接受反馈（acceptance of feedback）。并编制了共有99题的个人领导力问卷。维尔丹不仅区别了自我领导力与其他几个相近概念，还整合其他的概念并融为一体创造出一个新概念，概念之间的区分在整合中不断明确各自的边界。综述文献中无个人领导力之说，但个人领导力与自我领导力概念有相近之处。

概念内涵的不断丰富体现了自我领导理论的发展脉络。从简单地区别于传统“领导”到“外在领导”到“自我影响”再到“运用一系列策略的自我影响”的概念发展沿革，进一步说明了自我领导理论的动态发展趋势；学者们也不断发展自己的学说，如自我领导的提出者曼茨从概念提出以来，不断地更新、丰富和充实概念；自我领导不是静态的概念，而是一个“过程”，是一个目标设定、目标定向、策略选择和运用、不断完善的动态概念，是“和谐的内外部生命的能力”。

（二）自我领导与相关概念区别

自我领导概念源于自我影响、自我调节和自我管理相关理论的使用。所以，自我领导概念在使用伊始便存在必要性和合理性的质疑。在此，有必要区别自我领导与这几个相关概念的关系。

1. 自我领导与自我管理（self-mangment）

在曼茨眼里，自我管理是“一种自我影响过程和一些策略，主要关注的是‘怎样达到目标和标准’，而这些目标通常是外在给定的……自我管理更倾向于依赖外部奖励以及更聚焦于行为。”曼茨将自我领导定义为“一种自我影响过程和一些策略，关注的是‘做什么，为什么做，以及怎么做’……它不含内在奖励，而且比自我管理更关注认知过程。[①]”曼茨是在区分不同程度的自我影响的同时区分了自我管理与自我领导的关系。尽管自我领导和自我管理两者都强调个体主动性、行为和认知策略的运用及目标导向，但个体的自我领导被视为管理个体行为的最终标准来源。自我领导是作为一个比自我管理更复杂、更高级的自我影响概念而存在的（Manz，1986）。

2. 自我领导与自我调节（self-regulation）

自我调节研究有三类取向：行为认知研究、神经机制研究、自我调节与健康的关系研究。在行为认知研究中，自我调节是个人系统地引导自己的思维、情感和行为，使之指向目标实现的一种过程。[②] 从自我调节的过程来分析，班杜拉认为，自我调节过程包括三个阶段：自我观察（自我监控）、自我评价（自我判断）和自我反应（自我激励）[③]。鲍迈斯特（Baumeiste）等人把自我调节过程分为：建立一个目标或满意的状态、做出能够达到目标的正确行为、监控朝向目标的过程[④]。而卡罗伊（Karoly）提出了自我调节过程五阶段论：目标选择、目标认识、维持方向、变换方向和目标终止[⑤]。布朗（Brown）则提出自我调节过程包括三个方面：目标选择、行为准备、一个控

---

① Manz C C. leading employees to be self-managing and beyoud：Toward the establishment of self-leadership in organizations［J］. Journal of Management Systems，1991，3（3）：15－24.

② 江伟等. 自我调节研究进展［J］. 西南大学学报（社会科学版），2008，34（2）：12.

③ 罗伯特·E. 弗兰肯. 人类动机（第五版）［M］. 郭本禹，等译. 西安：陕西师范大学出版社，2005.

④ Baumeister R F & Vohs K D. SelFregulation and the executive function of the self［M］. In Leary M R & Tangney J P（Eds）. Handbook of self and identity. New York：Guilford press，2003：197－217.

⑤ Pal Kroly. Mechanisms of self-regulation：a systems review［J］. Annual Review of Psychology，1993（44）：23－52.

制环路[①]。它代表了一种相对有限的自我影响，几乎是自动发生，不是有意想服务于外在要求（Jeffrey L. Godwin，Christopher P. Neck，Jeffery D. Houghton，1999）。自我调节是一种有限的资源，并得到了大量的实验证明[②]。而自我领导强调行为标准的内在来源，即为了事情的内在价值而行动，而不把标准看成是给定的或对感觉到的外部问题的反应。正如斯图尔特等（Stewart et al.，1996）所言，尽管自我领导和自我调节不同，但自我调节是自我领导的基础，教授自我调节的方法也是自我领导培训的一个部分。

3. 自我领导与自我控制（self-control）

自我控制的定义很多，如：一种有机体设法控制一种行为可能性的反应（Cautela，1969）；在缺乏直接的外在限制条件下，致力于一种低可能性的反应（Thoresen & Mahoney，1974）；一种区别性地被用于干涉及某种努力的行为方式的社会标识，这种标识在社会上是令人满意的，并涉及可见的牺牲（Mahoney & Ankoff，1979）；等等。由此可以看出，自我控制是在没有外在控制的条件下，采取自我干预措施，以保证行为符合外在控制标准。自我领导会根据外在给定的标准调节个体行为，但它更强调自我控制要源于自我内部的心理需要，这种内在对个体和外在事物的认识才是行为的高级标准。在参照标准上，自我领导比自我控制更贴近于人本身。

4. 自我领导与自我效能（self-efficacy）

自我效能是指一个人相信自己有能力成功表现某一特定行为的程度（Bandura，1986）。这些信念影响着人们对工作中面临挑战的认识、付出努力的程度和面临困难时坚持的时间（Bandura，1989）。它来自个体通过自身和他人的经验所获得的认知、社交、语言或身体技能（Bandura，1982）。个体综合评价关于其工作能力的信息，从而决定自己的行动选择、努力程度和后继工作活动的坚持时间（Bandura & Cervone，1986）。与此相反，自我领导代表一种没有特定指向的行为、态度和认知组合，诸如测控过程、自我激励和

---

① 乔纳森·布朗．自我［M］．陈浩莺，等译．彭凯平审校．北京：人民邮电出版社，2004.

② Mark Muraven，Dianne M Tice & Roy F Baumcister. Slef-control as limited resource：regulatorydepletion patterns［J］．Journal of Personality and Social Personality，1998，74（3）：774－789.

想象积极的工作因素等策略可以在整个工作领域中应用。因此，与自我效能相比，自我领导是一个更综合化或者一般化的现象。目前，学者们普遍认为自我领导策略不能直接提升绩效，而是间接促进绩效提升。自我领导策略因变量对绩效结果起着中介变量的作用。自我效能感反映个体对完成一项任务应该具备的能力的自我评估，会显著影响期望、努力程度、坚持程度和思维类型。自我领导策略，尤其是自然报偿策略和积极思维策略就是要通过提高个体的自我效能感才能够付诸实施（Neck，1992）。

基于上述观点和研究结论，自我领导有别于上述提到的几个概念，但又与其有千丝万缕的关系。从文献研究中可以发现，自我控制、自我调节和自我管理三个词经常被换用，使用中语意也趋于相同，但是这三个词的含义并不相同。它之所以被混用，可能的原因之一是自我管理本身含义的变化，其研究焦点的定位从被动地应对或控制转变到主动地调节和管理[①]。有理由相信，自我领导是一个区别于其他自我影响和个性特征相关概念的独特概念（Neck & Houghton，2006）。

自我领导与相关概念的澄清也是自我领导概念独立形成、内涵不断清晰丰富的过程，更是自我领导理论初步形成的必经阶段。自我领导的独特性程度及其对理解和塑造个体行为的价值仍是未来实证研究应当进一步探讨的问题。如果组织成员获得的控制和影响的量被看成是一个从外部控制到完全自我控制的连续统一体（Manz & Angle，1986），那么自我领导就明显比较接近这一范围的末端——完全的自我影响。在这些近似概念中，自我领导和班杜拉的自我影响理论及坎费尔（Kanfer，1970）的自我调节理论一样，都与社会认知理论一脉相承。自我领导则包含自我调节、自我管理和自我控制的原则，但又超越了这些理论，包含自我决定的（而不是外部命令）操作标准和一套独特的自我激发的方法。但笔者初步认为，自我领导是一个整体性的概念，它在汇集上述所提概念如管理、控制、调节等基本问题的同时，寄居在个体的人格特质中，以“领导”的形式表现在思想和行动中。因此，自我领导研究并不是上述关系概念的衍生或细分，而是对一个全新领域的探索。

---

① 孙晓敏，薛刚. 自我管理研究回顾与展望［J］. 心理科学进展. 2008，16（1）：106－113.

（三）自我领导力的策略研究

大多数研究者认为，自我领导由一些具体的策略组合而成，并通过这些策略进行自我促进。通过自我领导策略，可提高个体自我领导实践活动。不同的研究者提出了不同的自我领导策略。曼茨在1986年提出三种具体策略：自我强化、内在动机和建设性思维。此后，相继有研究者提出不同的策略，如乔治亚娜（Georgianna，2007）将自我领导分为自我意识、意志、动机、认知、行为聚焦五种策略。但大多数学者依据曼茨的观点，不断验证了三种策略存在的合理性。将自我领导力划分为行为聚焦策略、自然奖赏策略、建设性思维策略已逐渐成为学术界普遍认同的观点。

1. 行为聚焦策略

行为聚焦策略关注个体行为及自我控制，依靠自我强加的策略激发个体去完成一些困难且不令人愉快却必须要完成的工作任务。曼茨认为，通过个体恰当的自我意识以及对自己行为及其产生原因的认识，个体能够知道自身行为为什么会以某种方式表现①。曼茨在这样的内涵界定下提出了5种具体的策略：自我观察、自我目标设置、自我奖励、自我惩罚、自我提示。自我观察是个体对何时以及为何要从事特定行为的自我意识的提升，而这种自我意识的提升是改变或消除消极与无效行为的必要前提（Mahoney & Amkoff，1978，1979；Manz & Sims，1980；Manz & Neck，2004）。自我目标设置是通过建立长期和短期目标，强化自我方向感。自我奖励的形式可以是简单或无形的内容，诸如对自己取得一个重要的成就在内心表示祝贺，亦可以是具体的内容，如在完成一项艰巨的任务后给予特殊的假期。自我惩罚包括对以往失败和消极行为的回顾性审视，以促进对相关行为的重塑。自我提示能够提醒重要的目标和任务，成为鼓励建设性行为和减少或消除消极性行为的有效手段（Manz & Sims，2001；Manz & Neck，2004），如采用表单、笔记、激励性的海报等作为外部环境提示，有助于个体时刻关注所要达成的目标并保持

---

① Manz C C. Self-leadership：Toward an expended theory of self-influence processes in organizations [J]. Academy of Management Reniew，1986（11）：585－600.

较高的努力程度。

2. 自然奖赏策略

自然奖赏策略又被称为自然报偿策略、自然奖励策略或内在动机策略。自我领导的核心理念是指持续工作的动力来自工作本身而不是工作之外的刺激。自然奖赏策略强调在需要完成的特殊任务中产生积极的感知和经验，通过提升任务内在的动机，促使个体完成任务的过程中具有更多的愉悦感①。自然奖赏策略的来源不是外在的，它的核心精神是认为任务本身具有奖励功能，奖励来源于工作、任务或行动本身，如胜任感、控制感及意义感，进而产生内在激励与行为动力。自然奖赏策略可以分为两类：一类是在给定任务中，通过构建令人愉快的属性使工作或任务本身成为自然报偿因素；另一类是通过忽视工作或任务中不愉快的一面来关注它们固有的有益因素，从而提高个体认知（Manz & Sims，2001；Manz & Neck，2004）。这两类自然奖赏策略都有利于个体产生对能力需求和自我决定需求的感受，而能力需求和自我决定需求是内在动机产生的主要原因（Deci & Ryan，1985）。外在报酬（如物质奖励、加薪、分红、提职、表扬等）所产生的动机不具备或无效时，个体容易失去持续动力。因此，工作本身的挑战性、成就感、意义感和价值感所带来的激励则容易产生持续的效果。这种策略就是把外在要求转化为内在需求，强化行动中积极正向的心理情感体验并不断反哺行为和观念，就是我们常说的将“要我学”变为“我要学”再至“喜欢学”。

3. 建设性思维策略

改变世界首先要改变自己，改变自己首先要改变思维模式。该策略强调通过一种可令人接受的方式建立和改变自我的思维方式。从自我领导力发展的长远性而言，这或许是最有前途的策略（Manz，1992）。建设性思维策略是指个体促成有利于提升绩效的积极思维模式和习惯思维方式（Neck & Manz，1992；Manz & Neck，2004）。蔓茨认为建设性思维策略有四种小策略，第一种是自我信念机制发展，第二种是利用自我想象去促成个人渴望达到的成就，

① 李晓蕾．关于大学生自我领导力水平的实证研究——以北京师范大学为个案［D］．北京：北京师范大学，2007：21.

第三种是通过个体的自我对话来提升其表现，第四种是学习并使用新的心理特征。在后续的研究中，这些小策略将被慢慢地固化为独特的名词：心理意象（metal imagery）、自我对话（self-talk）、信念与假设（belief and assumptions）（Manz & Neck，2004；Neck & Houghton，2006）。心理意向有时候被翻译为预演成功，它是未完成工作前对成功的预设和假想。要妥善完成工作任务，必须要在任务真正开始前进行预演和实践（Manz，1992）。通过心理意象，个体可以在实际结果发生之前就象征性地经历结果（Drisken，1994；Neck & Manz，1992，1996a）。自我对话是个体面临挑战时，有目的的使用积极的自我对话帮助自己处理困难和问题，并不断给自己鼓励，如“我能行”“肯定没问题”“相信自己”“一定能过去”等。当然，也有消极的自我对话，如“这次死定了”“糟糕透了”“我做不到”等。我们可以通过自我对话的分析，多使用积极自我对话，减少甚至不用消极的自我对话。信念与假设是指个体检查、评价自己的思维模式，检测和反观自己的行为表现，如面临困难情境，我是怎样想的，准备怎么做。通过对自己行为和思维的不断观察、检讨和调整，从而形成良好的、积极合理的心理特征。一个人可以通过改变自我的思维模式从而建构自己的心理世界。建设性思维提倡通过个体正面思考，重新调整或改变个人思维模式，提升自我效能，进而达成自我领导。

在研究中，由行为聚焦策略、自然奖赏策略和建设性思维策略构成的自我领导力三维结构及其基本内容被大多数研究者普遍接受。尽管在语言表述和内容诠释上稍有出入，但在核心思想和主要观点上基本一致，在后续的研究中被广泛证实、沿用，并被赋予更丰富的内涵。

三、自我领导力量表述评

自我领导力需要量化体现其内在结构，而已有自我领导力量表的使用是本研究开展量表编制的基础。下面试图通过对已有自我领导力量表的回顾和梳理，寻求合理的题项，选择可行的量表编制思路。

（一）国外自我领导力量表分析

理论需要外化的行为给予适当的体现。自我领导的研究很大程度上聚焦在个体如何有效使用自我领导力策略。研究者对自我领导量表编制做了一系列的实证探索，其中目前被广泛提及的自我领导量表有以下几种：

1. 曼茨（1992）量表

曼茨（1992）依据经典自我领导理论编制了包含 13 个分量表 90 个题项的自我领导问卷，这 13 个分量表分别为：自我观察、自我目标设置、自我提示、自我奖赏、自我惩罚、自然奖赏、成功绩效心象化、自我谈话、评价信念与假想、积极思维、自我效能感、自我问题解决、主动性。曼茨在对生产车间的工人施测后，进行了一定程度的修订。这份量表被公认的第一份自我领导力量表。

2. 考克斯（Cox，1993）量表

考克斯在曼茨和西姆斯提出自我领导原型的基础上，开发出由 34 个题项，8 个因子组成的自我领导量表。这 8 个因子分别是：主动解决问题、效能、团队工作、自我奖励、自我目标设定、自然报偿、积极思维和自我观察、自我评价。

3. 米利金（Millikin，1994）量表

米利金基于曼茨（1992）90 题量表原型，把量表删减为 50 个。通过对 200 名大学生的施测和对 89 个团队中的 722 名生产线员工的先后施测，最后得到 9 个因子。它们分别是：自我观察、自我评价、心象化、自我谈话、积极性思维、寻求机遇、自信、自我问题解决、主动性。

4. 安德森和普鲁士（Anderson & Prussia，1997）量表

安德森和普鲁士开发的自我领导问卷包含 50 个题项，3 个维度 10 个因子。行为策略有 6 个因子：自我目标设定、自我奖励、自我惩罚、自我观察、自我提示和自我隐瞒；自然报偿策略有 1 个因子：重点考虑自然报偿；积极思维策略有 3 个因子：预想成功表现、自我对话和信念评估与假设。量表 Cronbach a 系数值在 0.69 ~0.91 之间，问卷样本结构维度不稳定。

5. 霍顿和内克（Houghton & Neck，2002）修正量表（RSLQ）

霍顿和内克修正了安德森和普鲁士（1997）的量表，他们删除了其中的17个题项，增加了2项，最后开发了35个题项的自我领导修正量表（RSLQ）。这份自我领导修正量表包含9个因子，它们分别是：自我目标设定、自我奖励、自我惩罚、自我观察、自我提示、自然报偿、预想成功表现、自我对话以及信念评估与假设。该问卷目前在国际上使用较普遍，成为研究者研发自我领导量表的借鉴来源。

6. 诺伊贝尔和J. 吴（Neubert & Wu，2006）量表

诺伊贝尔和J. 吴（2006）检验了RSLQ量表在中国文化背景下使用的普适性，探讨了RSLQ量表结构效度，他们分析认为中国文化传统适合五因素模型。之后何杰西（Jessie Ho，2009）和保罗·尼斯比特（Paul L. Nesbit，2009）对自我领导量表中国化进行研究，他们选择了香港285名学生为被测进行测量，结果验证了11因素的38个题项的量表。该量表增加了“个体导向的信念和假设评价”和“关系导向的信念和假设评价”两个因子，这是中国文化背景下对人际关系重视在量表中的具体化体现。后来国内的梁翰中（2007）也依此做了中国本土化的问卷改编（在国内自我领导力量表分析中有涉）。

自我领导理论提出不久，自我领导量表开始研发。上述量表编制时间跨度为1992～2006年。虽然时间短，数量也不算多，但从上述六份量表中我们可以发现在维度构想、题项编制、因子命名等方面均体现出一脉相承的借鉴和延续。这也证明了自我领导的内容结构在同一文化背景下的相对稳定性。

（二）国内自我领导力量表分析

国内自我领导研究是近二十年的事。以“自我领导”篇名搜索学术期刊网，发现有文章46篇。通过北师大图书馆和台湾高校网收集到学术期刊网未录入的硕博论文6篇，学术论文2篇。在目前收集到以“自我领导”为篇名的学术研究文章（论文）共54篇，其中有9篇文章是研究综述类和说理类，另外1篇是用质性的访谈方法做的研究，即林姿妙以台湾的小学校长自我领导为主题的个案研究。其他文章（论文）均用自我领导量表编制的方法开展

研究，通过数据分析寻求变量关系。可见，使用量表是开展自我领导研究的主要手段和工具。下面以收集到的硕博论文和文章在自我领导量表编制上的表述，通过研发者及初次使用时间、样本对象、题数、维度及因子、a信度系数、文章出处或来源、问卷来源备注等方面做进一步梳理，详细信息见“国内自我领导力量表使用情况汇总”（附录1）。

从附录1，我们可以整理出国内研究者的自我领导量表编制基本情况。李晓蕾（2006）首次翻译并以修订安德森和普鲁士于1997年编制的自我领导问卷（SLQ）《大学生自我领导问卷》作为研究工具，对北京师范大学本科生进行调查。胡荣堃（2007）利用李晓蕾（2006）问卷，对7所学校315位中小学教师进行自我领导水平测试，选择6位中小学教师对自我领导的理解、自我评价、价值观念和相关因素的看法（共六个题目）进行深度访谈，最后得出：自我领导理论框架及《自我领导问卷》在我国中小学教师群体中具有一定的适用性。朱生玉（2007）以秦皇岛市职业学校为个案，利用李晓蕾（2006）问卷（背景信息稍作修改）以等距取号选择30位教师和900位学生（用于学习成绩调查）做调查样本。张潍华（2010）利用李晓蕾（2006）的问卷，验证了该量表在高校管理干部群体中同样具有良好的信度和效度；构建了中国文化背景下自我领导理论的结构模型，该模型由行为策略、内在动机策略和建设性思维模式策略组成，包含自我目标设定与提示、自我激励、自我奖励、自我惩罚、自我觉察、内在动机、自我对话和心理意象与反思8个因素。研究提出了一个简化版自我领导问卷，但未测试。

梁瀚中（2009）在综合参考考克斯（1993）、安德森和普鲁士（1997）、霍顿和内克（2002）、穆勒（2006）德文版的自我领导问卷基础上，修订了由32个题项构成的自我领导问卷[①]，确定了中国文化背景下企业员工自我领导的七因素模型，即自我奖赏、情绪调节、成功绩效心象化、工作内在奖赏、自我目标设置、自我谈话、自我惩罚，形成了一个结构化的中国自我领导问卷。曹文峰（2010）采用梁瀚中（2009）开发的“中国企业员工自我领导问卷”七个维度的划分，结合何杰西和尼斯比特（2009）的研究，将梁瀚中

① 该问卷采用Likert6级计分法，本书其他自我领导量表均采用Likert 5级计分法。

(2009) 开发的量表中“工作内在奖赏”维度拓展为“工作和关系导向自然补偿”，最后形成7个维度29个题项。汤磊（2010）借鉴梁瀚中（2009）修订的《中国员工自我领导问卷》，选取该量表中“自我目标设定”“自我奖励”“自我惩罚”“自然报偿”“预想成功表现”“积极的自我对话”6个分量表所涉及的全部22个题项。

陈元勇（2010）以霍顿和内克（2002）修正的自我领导问卷量表（revised self-leadership questionnaire，RSLQ）为参考，对量表进行了修改，将自我目标设定修改为两个项目：长期目标设定与短期目标设定。周青开发由17题构成的企业员工自我领导力问卷，具体包括5个维度，依次是自我奖励、参照激励、成功绩效心象化、自我目标设定和自我谈话。蒋洋（2011）在已有国外问卷基础上结合自我领导量表在中国情景下的运用，形成25个题项的自我领导量表，验证了自我领导在中国情景下由自我目标的设定、自我谈话、自我奖励、预想成功表现和工作内在奖赏五维度构成。许娟（2012）结合自我领导量表在中国情景下的运用，最终采用的量表有17个题项，包含了自我目标的设定、自我奖赏、自我谈话、预想成功表现和工作内在奖赏5个因子，其中自我目标的设定和自我奖赏两因子代表了自我领导的行为聚焦战略，自我谈话和预想成功表现两因子代表了自我领导的建设性思维模式战略，工作内在奖赏因子代表了自我领导的自然奖赏战略。李秀娟（2013）以知识型员工为对象，验证了修订的自我领导量表，形成由自我目标设定、自我奖赏、自我惩罚、自我谈话和预想成功表现5个维度构成的自我领导量表。王雯（2014）以回族学生为研究对象，自编过程性自我领导力问卷，发现学生过程性自我领导力可以由计划实施和实施后评估、自我激励和自我惩罚、自我分析和目标制定、计划制订和按时完成四个维度构成。

邱晏麟2008的博士论文《团队赋权气候与自我领导能力对服务绩效与医疗满意度影响研究》和钟安宜2011的博士论文《自我领导：是领导或个人的作为?》也用了自编的自我领导力问卷。由于未到公开时间，无法取得更详细信息。

从上述的研究中，我们可以发现量表的编制是螺旋上升式的学习和革新过程，也是自我领导理论不断丰富的过程。量表中的主要题项有较大的相似度，后续的量表是对前面量表的学习和超越，更主要的是，后续的量表持续不断地保有对自我领导内涵的探索精神。自我领导作为一种可量化的行为和态度，对本质的探索需要不断丰富。在量表编制中对多文化的探讨及不同群体的检验无疑会充盈自我领导的内涵。关于自我领导量表建构效度的研究还处于初级阶段，出于方便取样的考虑及研究主体的学科背景，研究者在取样上往往以学生或企业员工为主，取样对象的相对狭窄一定程度上影响了自我领导结构的稳定性。可以说，自我领导研究工具不断完善是自我领导理论日趋成熟的重要标志。

（三）自我领导力量表问题探讨

1. 跨文化研究成为一种趋势

文化无处不在，它深入人的价值观念和行为习惯，自我领导力也会受到文化的影响。研究表明，自我领导在不同的文化背景下会呈现出不同的表现结果。诺伊贝尔和J. 吴（2006）采用霍顿和内克的RSLQ量表发现只有自我目标设定、成功绩效心象化、自我谈话和自我奖励可以适用中国员工。而乔治亚娜（2007）对中美两国大学生进行了为期两周的自我领导训练后发现，中国学生自我领导策略得分比美国学生低，而且有更高的个人主义倾向。同时，何杰西和尼斯比特（2009）以诺伊贝尔和J. 吴的研究结果为借鉴，修改了不适用于中国情境的自我领导维度中的项目，并发现适用中国的三个新维度：关系导向的自然奖赏、社会导向的价值观、基于假设和关系的自我观察。暂且不去讨论上述研究者的维度划分及解释是否合理，但基于不同文化背景的跨文化自我领导力研究将有助于我们深入探讨这个重要的话题。自我领导力量表编制的本土化也是一个研究的趋势。

回顾已有研究，我们发现研究者均以国外常用自我领导力问卷为模版，翻译、修订、试测并进行信效度的检测。问卷内容结构基本上沿用经典的三维度多因子方式，因调查目的和研究侧重点不同稍作变化，但在问卷的内容构成和文字表述上似乎变化不大。文字翻译痕迹明显，语句拗口、欧化，不够通俗，语句重复，用词含糊等问题仍然存在。比如，“自我对话”题项在编制中没有考虑到中国文化的内敛和保守特点，仍然沿用西方的翻译思路用

“大声地说出”等词语。另外，中国文化对人际的关注是不是的确可以反映在自我领导力里面还有待进一步研究。

2. 研究对象多样化必不可少

概念和内涵的丰富程度有赖于多样化的研究对象，在自我领导力相关内容综述和量表分析中发现，已有的自我领导力问卷适用对象基本上是面向企业员工和大学生，编制者倾向于用心理学角度论述个体的心理特质，深受西方的文化和思维习惯的影响。国内改编的问卷一定程度上是对西方问卷的翻译和套用。自我领导研究对象的选择和量表编制过多地把眼光投向企业员工，容易影响对自我领导的多样化探索。

曼茨和内克（2004）认为，教师角色适合自我领导的研究，因为教师职业有一个较高程度的自主权来决定如何完成任务。在他俩看来，自主程度高的职业适用于自我领导力的行使。但此处的“较高程度的自主权”的标准是什么无从了解，笔者认为它的参照系应该是企业员工，特别是相对于知识员工的机械员工。机械员工被固定在相对稳定的岗位上，在时间、地点、背景和工作方式等方面缺少机动性和灵活性。自我领导理论来自管理学者，并被较多地运用到企业管理中，他们对管理理论与实践比较感兴趣，难免会在取样上偏向于企业员工。

除了企业知识员工，研究者在取样上还偏向于大学生群体。在自我领导力的研究主体上，研究者多为高校研究生和管理学方向的学者，他们关注诸如自我领导理论等国外研究热点，出于取样方便，他们选择大学生群体为样本对象。大学生固然是一个重要的研究群体，他们也是企业知识员工就业前的主要身份。但“中国的大学生”是一个非常特殊的群体，他们经历无数次大小考试的考验，谙熟一些心理学和管理学的内涵和意思。更主要的是，他们是整个同龄群体中的佼佼者，这本身就说明了他们是在受自我领导力的影响下取得大学生身份的特殊群体。

综上所述，已有研究多以企业员工和大学生作为自我领导力的研究对象，但样本相对单一也会影响自我领导结构跨样本的稳定性，无法让我们把所有的结果都推衍到其他非企业员工和非大学生样本中去，更不好说推广到一般的人群中去。所以在选择教师为研究样本的价值在于：一方面可以扩大研究对象的多样化，避免自我领导力研究中出现的研究对象单调的缺陷；另外一方面，也为自我领导理论内涵上提供多样化的佐证。

3. 问卷编制过程公开化便于验证

已有的研究深刻地受到西方研究工具和研究思维的影响。研究概念在一个笼统抽象的层次上被引入、提出和使用。非常典型的是在自我领导概念引入时，不做概念分析和相关概念的甄别，在概念的探讨上几乎没有展开。在引入不同文化背景下的不同研究对象时亦无考量观察本土样本实际的行为与特征。研究中，需要在教师自我领导力概念上作本土化、具体化及理论化的探讨，这也是后续问卷编制的前提和问题分析的基础。

研究工具的简单引用也是一个问题。研究中无具体概念分析，这固然与该概念本身不够丰富、理论介绍不够多有关，但也与我们没有从概念分析到题项设置的问卷编制思路有关。因为，在时下，研究工具的援引非常方便，翻译过来就行。我们的研究者在翻译国外文字后，稍作修改即可进行因素分析。从国内自我领导力问卷的编制过程来看，侧重点在模型构建和数据分析，对于为什么要引入自我领导力到研究对象中来，问卷的题项是怎么来的，研究工具是怎么编制出来的，大多语焉不详。

自我领导力研究需要对象化和本土化的理论分析和数据建模，发展本土的自我领导力概念和维度非常必要。研究工具的编制是对象化非常显著的专业过程。在教师自我领导力问卷编制上，需要充分调查了解教师的工作基本问题和面临问题时所思所为。我们需要了解教师在实践中是如何思考与自我领导力内涵相关的问题，面对问题是如何实施行为策略，然后把这个研究的过程呈现出来，把所收集的信息体现出来。因此，本研究的一个重要目的就是通过实证研究探讨自我领导力的内涵维度，开发教师自我领导力量表。

四、自我领导力影响因素

自我领导力受哪些因素影响？这在自我领导概念提出后就广被关注。其中研究主要围绕个体因素和情景因素展开。

（一）个体因素

年龄、教育程度、内控点、婚姻持续情况、孩子数量、情绪智力等这些个体因素会影响自我领导力的发挥。内控点与自我领导之间呈正相关，年龄、婚姻持续情况、孩子数量与自我领导之间呈负相关（Kazan，1999）。自我领导能力随着个体受教育程度提高也在增强（Kinkade，2003）。麦金托什（McIntosh，2007）对失业人员的情绪智力进行培训，结果发现，情绪智力可以提高自我领导能力，从而提高自我效能感。

企业在对员工进行自我领导培训的过程中发现，同样的培养措施和课程，对于不同的员工效果有很大差异。一些员工能够很大程度地发挥内在动机，提高自我领导的有效性；而另一些员工则较少从培训中获得自我领导力的提升。鉴于此，很多研究者开始关注哪些员工容易提升自我领导力，员工的人格特征如何影响其自我领导力的有效发挥等问题[①]。西沃特（Sewart）等人研究显示，个体的人格特质将促进或阻碍员工自我领导力发挥[②]。外倾型是一种乐观的人格特质，它对于自我领导的有效性具有积极意义，对此类人格特质员工的自我领导培训可以采取元学习的方式（Cantor & Zirhel，1990；Kirschenbaum，1987）。

李晓蕾（2006）研究发现，大学生的自我领导力水平与性别、年龄、民族等人口统计学变量并没有显著性相关；大学生的自我领导力水平与家庭背景略有相关性，主要是父亲学历对大学生自我领导力的内在动机策略产生一定的影响作用；年级、专业与大学生自我领导力水平之间均无显著性相关。张滩华（2010）首次将自我领导理论引入我国高等教育管理研究领域，研究发现，与其他群体相比较，高校管理者的自我领导力水平均值高于高校教师群体和大学生群体。高校管理干部的自我领导力水平在性别、年龄、工作年限、领导年限、学位、管理岗位数、所在学校类别、不同部门、升迁途径、

① 李晓蕾．关于大学生自我领导力水平的实证研究——以北京师范大学为个案［D］．北京：北京师范大学，2007：26.

② Stewart G L，Carson K P，card R L. The joint effets of conscientiousnice setting［J］. Personnel Psychology，1996（49）：143－155.

所学专业、是否承担教学任务等方面存在总分、策略、不同因子层面的显著性差异；且年龄、工作年限、领导年限的差异分析结果存在一定程度的一致性，总体趋势呈倒U字形。陈元勇（2010）研究了自我领导力与职业生涯动机及绩效的关系，研究发现，不同背景的被测个体，其自我领导能力有显著差异，如性别、学历年级、专业背景以及担任过学生干部与否，在自我领导力三个维度和总量表上有显著差异。

（二）情境因素

自我领导与情景因素的关系研究是探索自我领导力形成机制的主要渠道。情境因素包括任务环境、授权、领导类型、领导者自我意识任务性质、可用时间、下级成熟度、情况紧急程度等。企业是自我领导研究最集中的地方，员工管理者领导方式与自我领导之间的关系被广为关注。授权型领导通过授权促使员工进行自我领导，对员工授权就等同于让下级代表上级，从而共享权力（Neck，Ashcraft & VanSandt，1998；Charles & James，2005）。学者们研究表明，领导者可以利用“自我领导—共享领导”这一领导类型将高压力工作环境转变成积极工作环境（Lovelace，Manz & Alves，2007）。

有些学者通过实证研究考察了中介变量（自我效能感、工作满意度、团队内过程、手段工具）与调节变量（尽责性、工作结构、任务类型、团队凝聚力）在自我领导和其影响效果之间的关系。约翰（John，2006）发现，在自我领导行为聚焦策略和团队绩效之间工作满意度起中介作用。布莱等（Bligh et al.，2006）构建了一个以团队为背景的自我领导与信任和潜力关系模型，他们认为，团队信任、团队潜力与团队奉献都是自我领导的结果，这三个结果会对团队工作绩效产生积极的促进作用。其中研究最为广泛的是自我领导与绩效之间的研究。乌多等（Udo et al.，2009）指出，自我效能感和手段工具在自我领导和绩效关系中起中介作用，自我领导策略尤其是自然报偿策略和积极思维策略主要旨在通过提高自我效能感来提高绩效水平。目前，学者们普遍认为自我领导策略不能直接提升绩效，而是间接促进绩效的提升。自我领导策略的因变量对绩效结果起着中介变量的作用。

国内的研究集中在自我领导与自我效能、工作绩效、工作创新和工作幸福感的关系，具体见表1－2。

表1－2 **国内自我领导研究成果**

文献	研究主题	研究对象	研究方法	成果类别
李晓蕾（2006）	关于大学生自我领导力水平的实证研究——以北京师范大学为个案	大学本科生	问卷调查	硕士论文
胡荣堃（2007）	中小学教师自我领导水平的实证研究	中小学教师	问卷调查	硕士论文
朱生玉（2007）	中学教师自我领导力与工作绩效的相关性研究——以秦皇岛市职业学校为个案	职业学校教师、学生	问卷调查	硕士论文
梁瀚中（2009）	中国文化背景下企业员工的自我领导	企业员工	问卷调查	硕士论文
陈元勇（2010）	基于职业生涯动机的自我领导能力研究	本科生与研究生	问卷调查	硕士论文
张潍华（2010）	高校管理干部自我领导力水平实证研究——以山东省为例	高校管理干部	问卷调查	博士论文
汤磊（2010）	企业知识员工的自我领导现象研究	知识员工	问卷调查	硕士论文
曹文峰（2010）	自我领导对员工创新行为的影响机理研究	高新技术企业员工	问卷调查	硕士论文
蒋洋（2012）	服务企业员工自我领导、自我效能与创新行为的关系研究	服务型行业员工	问卷调查	硕士论文
许娟（2012）	知识型员工自我领导、自我效能感与工作幸福感的关系研究	知识员工	问卷调查	硕士论文
付静（2012）	自我领导、内外控人格与工作投入的相关研究	企业组织和公共组织员工	问卷调查	硕士论文
李秀娟（2013）	知识型员工自我领导力对工作投入的影响：基于工作自主性的调节作用	知识员工	问卷调查	硕士论文
周青（2013）	中国企业员工的自我领导：影响与作用机制	企业员工	问卷调查	硕士论文
王雯（2014）	我国回族地区高校学生自我领导力调查和发展策略研究：以宁夏银川市为例	大学生	问卷调查	博士论文

续表

文献	研究主题	研究对象	研究方法	成果类别
邱晏麟（2008）	团队赋权气候与自我领导能力对服务绩效与医疗满意度影响研究	台湾护理人员及病患	问卷调查	博士论文
钟安宜（2011）	自我领导：是领导或个人的作为？	企业员工	问卷调查	博士论文
林姿妙（2013）	台湾小学校长自我领导的个案研究	小学校长	个案研究	硕士论文

梁瀚中（2009），张潍华（2010），陈元勇（2010），汤磊（2010），蒋洋（2011），付静（2012），刘云（2011），曹威麟、谭敏、梁樑（2012），许娟（2012）等研究者通过自编问卷对企业知识员工和高校管理干部进行自我领导力的调查和分析，寻求自我领导力与相关变量之间的关系，详细信息可参考附录1。

国内除了上述自我领导与情景因素的关系研究外，还有少量思辨类的文章，主要有两类。其一，自我领导培养及管理中的作用。仁娜（2011）引入自我领导理论来探寻企业员工成长途径：企业促进员工成长的途径、打造无边界组织、提供可共享的组织信息、使管理者成为引导者、通过绩效评估与奖励来加速自我领导过程。林存华（2010）从领导干部的自我领导力角度提出“如何培训自我领导力”策略：讲授式灌输——增长自我领导的知识；互动式交流——分享自我领导的经验；活动式体验——提高自我领导的技能；渗透式影响——锻造自我领导的行为。赵泽洪、朱亚兰（2013）运用自我领导理论提出员工关系管理新模式，即以员工为本，加强员工自我领导力，构建共有目标、共同愿景和共享利益，以适应宽幅管理的要求。其二，自我领导在人的发展中的作用。周作宇（2013）在《自我领导的教育哲学》一文中，通过对“意义空心化”和“教育外部化”的表现、相互关系和危害进行剖析，并在对这种教育病态特征进行批判的基础上，提出了基于意义探寻和自我领导力发展的教育哲学理路。这是国内第一篇从教育学层面用思辨方法提出自我领导意义和走向的学术文章。文中提出：教育的核心任务是呵护自然自我、社会自我与精神自我的成长，服侍个体的意义探寻，催化个人自由意志的发展。有效的教育根本上说是“自我教育”“内部教育”，即个体借助各种影响要素拓展视野、提升能力、增长才干、升华精神、服务社会的学习和实践过程。“人人皆需领导力，自我领导不一定需要特别的头衔。”作者借用彭蒂·叙登曼拉卡（Pentti Sydanmaanlakka，2004）的观点，指出“自我领导是一个能动的过程，在这个过程中，个人学会更好地了解自己。借此，生活之帆获得了行驶的方向”，最后提出“旨在培养自我领导力的教育才是面向未来的教育、进步的教育、解放的教育”①。

中国港台地区以自我领导为主题的研究不多。目前能搜索到的文献仅台湾地区的三篇硕博论文和基于学位论文修改的两篇学术论文。钟安宜（2011）在题为“自我领导：是领导或个人的作为?”的博士论文中研究发现：魅力领导与内在自我知觉和自我领导呈正相关，内在自我知觉对自我领导的解释度高于魅力领导；自我领导部分中介魅力领导与组织承诺（包括认同以及内化）的关系；自我领导可完全中介内在自我知觉与认同的关系，却无法中介内在自我知觉与内化的关系。邱晏麟在题为“团队赋权气候与自我领导力对服务绩效与医疗服务满意度影响研究——工作满意度之中介角色”的博士论文中，采用改编的自我领导问卷和相关研究量表作为测量工具，以台湾地区四家医院26个病房的护理人员和住院患者为研究对象，经由验证性因素分析，确立量表的模式适配度、组成信度以及解释变异量。最后得出，自我领导能力正向影响工作满意度，而且工作满意度对自我领导力与服务产生中介效果。林姿妙在以台湾小学校长自我领导的个案研究为主题的硕士论文中，采用个案研究法，对个案学校校长、教师及家长进行访谈，并辅以文件分析、观察记录及省思札记搜集相关资料的分析基础上，探讨台湾小学校长自我领导的信念和实践作为，探索小学校长如何催化组织成员迈向自我领导的具体方法，探究小学校长实践自我领导对学校所产生的影响和面临的挑战。这也是目前用质性方法开展自我领导力研究的唯一一篇学术论文。

五、教师自我领导力研究

虽然自我领导的基本概念在管理领域已经获得了相当多研究者的关注，

① 周作宇．自我领导的教育哲学［J］．大学教育科学，2013，(04)：3－6.

但自我领导在教育领域的实践目前还没有被看到（Ball，2007；Houghton & Neck，2002；Neck & Houghton，2006）。以教育者为研究对象的自我领导力研究现状到底如何？本节内容对此做一些材料收集与梳理。

（一）教师自我领导力可能性研究

曼茨认为，教师角色适合自我领导力的研究，因为教师职业有一个较高程度的自主权来决定如何完成任务（Manz & Neck，2004）。即使在高度控制管理的情况下，教师也有思维过程中的诸多自由裁量权（Falk，2003）。

谁是高度自觉和自我有效的教师，谁就更容易练习自我领导和达成培训效果。提高教师的自信心，有可能提高他们的实践能力方面的自我领导力。在工作环境中，谁相信能够应付困难，谁就能更好地应对挫折。他们也更可能质疑妨碍他们的表现和更加理性的信念，以取代他们的功能失调性信念。例如，培训设置 SMART 目标（即具体的、可衡量的、可实现的、相关的和可追踪的缩写），通过记录事件、自我观察和自我奖励的方式可以帮助提高自信心和自我领导（Hickman & Geller，2003）。练习积极思维（即专注于可能性）而不是消极的思维（即聚焦于障碍）也可能是有益的（Manz & Neck，2004）。教师经常练习自我领导策略，也观察其他组织自己的工作环境，以促进自我领导，可以提高他们的自我领导能力（Bandura，1977）。根据班杜拉（1977）研究，直属上司积极反馈和鼓励是增强自我效能信念的另一个重要来源。如果校领导鼓励自我领导的实践，将有助于在校内建立一个积极的以任务为导向的文化认同。如果教师们感觉到他们的直接管理者向他们传达了清晰的愿景、高性能的预设和个性化的支持，这对他们的工作和自己思想会更具挑战性，也更容易练习自我领导（Mulcahy，2003）。

（二）教师自我领导力概念提出

国外对教师自我领导概念无具体阐述。如上文所述，国内把自我领导理论运用于教师最早的研究者是北京师范大学高等教育研究所两位硕士研究生，也是目前能查到关于教师自我领导力概念的仅有两个研究者。胡荣堃（2007）依据自我领导概念提出了教师自我领导的理解：教师在自己的工作中，不依靠外在力量和标准，自己确立方向，挖掘内在动机，为实现自我设定目标和自身价值而对自己施加影响的过程。操作性定义是：教师在自己的工作中采取自我领导力的行为关注策略、内在激励策略和建设性思维策略对自己施加影响的过程。朱生玉（2007）以中学教师为研究对象，研究认为，中学教师的自我领导力是中学教师能够认识教育教学工作的内在价值和自身价值，调动自己的内部动力推动教育教学工作目标的实现，并在这一过程中获得自我满足的能力。自我领导力是个体以目标为导向，整合和运用认知、行为和思维策略的自我影响过程。每个人都有自我领导力，这样，教师自我领导力就很好理解了，它是教师自己领导自己的一种状态。所有的职业都赋予职业角色特有的自我领导力，体现出不同的自我领导力能力或策略。所以，教师自我领导力就成为教师在自我领导力领域的实践主体。

从内涵上分析，上述两个概念围绕自我领导力关键要素，如目标性、过程性和策略性特点，还赋予教师工作的特殊性。他们都强调教师自我领导体现在教师教育教学行为活动中，要明确教师的职业范围和工作特点；强调教师的自主性和内在动力；强调教师的价值追求和价值感的获得。教师作为特殊的社会职业，它具有传承社会价值和影响社会价值的功能和责任。朱生玉的概念强调了教师自我领导力的教育教学场域的特殊性和工作内容的限制性。

上述两位研究者为了研究方便，在论文中对教师自我领导力都有一个基本认识，但在概念分析及操作性定义界定上还有探讨的空间。本研究对教师自我领导力的概念界定和操作性定义的明确留待第二章探讨。

（三）教师自我领导力策略研究

通过自我观察，教师可以改变潜在的思维模式，挑战不合理的信念和假设。积极的自我谈话和重新规划也能帮助人们更快地从失败或挫折中重拾信心（Boss & Sims, 2008）。伯恩斯（1980）已确定了一些不合理的思维类别，这些思维类别可以阻碍个人的工作效益，包括如下这些：非此即彼的思维（如非黑即白）、读心术（没有足够的证据轻率下结论）、负面标签（例如，我是失败的、他是一个困难的学生、夸大事情糟糕程度和即期待事情能走出困境）。更换这些功能失调性信念并树立积极想法，需要教师持有信心和内在动力。Y. E. 沈（Shen Y E，2009）对澳大利亚职业教育与培训学院418名教师的调查数据表明，自我效能感和自我意识能积极预测自我领导。变革型领导行为能积极影响教师自我领导，但程度较轻。提高教师自我效能感与提高自我管理、享受工作和具有更多建设性思维模式密切相关。变革型领导行为、阐明工作愿景的培训、高成就感的期望、个性化思考和智力刺激可能也有利于高职院校教师自我领导力的提升。Y. E. 沈（2009）认为，自信、有责任心的教师更容易练习自我领导，也就是说，学校可以通过训练提升教师的自我领导力。研究发现，与自我领导力息息相关的高性能的期望、个性化的支持和挑战性的思维都能积极影响教师的工作状态。研究为学校管理开拓了教师发展的新视野。

（四）教师自我领导力影响因素研究

国外关于教师自我领导方面的研究是自我领导研究对象扩大化的结果，在教师对象的选择上，国外的研究对象以高职院校和大学教职员工为主。进一步验证了自我效能在自我领导实施中的中介作用，研究发现了教师自我领导的影响因素和策略使用状况，并证明了变革型学校领导对教师自我领导力的积极影响作用，研究提出了一系列促进教师自我领导力的途径和策略。

朱生玉（2007）和胡荣堃（2007）开启了国内教师自我领导的实证研究，他们以教师为研究对象，通过自我领导量表的构建、问卷调查与数据分析，寻找教师个人变量、情景变量与自我领导之间的关系。

胡荣堃（2007）发现：第一，中小学教师主要采用内在激励策略，其中最常采用自我观察和自我强化，并以积极的自我调节和自我管理行为为主，较少采用负面强化和自我对话等心理技巧。第二，影响中小学教师自我领导的人口统计变量主要有年龄、教龄、职称和婚姻状况，被影响的方面主要在于内在激励和自我奖励。教师年龄越小和教龄越短，越能发现工作的内在动力，自我奖励行为也越多；职称越高，自我奖励行为越少，自我惩罚行为越多；未婚教师的自我奖励行为多于已婚教师。第三，学校类型对教师自我发动有所影响，小学、初中、职业学校的教师的自我发动行为逐渐增强，而高中教师自我发动水平最低，示范性学校教师自我惩罚水平高于非示范性学校教师，自我奖励的结果则相反，其原因可能在于示范校教师对自己工作要求较高。高自我评价的教师往往采用更多的自我激励和正面自我强化。第四，积极的个体观念有益于教师的自我领导。第五，公平、授权的组织氛围能够促进教师的自我领导。

朱生玉（2007）[①] 研究发现：第一，职业学校教师的自我领导平均水平较高，在三大策略中，教师们的行为聚焦策略水平最高，其次为内在动机策略和建设性思维策略。第二，职业学校教师的自我领导力水平因其职称和担任行政职务情况的不同差异显著，但受其性别、年龄、婚姻状况、所教年级、教龄、所教科目和担任班主任情况的影响不大。第三，职业学习教师的自我领导力水平与其工作绩效显著正相关，在自我领导力三大策略中，行为聚焦策略与工作绩效的相关度最高，其次是内在动机策略和建设性思维策略。

以上两篇论文以中小学教师和职业学校教师为研究对象，取得一定的研究成果，但也存在一定的局限。首先，研究样本数量偏少，类型单一。研究样本数量偏少，如朱生玉（2007）正式调查仅取样 30 位职业学习教师；研究样本范围偏狭窄，局限在某个学校或某一类学生，并无对象和学校类型的比较。其次，研究工具本土化对象化不够。自我领导力问卷套用李晓蕾为大学生所编的问卷，几乎没有根据教师做相应改编，且问卷源自外文翻译，文字涩口，欧化思维明显。最后，研究个案使用形式和内容稍显单薄。文中通过对部分研究对象的深度访谈无疑有助于弥补实证数字量化的不足，但在行文中素材的使用数量偏少，访谈材料内容使用形式比较单一。当然，所有的初始研究难免有美中不足，但开拓精神非常可贵，也为后续研究提供了前进的基础。

国内关于教师自我领导的研究以 2007 年为界，可分两个阶段。2007 年之前，以教师自我领导力为研究主题的文章没有，但围绕着以教师为研究对象涉及自我领导内涵的如“教师的自我管理”“教师自主发展”“学校分布式管理”“学校管理中的教师授权”等相关文章见于各专业书籍杂志。其中围绕着学校管理中的“赋权增能”和“教师自主发展”颇为热门，也最切合自我领导概念内核。只是，关于此类研究更多的是从宏观的教育管理、中观的学校

① 该研究中的研究对象是职业学校教师，但结论多以中学教师来命名。

组织改革或微观的教师学习策略角度展开，并没有触及自我领导在教师专业发展中的位置及其相关概念之间的关系。其中对教师自我领导和教师领导的概念区别应该有可探讨的空间。

六、研究述评

国外自我领导理论从 20 世纪 80 年代提出，集中围绕着自我领导力的内涵、策略、运行机制和影响因素等问题开展相关研究。而国内相关研究起步较晚，但发展较快，已出现一定的热度。以“自我领导”为主题词，查阅学术期刊网（www. cnki. net），从 1997 ~ 2014 年，共有 152 篇符合要求文章。但其中绝大多数是“自我 + 领导”类的文章，与本研究的“自我领导”并不在一个范畴。删除此类不符合研究主题类文章，共有 46 篇符合要求文章。查询被引用次数最多的前十篇文章，排序依次如表 1 – 3 所示。

表 1 – 3　主要成果被引用信息

序号	文献名称	作者	文献来源	发表时间	被引频次
1	自我领导研究前沿探析与未来热点展望	曹威麟、陈元勇、郭江平	外国经济与管理	2009 – 07 – 20	22
2	自我领导与员工创新行为的关系研究——心理授权的中介效应	刘云	科学学研究	2011 – 10 – 15	12
3	自我领导与个体创新行为——一般自我效能感的中介作用	曹威麟、谭敏、梁樑	科学学研究	2012 – 07 – 15	9
4	国外自我领导研究的现状述评	赵国祥、梁瀚中	心理科学进展	2011 – 04 – 15	9
5	服务企业员工自我领导对创新行为的影响研究——以自我效能为中介变量	张红琪、鲁若愚、蒋洋	研究与发展管理	2012 – 04 – 15	6
6	自我领导理论视角下的员工成长途径研究	娜仁、刘洪	软科学	2011 – 03 – 15	5
7	高等院校教师领导力建设研究	肖月强、袁永新	国家教育行政学院学报	2011 – 04 – 25	5

续表

序号	文献名称	作者	文献来源	发表时间	被引频次
8	高等教育质量与就业竞争力	夏仕武	河北师范大学学报（教育科学版）	2012-03-25	4
9	西方领导方式的变革趋势——平民化领导	李芸	前沿	2007-10-15	4
10	工程专业团队的管理	梅享富	工业工程与管理	1999-12-15	4

在上述文章基础上，查阅相关自我领导的文章，依照文章所涉内容在理论发展的价值和意义为标准，可把国内自我领导研究划分为三个阶段。

（一）零星立言阶段

国内最早提出自我领导概念的是刘建军（2002），他认为“自我领导已成为21世纪初最响亮的口号……在21世纪初，从领导他人向自我领导的转变是领导理论获得突破性进展的一个重要标志。这一转变是与领导范围的拓展相一致的。[①]”刘建军（2002）、刘峰（2005）、王平换和王瑛（2006）、李芸（2007）等在文章或书籍中从组织管理、领导理论发展或管理和工作经验等角度提到了自我领导概念。这个阶段是自我领导研究的起始阶段，研究视角侧重组织管理学，重点阐述了自我领导对个人、组织的价值和意义。就研究方法而言，还谈不上用某类科学的研究方法，大多以定性为主的经验总结或思辨探讨。

（二）科学研究阶段

科学研究是以自我领导力问卷的翻译和使用为标准。李晓蕾（2006）《关于大学生自我领导力水平的实证研究——以北京师范大学为个案》的硕士论文开启了自我领导的正式研究阶段。李晓蕾（2006）、朱生玉（2007）、胡荣堃（2007）三篇硕士论文进一步丰富了研究的对象。这个阶段，研究者开始

① 刘建军．从领导者到领导群：领导理论在21世纪的变革［J］．领导科学，2002（4）：34-35.

了对国外自我领导理论、自我领导问卷翻译及相关研究成果的介绍，并开启了自我领导量表的使用。研究方法运用了相对科学的量化研究，在研究对象的扩大、取样的丰富性及影响因素的关系等方面取得了一定的研究成果。李晓蕾的自我领导力问卷成为国内最早汉化并被较多运用的量表。

（三）多样化研究阶段

研究内容、形式和方法日趋多样化。2009 年，曹威麟、陈元勇、郭江的《自我领导研究前沿探析与未来热点展望》一文介绍了国外自我领导研究现状，这是国内第一篇自我领导综述类文章，开启了目前仍在持续的自我领导研究的第三阶段。这个阶段出现了 7 篇以自我领导为主要研究内容的硕士论文，1 篇博士论文。赵国祥、梁瀚中（2011）则更为详细地介绍了国外的研究成果，并进行了比较全面的述评，这篇文章成为国内自我领导研究最详尽的文献综述。梁瀚中（2009）对中国文化背景下企业员工的自我领导进行了一些实证分析，开启了问卷本土化编制和对象跨文化研究的思路。随后出现了一些高校硕士研究生在该领域的学位论文选题。汤磊（2010）、曹文峰（2010）、蒋洋（2011）分别对企业员工的自我领导与自我效能、创新行为、工作幸福感、内外控人格与工作投入等变量及其个别相关变量进行了实证研究。陈元勇（2010）对大学生的自我领导与职业生涯进行了实证研究，张潍华（2010）对高校管理干部的自我领导力进行了实证研究。

近几年，自我领导研究已经逐渐成为一个小热点。从学术期刊网以“自我领导”为关键词进行“学术关注度”分析（图 1－1）和引文 H 线图示（图 1－2），截至 2014 年下半年，学术关注度呈现爬坡式上升。

从图 1－1 可见，自我领导研究呈现一定的规模效益，并有上升的趋势。分析已有的研究成果，呈现出以下几个特点：

1. 研究者队伍多样

研究者以国内有一定学术背景的研究生为主，研究者的学科专业背景以企业管理、教育学和心理学为主。11 篇硕博论文中，5 篇作者为企业管理硕士研究生，4 篇为教育学硕士研究生（含一篇博士论文），2 篇为心理学（人力资源方向）硕士研究生。北京师范大学高教所、河南大学心理与行为研究所

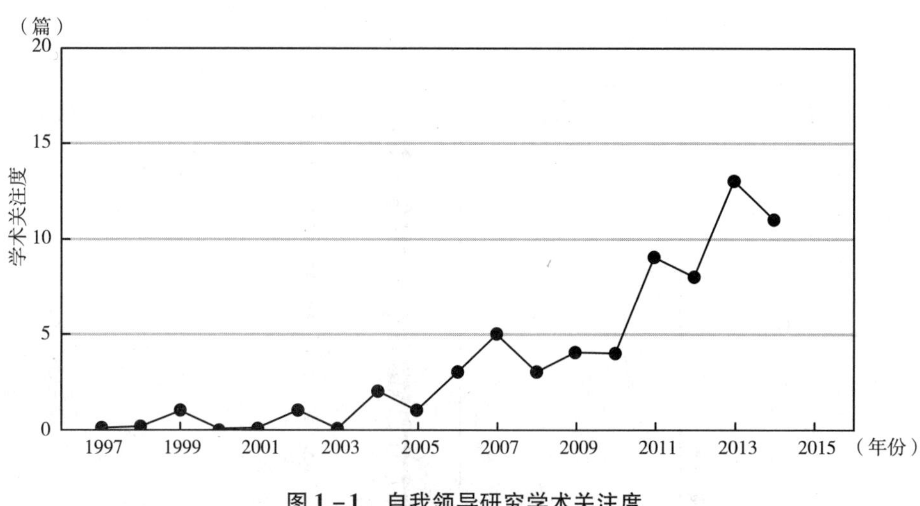

图 1-1 自我领导研究学术关注度

和中国科技大学是国内关注该研究领域的主要研究机构，2 篇研究综述和 8 篇硕博论文均出于这三家。三家分别从教育学、心理学和管理学学科背景出发对自我领导做了一些梳理和阐述，分别形成了该领域研究小环境。11 篇硕博论文均采用问卷编制和数据分析的方式，心理学的实证研究方法占优，企业管理研究实效性上占优，而教育学视角的研究特点并不明显。

2. 研究过程比较单一

在研究思路上，围绕个体因素和情景因素与自我领导之间的关系开展相关研究，但对关系背后的机制及原因研究仍然缺乏；在样本选择上，与国外研究一致，主要集中在高校学生和企业员工中，少量涉及其他领域，如教师、高校管理干部等；样本的分布呈现出由原来一校一企业转向多校多地；样本数量均在 1000 人以内，还没有形成针对某一特定对象开展的大样本的问卷修订和调查，无法取得一份有效的常模数据。在研究方法上，基本以实证研究为主，理论研究与质性研究较少，混合研究趋势明显。譬如，质性研究仅有台湾一篇硕士论文。多学科融合、多种研究方法的混合运用将是发展的方向。

3. 研究价值缺失

每一个研究者总会基于一个客观的现实去研究问题，自我领导是一个视角，也是一个研究的窗口。在文章的撰写和论文的构思中也存在研究价值的旁

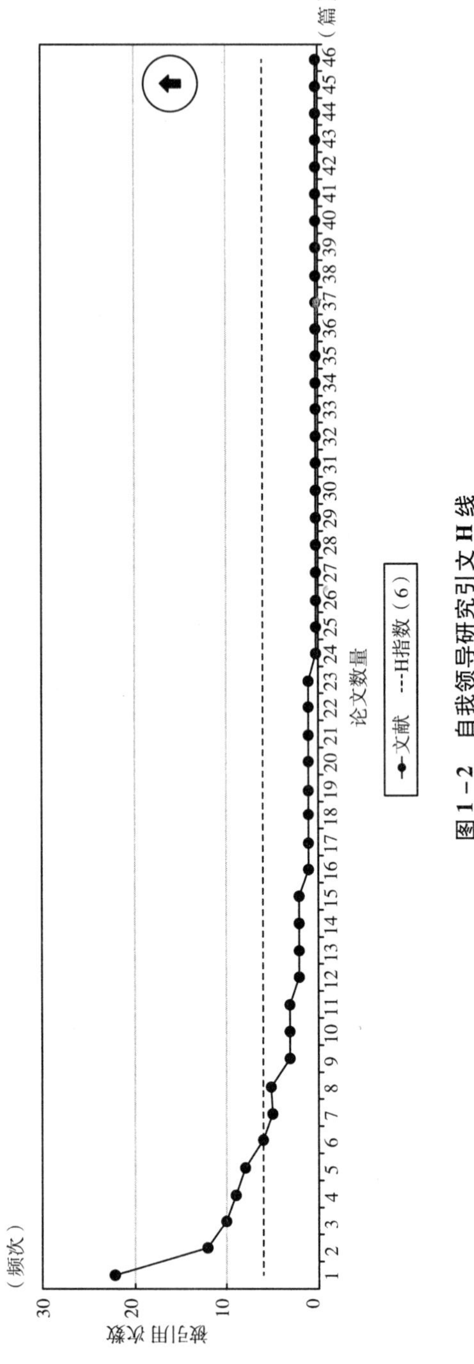

图 1－2　自我领导研究引文 H 线

落。综观上述所提自我领导方面的众多文章，几乎都围绕着自我领导的已有研究、使用工具和形成数据进行分析讨论，得出结果，然后提出建议。在这些研究模式的背后似乎忘记了自我领导理论的核心价值应该是“人”的潜在能量的发现和挖掘，基于“人”的存在价值在技术研究中被理性地剔除或掩盖。所以，从多角度去挖掘和发现自我领导在组织管理、人的生存和生涯发展等方面的更多内在意义应该是自我领导研究的一个走向。不管从研究方法上还是从研究选题上抑或研究对象上，教育学领域的研究者有更大的责任和更多的空间。

第三节 研究目的与意义

一、研究目的

（一）探寻教师专业成长密码

寻找教师成长的密码成为教师由个体成长走向群体发展的关键。名师特质是名师成长中那些最基本、最重要的素质，它具有“基因”的作用，具有整体性和创生性。思考、研究和寻找特质，就有可能破译名师成长的密码，从中寻找名师成长的规律，从而把握这些基本元素，更有效地推动教师的专业成长。笔者在工作中发现，教师对影响自身专业成长因素的描述往往非常具体，即喜欢用自身的经历来解读问题。有无一种更深层次的因素在影响教师的专业发展呢？这个要素是如何有效地影响教师由“外在”转向“内在”，再由“内在”的诸多因素聚焦到自我的发展呢？优秀教师成长的因素中可寻找到一些共性的地方，在所有教师专业发展的背后是教师被领导和自我领导的过程。

（二）寻找教师队伍建设策略

优秀教师就是教师群体中的精英，一个群体中精英的命运，就是这个群体的命运。精英的价值就在于他们可以给群体以勇气和力量，因此优秀教师往往可以成为普通教师学习的榜样。但是如果在教师队伍建设中，忽视教师自身内在力量的作用，名师是打造不出来的。打造的结果可能导致急功近利、浮躁，甚至弄虚作假，这是打造名师的一个重要缺陷。事实上，名师不纯粹是“人工打造”的结果，更是“资源整合”的优化结果，其中最主要来自教师内在的力量。如何有效地把外在领导转向自我领导，把外在要求转为内在需求，是教师培训者关注的实践问题，也是教师专业发展的理论问题。在浙江省提出教师专业发展培训制度的背景下，如何有效地提高五年一周期的教师专业发展培训效果，让培训更有针对性、更有价值和意义，是值得探讨的重要问题。

（三）探索区域教师管理问题

W 是浙江省的教育大市，拥有全省五分之一的生源和师资。W 是一个特殊的地域，具有悠久的区域文化，富有传奇色彩的经济发展模式，独特的“W 精神”举世瞩目。但在教育上有无特殊的地域特点呢？W 市作为一个崛起中的经济发达的大城市，经济上的成功和在教育上诸多尝试对于相类似的城市可否借鉴呢？“他山之石可以攻玉”，W 只是一个样本。哪些因素影响教师的专业发展，如何有效地调整管理思路，已有的研究如何由外至内影响教师发展等都值得探索。诸如此类问题的背景因素和问题探讨是不是带有区域特点呢？本研究以 W 为个案，通过个案来展现 W 教师在区域背景下的特殊性和共性，了解区域内教师的发展现状，为学校管理和教育管理提供借鉴，也供与 W 类似的城市借鉴。

二、研究意义

（一）理论意义

首先，丰富自我领导理论内涵。自我领导作为一个综合性概念在整合其他相关概念的同时如何保有理论的独特性和价值的普适性，本研究通过对教师职业特点梳理和优秀教师特质分析提出教师自我领导概念，丰富了自我领导适用对象、使用领域和概念内涵。

其次，探寻自我的文化价值。西方的自我价值观强调个体对环境的控制和自我潜能的挖掘，是“强势”的自我观。而东方的自我价值观则强调对环境的适应和融合，即我们常说的“天人合一”“人境融合”。所以，对“自我”的研究终归要回归到一定的文化背景中，从不同的文化依存中分析自我领导发展脉络和构建理路，是对中国人的自我领导研究的意义和价值旨趣的契合。

最后，编制对象明确的本土化问卷。已有的自我领导力问卷基本上以企业员工为研究对象，从西方的思维习惯和文化范畴编制问卷，倾向于用心理学角度论述个体的心理特质。国内改编的问卷一定程度上是对西方问卷的翻译和套用，忽视本土要素和特定对象特质。本研究在已有问卷基础上，编制适合东方文化对象和适合中小学教师角色的问卷，有一定理论意义。

（二）实践意义

首先，探索教师管理多样化途径。教育行政部门和中小学校对教师的管理倾向于行政命令式和任务导向型，这种管理范式注重任务达成，忽视管理过程和教师心理，对教师积极性的调动和工作效能的发挥存在局限性。自我领导的介入有助于教师管理中的组织变革，有助于教师文化营造。从自我领导角度探索教师专业发展状况，可为教师评价和教师培训提供简易可行的工具。教师管理由外至内再转至自我领导，这是对教师个体意义和价值的发现。

其次，探索教师专业发展的路径。从自我领导视角关注教师发展，为教师评价和教师培训提供一个可探讨的窗口。在教师培训由外在知识技能传输转为教师自主研修学习改变的背景下，教师自我能力的完善和构建是教师专业成长“一本万利”的途径。

最后，探索自我领导力的提升策略。领导力对每个人都很重要，领导力不需要领导头衔。每个人都可以成为自己的领导，引领自己由成功走向卓越。基于自我领导式的教师专业发展为教师增加工作积极性、获得成功体验、增强职业幸福感提供一个可供选择的实践教育学依据。

（三）个人价值

本研究的实施过程是笔者个人自我探索的心路历程。作为教师，研究者也是研究对象，自我的探索也是不断学习的过程。研究的过程，可对教师作为一种社会角色和专业性职业有更深刻的体认。在丰富自身人生阅历的同时，我更感受到自我领导力的神奇魅力。研究者在研究过程中的挣扎、徘徊、喜悦、迷惘，是煎熬也是一种历练，研究过程也是真切感受工作和生存的价值意义。

研究的内容与工作相关，具有很强的工作导向。成人的学习带有一定的“功利性”，总是希望能通过学习解决自己工作中遇到的问题，提高工作效率。实践中对教师培训的困惑促使笔者选择此研究方向，试图为正在开展的教师培训工作提供更多的理性思考和实践路径，为今后的工作提供更多的帮助。

第四节　研究设计

一、研究思路

研究遵循“理论分析—问卷编制—调查分析—问题探寻—策略建议”的思路，主要研究步骤如下：

（1）理论分析。通过国内外自我领导研究资料和文献分析，梳理自我领导概念产生、形成、发展脉络，形成对自我领导基本问题的初步认识；通过对自我领导概念在我国中小学教育中使用的合理性、必要性和适切性进行分析，形成教师自我领导力概念。

（2）量表编制。编译国外已有自我领导力问卷（以 RSLQ 为蓝本），通过访谈、开放问卷调查和教师自我领导力共性探寻，用测量学问卷编制的方法最终形成教师自我领导问卷。

（3）调查分析。运用整体目的抽样取样的方法选择样本，对全市中小学教师实施问卷调查，并对取得的数据进行统计分析。

（4）自传分析。从自我领导力维度对教师自传进行分析，寻求专业成长背景下教师自我领导力运用及影响因素。

（5）问题探讨。分析教师自我领导与教师专业发展之间的关系，澄清教师自我领导发展的可能性。通过自我领导策略提出促进中小学教师专业发展的策略建议，最终形成以自主、自觉、自动、自我为核心的自我领导式教师专业发展路径。

确定研究主题，进行文献查阅、回顾和探讨，建立研究假设，并按照研究目的选择研究方法。按照图 1－3 所示的技术路线开展研究。

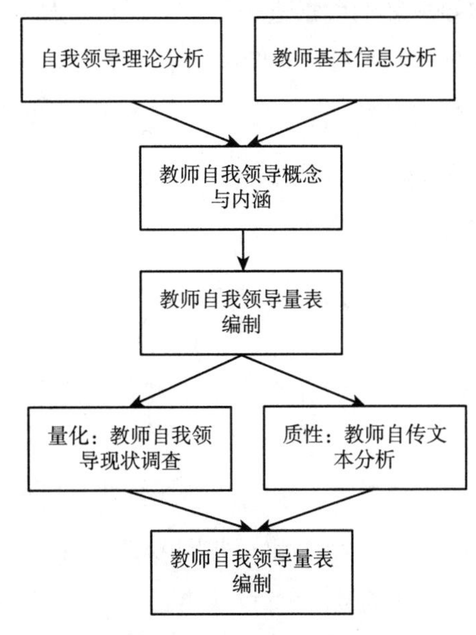

图 1－3 本书研究路线

二、研究内容

主要研究内容包括：

（1）教师自我领导力内涵探索。在对自我领导经典概念进行梳理的基础上，分析自我领导、教师自我领导之间的关系，形成教师自我领导力概念及特点认识。

（2）教师自我领导力量表编制。在对国内外已有自我领导力量表结构分析基础上，结合优秀教师访谈和开放式问卷，构建体现教师职业特点的中小学教师自我领导问卷。

（3）教师自我领导力现状调查。教师自我领导力与教师专业发展关系探索。基于中小学教师自我领导量表实施现状调查和数据分析，探讨教师自我领导力与诸多变量之间的关系，寻求教师发展中自我领导力的价值与意义。初步设想是中小学教师自我领导与一系列教师专业发展相关变量之间具有一定程度的相关性，特别在职称、年龄和荣誉上具有显著性正相关。

（4）教师自我领导力影响因素进一步探讨。通过教师自传的案例式呈现，进一步探讨教师自我领导力在教育实践中的表现。

（5）教师自我领导提升策略探寻。结合已有材料和研究结果，提出教师自我领导提升的策略和方法。

三、研究对象

本书的研究对象是 W 市公立学校中小学教师，不包括私立学校教师、幼儿园教师。

中小学教师是指在一线教学，承担教学、备课、讲课、辅导、批改作业、考核学生成绩等任务的中学、小学和幼儿园专任教师。中学包括普通高中和职业高中，是对在公立学校和私立学校从事教学工作教师的全称。若没有特别指出，本研究所指的中小学教师即为公立全日制的小学、初中、高中从事教育教学任务的教师。

没有考虑私立学校教师的原因是由于私立学校教师稳定性不够，所处的环境及相关条件与公立学校中小学教师区别较大；没有把幼儿园教师纳入研究对象中，主要原因是 W 区域内幼儿园以私立为多，且幼儿园教师工作性质、工作环境相对单一，所以本研究也没有把幼儿园教师纳入研究对象；没有把职业学校教师与普通高中教师做细化区别，主要考虑到职业学校数量少取样不容易，且在当下高考改革背景下，职业学校教师与普通高中教师工作性质区别不大。

四、研究方法

科学合理的研究方法是保证研究质量、提高研究效率、完成研究任务的基础。自我领导力的研究，以问卷调查方法使用尤为突出。然而自我领导力涉及愿景形塑，受教师职业天赋、人格特质、工作态度及外在环境因素等影响，所以有必要采取质性研究以探讨教师自我领导的行为和认知。混合研究成为一种被广为接受的研究设计，本研究综合采用了文献研究法、问卷调查法、访谈法、自传分析法等多种研究方法。

第一，文献法。文献查阅是科学研究中的一个重要步骤，文献研究不仅提供了选题的依据，而且在整个研究过程中，有助于研究者知悉相关研究的动态并使研究过程更趋有效。研究过程中广泛收集和阅读国内外相关资料，从大量资料中获取已有的研究成果，为厘清研究问题、明确研究思路和分析核心概念之间关系提供方便。文献法是整个研究开展的前提，也是提出问题的基础。文献法主要体现在综述撰写、问题提出、研究思路确定和问卷形成等方面。查阅渠道主要是：学术期刊网（www. cnki. net）、北师大图书馆、谷歌学术网等。

第二，访谈法。访谈法主要是为了收集教师工作中遇到的问题和教师对自我领导力的看法。访谈提纲根据访谈要求拟就。一份是“请说出三个您工作中碰到并急需解决的问题，并说出理由”，试图了解教师工作中遇到的问题；另一份是关于“教师自我领导的访谈提纲”，试图了解不同教师对自我领导力概念及内部结构的理解和工作中使用情况。

第三，量表编制法。量表是研究者用于数据收集的一种专业技术，它是对个体行为和态度信息收集的一种工具。量表编制需要理论的支撑，符合一定的主题和逻辑关系。本研究所需的教师自我领导力量表依据自我领导理论并结合教师自我领导力理论分析和框架假设提出。围绕量表编写，前期需要查阅相关材料、翻译国外文献和比对国内外相关量表，做好访谈材料的收集和分析，最终形成量表初稿。通过多次试测和修改最后形成正式量表。

第四，问卷调查法。利用自编的教师自我领导力量表实施调查问卷，对调查收集到的数据进行输入、统计和分析。运用 SPSS 软件，对自我领导、教师专业发展与教师背景信息之间的关系做多种方式的统计分析，寻求教师自我领导力与诸多因素之间的关系。

第五，自传分析法。自传是回顾性的叙述，教师的自传是教师对工作与生活的叙事性回顾，是基于教师专业发展的一种叙事方式。教师自传研究或称教师生活史研究，可定义为：通过叙事的方式，分析教师在过去生活中的各种因素对教师自我发展的影响及其意义①。本研究把教师的专业生活史作为研究对象，主要包括其作为受教育者经历的教育事件、作为教育者经历的教育事件及在此不同的两段角色经历中所形成的教育信念等来了解教师自我领导力的形成，发现、反思、重塑“自我”，从而促进个体专业成长。实质上，它就是现实的“我”与历史的“我”之间的对话。在对话中，教师的“个性我”“社会我”“专业我”都得到更好的诠释和发展。

第五节　本书框架

本书分五章，按照“理论分析—量表编制—调查分析—问题探寻—策略建议”思路展开。

第一章为绪论，主要阐述问题提出的背景、文献综述、研究目的和意义、研究设计与论文框架等本体性问题。第一章是对研究基本问题进行阐述的章节，是本研究的逻辑起点和顶层设计。

第二章为量表编制，主要阐述教师自我领导力量表编制形成过程。在分析教师自我领导力概念基础上，结合已有自我领导力问卷和教师对自我领导力的认识，整合已有问卷和调查信息形成初测问卷。经初测数据的探索性分析和验证性分析，最终形成教师自我领导力量表。

第三章为调查分析，用量化研究的方法，使用自编“教师自我领导力量表”进行调查，对调查结果做一系列的统计分析，探寻教师自我领导力与背

① 岳龙．促进教师专业发展的教师生活史研究［J］．福建教育，2005（11）：26.

景变量、教师专业发展之间的关系。

第四章为影响因素分析，用质性研究的方法，验证和补充量化研究，通过分析教师教育自传，进一步探索教师自我领导力的影响因素和教师自我领导力实践表现形式。

第五章为结论与建议，在总结回顾研究结论的基础上，提出促进教师自我领导力策略与方法，并反思研究亮点、不足和后续研究展望。

第二章　教师自我领导力量表编制

编制符合中小学教师的自我领导力量表是本章主要内容。按照量表编制的如下程序依次开展量表编制工作：概念分析—量表的评析—拟定量表的架构—编制题目—预试—项目分析—编制正式题目—建立信度与效度。

第一节　概念分析

厘清概念是研究的基础，教师自我领导力是自我领导力概念在教师职业中的普适性运用，还是具有其特殊性？如果有特殊性，在符合自我领导力的基本内涵的同时，还需具备哪些内在的含义和特征？

一、教师自我领导力是一种特殊能力

基于第一章对自我领导力的述评，本研究认为，自我领导力是个体以目标为导向，整合和运用认知、行为和思维策略的自我影响能力。具体体现出以下三个方面的特点。首先，自我领导力的实施主体是“个人”。自我领导力是个体自身为激发、控制及引导行为的主体。这里的“个人”不仅指各个层级独立的“个人”，也包括有着共同愿景的团体组织。作为组织成员，个人的工作潜能需要通过自我领导力得到挖掘，而“个人在领导自己的同时，也在影响团队”。其次，自我领导力体现在对已有资源的挖掘和运用的自我影响过程中。作为自我影响的不同存在形式，自我领导力是自我影响的高级形态。

自我领导力强调依据内在原则和价值去完成任务，倾向于用积极的心态和方式完成既定目标。另外，作为一个自我影响的过程性能力，自我领导力不是静态存在，而是体现在不断自我学习自我更新的动态变化过程中。最后，自我领导力是以目标为导向的策略综合运用。目标为导向的策略综合运用包括目标设置、任务导向和策略运用。自我领导理论的发展体现了自我影响内涵不断丰富的过程，从简单的有别于传统的“领导”到“外在领导”到“自我影响”再到“策略综合运用”，体现了领导理论由外至内的研究转向。

如果说自我领导力是个体的一种普适性能力，那么从能力结构来看，自我领导力与教师自我领导力的关系则是一般和特殊的关系。自我领导力人人都有，这里的“人人都有”强调了自我领导力在不同个体和不同职业特点上的共性，体现了自我领导力的普适性，是一般能力；而教师自我领导力则是自我领导力在教师身上的具体化，具有教师的职业特点，体现自我领导力的特殊性，是特殊能力。两者之间的关系是一般和特殊的关系，如图 2－1 所示。

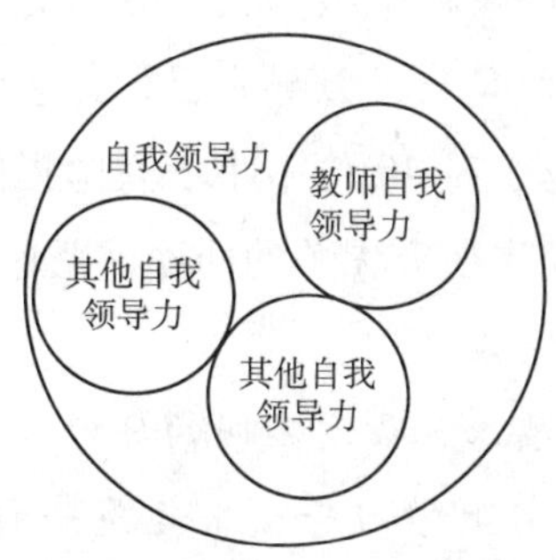

图 2－1 教师自我领导力与自我领导力关系

教师自我领导力是教师职业角色在自我领导力中的体现，教师自我领导力在自我领导力的范畴内，有别于其他职业自我领导力。譬如，教师的自我领导力与企业员工的自我领导力是有区别的。尽管，教师与企业员工都关注工作效果，但企业员工的工作对象非常多样化，目标导向的特点非常明显，即企业对员工的考核更关注由具体任务和工作目标组成的绩效；学校对教师的考核是笼统的包括能力、行为和目标，现实是教师的工作对象是学生，教师要注重学生的过程性评价，关注学生的全方位成长与发展、关注社会效益；另外，学生的发展受到诸多因素（如文化、对象、场域、情感等）的影响，且周期非常漫长。对教师的绩效考核既有短期的也有长期的，既有可量化的也有无法量化的。用平面化和单维度的评价方式并不能全面考察教师的工作绩效。某一位教师在某一位学生成长流程中会化作一个节点，且不易准确有效的检测和评估。

二、教师眼中的自我领导力

在第一章中已经初步阐述了朱生玉和胡荣堃对教师自我领导力的理解。教师在职业行为中赋予自我领导力更丰富的内涵。自我领导力作为新兴领导理论，既是学校达成高效能管理的需要，也是教师专业成长的一种影响因素。根据经验和上述分析，本研究认为，教师作为庞大的社会群体，职业存在价值和角色本身的文化内涵影响教师自我领导力研究的意义与价值。教师群体是如何看待自我领导力的呢？在给教师自我领导力下一个具体定义之前，用开放式问卷“自我领导力就是自己领导自己，在您的工作中，有没有这样的事情？可否举一两个例子？”对46位中小学教师提问并记录，删除部分语焉不详、“说不上来”或者与本研究无关的回答，汇总回答结果如下：

（1）教师教学中的课堂设计。

（2）对自己有严格的要求，设定不同的目标，在别人玩的时候自己不停地学习，如看书、进修、网上学习等；兴趣是一种驱动力，目标是动力的源泉。

（3）安排自己每天的工作任务，并及时总结。

（4）完成一项任务时需要自我领导力。

（5）在近期完成两三个目标，不论大小。

（6）自己决定该如何上课，如何安排自己的工作。

（7）个人小课题，成员就自己一人。

（8）如资质学习，自我安排时间。

（9）例如骑车健身，长期坚持。

（10）用前沿的教学理念去改变自己的教学方式，虽然学校并没有要求我们这样去做，我们仍愿意去挑战传统的课堂，做些一些新的尝试，努力提高自己的课堂教学质量，让更多的学生喜欢我的课。

（11）比如功能房的卫生打扫问题。

（12）有时会根据自己的理解做出一些判断与选择，如工作方式等。

（13）如教学研究，处理好师生关系。

（14）给自己设计目标，用目标激励自己。

（15）领导自己朝自己预定目标行动。

（16）自己的事，自己处室的事，自己做！当然是自己领导自己。

（17）自己要做的事会要求自己去做。

（18）有经历过这样的事情，其实是一种自我目标驱动，譬如写作、阅读等。

（19）说服自己干某事。

（20）平时没有这样表述过，感觉有时是自己主宰自己吧。在教学中尝试一些新的想法，创编一个单元的教材做尝试。

（21）从事教学工作，很大部分都是自我领导力。

（22）譬如教研组活动，自己身为教研组长，领导大家一起活动，自己主动积极参与配合。

（23）比如刚参加工作时，自己要求自己一口气读完专科与本科。

（24）工作中，有时有些工作领导并没要求我们完成，自己主动去思考去探索去完成，例如主动思考探索学校评先评优的方法。

（25）比如自己安排教学计划，自己督促自己努力完成。

（26）比如做一次课题，在没有任何人指导的情况下，自己领导自己，以学生的反馈作为指引，和同伴教师互学共进，钻研教学。

（27）会自我控制，安排工作，让工作有效。

（28）教学工作的节奏可以自我调节。

（29）不要靠人，最终是要靠自己。

（30）有这样的事情，例如家访，就是领导自己如何出色完成任务。

（31）我是一位普通教师，自我领导力的事情无非是针对教材结合班级学生实际，大胆主动处理教材与课堂教学相结合的问题，自主参加一些课堂实践尝试等。

分析上述的回答，中小学教师眼中的自我领导力非常具体，如处理好事师生关系、尝试新的教学方法、带领大家一起活动、自己安排教学计划、完成工作目标和自身发展目标等；中小学教师眼中的自我领导力关注领导力核心要素中的目标设置、自主性、自我监控等；中小学教师眼中的自我领导力具有非常强的职业特点，如教师特别关注个人的职业成长、关注教育教学（尤其是课堂教学、教学计划）、关注个人的主观能动性、做好分内的事情等。

三、教师自我领导力的内涵

基于自我领导力概念的认识和对教师眼中自我领导力的分析，本研究认为教师自我领导力有别于自我领导力的概念和内涵。如果说，自我领导力是“个体以目标为导向，整合和运用认知、行为和思维策略的自我影响能力”，那么教师自我领导力则需要体现出“个体”的职业特点。本研究认为，教师自我领导力不是一个合并词，而是一个新组合的词，有着不同于自我领导力的概念与内涵。

根据上述的分析，本研究认为教师自我领导力概念具体体现在以下几个方面：

（1）教师自我领导力以自我认识和职业认同为基础。罗伯特·马扎诺的行为模型认为，人的行为有三个“系统”、一个“知识”。三个系统即自我系统、元认知系统和认知系统，一个“知识”为提供内容的知识领域。而理想、信念、人生观价值观等以行动的方式统筹在自我系统之中。

（2）教师自我领导力以提高教育教学效率实现专业发展目标为宗旨。教书育人为教师的第一天职，教师自我领导力指向教育教学，它指在教育教学过程中，要处理诸多的人际关系（如师生关系、同事关系、领导关系、家长关系等）、要在工作中体现教师专业的爱与责任的特点，要呈现教师职业的幸福情感体验等。

（3）教师自我领导力是教师整合内外部各种资源的自我影响、自我完善和自我建构的过程。事实上，教师自我领导力是教师在工作中的价值澄清、具体策略运用与影响因素整合的一个过程，具体体现在各种教育情景中。

（4）教师自我领导力是一种矢量。“自反而缩，虽千万人吾往矣”[①]，能量再大，领导力再强，也要用对方向。强调“虽千万人吾往矣”的前提是“自反而缩”，此处的“缩”是“直”，是“真理大道”。“自反而缩”是个体以真理为指导原则勇往直前的行动。真理是普世的，教师的真理就是听从“教育者内心的声音”，譬如，如何理解教育教学教师学生的关系，如何理解工作与生活的意义及建立正确的工作意义，如何认知及管理自己的情绪压力人际关系，如何评价和建立自己的工作目标和职责等。更深层次的则是“教师的价值观”，即教师对工作的基本认识。譬如，教育是什么，我是谁，我想成为怎样的教师等。

教师自我领导力是自我领导力在教师职业范畴中的价值和策略体现，它的工作绩效会全方位地体现在教师职业岗位上。一位高自我领导力的教师，同时也会是一位高工作绩效的教师。因为，高自我领导力教师会把他的注意力指向与教育教学工作相关的领域，诸如学校管理、教研组活动、自身发展和学生发展。所以说，教师自我领导力是教师在职业发展中，运用相对稳定的教育信念，通过目标设置、自我指导、自我激励、自我对话等策略有目的有计划提升行动效率的自我认知和自我影响的过程性能力。教师自我领导力较自我领导力概念增加了教育信念、目标设置和提升行动效率，因为教育信念即建设性思维，是教师教育行为和认知的核心基础；目标是行动的依据和标准，教师专业发展需要目标导向。从表现形式来看，可以是外化的，也可以是内化的，如外化的职业生涯规划，内化的心中奋斗目标。从时间跨度来看，可以是长期的也可以是短期的。提升行动效率是指教师的策略运用是基于行动效率的，这里的效率主要是通过自身的发展促进学生的发展。自我领导力还是一种自我认知的过程和自我影响的过程，其中认知主要是元认知。

---

① 语出《孟子·公孙丑》，大意指：自我反省之后能够理直气壮，无愧于良心道理，即使是千军万马，我也勇往直前，决不退缩。

教师自我领导力包括行为聚焦策略、自然奖励策略和建设性思维策略。

至此，本研究初步认为，中小学教师自我领导力是指：中小学教师在教育教学活动场域中，以自我认识和职业认同为基础，以提高教育教学效率促进学生发展和自身发展为目标，整合内外各种资源的自我影响、自我完善和自我建构的一种能力。

为了量表编制方便，据此，我们给中小学教师自我领导力下一个初步的操作性定义：中小学教师在教育教学活动场域中，以自我认识和职业认同为基础，以提高教育教学效率促进学生发展和自身发展为目标，整合内外各种资源，合理运用行为聚焦策略、自然奖励策略和建设性思维策略的自我影响、自我完善和自我建构的一种能力。

第二节　量表形成

教师自我领导力源于自我领导力，教师自我领导力量表编制需要上溯到自我领导经典理论原型分析，需要参考已有经典量表，需要结合教师职业特点，要体现教师自我领导力的针对性对象化特点。本节内容主要是在回顾已有经典量表基础上，分析相关题项，删选部分内容；再结合对教师工作问题的调查，了解教师面临的问题；以自我领导力理论为原型结合教师工作问题设计开放式问卷，收集并分析相关信息，最后形成教师自我领导力问卷。

一、经典量表分析

由绪论部分分析可知，目前国际上广为使用的自我领导力量表有两份，一是安德森和普鲁士在 1997 年开发的自我领导力量表（简称 SLQ），量表包含 50 个题项，3 个维度 10 个因子；二是霍顿和内克在 2002 年 SLQ 基础上修正的量表（简称 RSLQ），该量表 35 个题项 9 个因子，该量表目前在各国使用最普遍。

在编制新的量表前，笔者翻译了上述两份量表，并对两份量表在维度和因素上进行对照（见附录 2）。通过对附录 2 两份量表的分析比较发现，SLQ 量表（Anderson & Prussia，1997）和修正量表 RSLQ（Houghton & Neck，2002）都依据自我领导理论被广为接受的三个维度编制而成，在命名上，SLQ 量表的“内在动机策略”与 RSLQ 量表的“自然奖励策略”稍有不同，但内涵一致；从因子和题项数量来讲，SLQ 量表是题项 50 个，因子 10 个，RSLQ 量表题量 35 个，因子 9 个（少一个“实践”因子）。总体上看来，SLQ 量表是 RSLQ 量表的扩大版，RSLQ 量表是 SLQ 量表升级版和精华版。

通过对两份量表的因素、因子和题项的逐项、逐题目对照和比较，依据“问题雷同”“问题语义不清”“问题难懂”和“表达有歧义”等几个原则删除部分题目，遴选出 45 题；再经 2 位心理系研究生和 5 位中小学教师阅读和初测修改部分表意不清和有歧义的语句，最后精选出备用的 38 个题项，参考 RSLQ 量表预想为 3 个维度 9 个因子。具体题目见附录 3。

通过对 214 位中小学教师问卷初测，经题项与总量表相关分析，删除题项与问卷相关性不显著的第 4、6、26、34 题，对剩下的 34 题进行因素分析，结果得到 9 个因素。此时，问卷的 KMO 测度和巴特利（Bartlett）球形检验为 0.777（0.000），累积解释率为 65.92%。其中，9 个因素中负荷大于 0.35，仅一个题项的因素一个，有两个题项的因素有三个。依次删除题项一个的因素、题项两个的因素，再用主成分正交旋转法进行探索性因素分析，得到由 31 个题项构成的 5 个因素。比较疑惑的是：问卷中多个题项在多个因素负荷超过 0.35，题项分析中第 4、第 26 题未能与总量表有显著性相关。总体上感觉，这份问卷在国内的教师群体里测试，交叉题目较多，因素不够稳定。到底是题项不够清晰，无法有效说明问题，还是题项不够丰富，不足以满足因素分析的数量？抑或是未能较好地表达教师自我领导的内涵？初步推测是问卷的结构不稳定，国外翻译过来的自我领导问卷不适用于中小学教师，教师自我领导力应该具有符合教师职业内涵和工作特色的内容。基于上述的认识，笔者进行开放式问卷和访谈，以进一步清晰教师自我领导力的具体表征。希望能赋予自我领导力更多教育、教学和教师元素。

二、教师工作问题调查

根据经验，教师常规工作和工作中遇到的问题应该是教师自我领导力的主要来源，所以有必要了解教师的工作状态，特别是工作中遇到的问题。要探讨教师工作中所遇到的问题，首先要把问题置于教师的专业发展背景下思考，这是教师问题探讨的基础和逻辑起点。

“问题·课程·培训”是笔者所在单位 W 市教师教育院 2013 年启动的专题研究项目。“问题·课程·培训”项目是以负责全市教师培训管理和业务指导的市教师教育院为实施单位（具体落实部门在由笔者负责的教师教育研究室），项目通过对全市近 8 万名中小学专任教师的 10% 大样本的调研，建立培训需求大数据库。凭借数据分析和问题梳理，通过全市 11 个专业教师培训机构和各学科培训者课程研发，开展各个学科多层次教师培训。笔者在 2013 年 3 月利用当时负责该项目的岗位便利，做了一项基础性的调查研究——收集教师工作中碰到的问题。

（一）基本情况

1. 调查目的

了解教师在工作中遇到的主要问题。

2. 调查对象

全市 11 个县（市、区）的学科教师，中小学 15 个学科，每学科取样不少于 15 人，原则上，取样要充分考虑代表性，具体要按照以下的要求实施：

（1）学校：城市 33% 左右，乡镇 33% 左右，农村 33% 左右。一般学校 50% 左右，重点学校或示范学校 50% 左右。

（2）性别：男 50% 左右，女 50% 左右。

（3）工作年限：新教师（1 ~ 3 年）25% 左右，青年教师（4 ~ 9 年）25% 左右，中年教师（10 ~ 20 年）25% 左右，老年教师（20 年以上）25% 左右。

（4）学历：中专 5% 左右，大专 25% 左右，本科 45% 左右，研究生 25%

左右。

（5）职称：见习教师、小学三级、小学二级教师、中学三级共20%左右，小学一级教师、中学二级教师共30%左右，小学高级教师、中学一级教师共30%左右，中学高级教师、教授级教师共20%左右。

（6）荣誉：普通教师40%左右，学科骨干、“三坛”教师共20%左右，名师20%左右，特级教师20%左右。

3. 信息收集途径

问卷和封闭式访谈。由W市教师教育院①分学科指派师训员利用学期初到县（市、区）调研听课机会，带着问卷和问题进学校。

问题就一个即“请写出（或说出）三个您工作中碰到并急需解决的问题”（请写出具体内容或理由），打印在A4纸上，留白由教师填写。由师训员说明调查目的，不记名，填写后即时回收，并作访谈。访谈提纲与问卷一致，作为半开放式访谈，访谈者对相应问题做进一步追问并做记录。

（二）实施过程

1. 分学科多渠道搜集问题

2013年3月，市教师教育院各学科22位师训员在一个月时间内，通过访谈和问卷搜集教师培训疑难问题。问题收集对象要求分布于全市11个县（市、区）的各个学科教师，每学科不少于15个样本，其中背景变量包括：学校类型、性别、工作年限、学历、职称、最高荣誉等。

被调查（访谈）教师写出（说出）三个“工作中碰到并急需解决的问题”，并说明理由（例子）。如，一位来自乡镇重点中学，年龄40～50岁之间，有着10～20年教学经历，本科学历，获得过“三坛”荣誉，从事“普高”语文教学的中学高级男教师，工作中碰到的一个问题是：“语文作业设计与批阅低效。理由是：教师批改作业很辛苦，但往往又低效。作业设计与检查怎样才能既有实效，教师又能从无效的浪费时间的机械劳动中解放出来？”本次调查共收集215位教师649个具体问题及提出问题的理由。

① W市专业的教师培训机构，负责全市教师队伍建设。

2. 澄清词义界定关键词

对收集的原始问题做语义分析，辨别有意义的关键词。分析思路是确立“微观—中观—宏观”的三个分析点，即“具体问题—关键要素—关键词”，最后在关键词基础上提炼出核心问题。譬如，表 2－1 罗列的是收集到的教师的具体问题及如何进行“关键要素”“关键词”分析的结果举例。

表 2－1　　教师工作问题语义分析举例

具体问题	关键要素	关键词
可否对于英语阅读教学中的题型设置有一个说明？理由：不同语篇的阅读对于阅读理解题型的设置也有一定的影响。例如填空、正误、选择、表格、讨论等。题目的设置不同对于学生的理解和阅读策略的使用也不同	作业设计与诊断	教学测评
怎么选择更合适的实验材料？理由：几乎每节小学科学课都有实验部分，由于客观因素的存在，书本上推荐的部分实验材料没有预期的效果（或者这种材料很难找到），这种课往往让很多科学老师望而却步。希望在教师培训过程中能增设几场“合理选择实验材料”的专题交流会，让更多的老师受到启发	教学内容安排（课标、目标、重难点）	教学实施
怎么备好一节课？理由：关于怎么备好课，这是一个“老掉牙”的问题。对于年轻的教师，几年的埋头备课经历有时也比不上别人几句话的点拨。撇去少数的集体磨课经历，一个教师平日的备课总会显得具有“个人特色”，而这些特色是好是坏自己难判断。怎样才能让自己的备课能力得到进一步的提升呢？怎样能找出自己平日备课中被忽视的不足呢？这是培训应该要解决的问题	教学活动组织与实施	教学实施
课堂提问或学生回答问题时，有些学生占时较多，而课堂的时间又有限，不能无止境地让其阐述。理由：因为本人上课或听课时，发现任课教师（包括自己）一旦听不到自己想要的答案就会暂停，让其他孩子继续作答，而孩子们往往意犹未尽	课堂观察与分析	测评与改进
教研组活动的具体组织项目、活动种类太少，缺乏有效的指导。理由：现在的教研组活动多流于形式，难集中，只是为了应付上级的任务，无法和教师的实际需要联系在一起，自然缺乏吸引力	活动组织、研究方法、教学反思	教育科研（学生研究、教学研究的内容、模式、方法）

续表

具体问题	关键要素	关键词
如何针对不同层次的学生做到因材施教？理由：很多学生习惯了初中老师的教学模式，很难适应高中的课本及课堂教学模式；如何针对不同层次的学生采用不同的教学方法，让优秀生“吃得饱”，学困生能跟得上	学生差异发展	学情分析
专业素养中的标准口语问题。发现不少身边的英语老师连“C”这个英文字母的发音，也不标准。真希望在语音方面的培训可以多些。理由：一些普通学校的教师发音真的很不标准，学科专业性凸显不出来。不一定说像美国人那样标准，但最起码要达到口语清晰，发音正确	语言书写	职业技能
教师自身心理问题如何疏导？理由：工作压力越来越大，情绪失控越来越多，只有教师心理健康才有好的工作状态，从而形成一种良性循环	健康心理	教师素养
如何克服职业瓶颈期？理由：感觉教书的前三年虽然有很多困惑，很多问题，会去努力，去解惑；但是教了7～8年后反而失去了最初的那种激情，觉得自己不再有进步空间，出现职业倦怠	专业认识和职业态度	专业精神
在教学中感到很疲劳，幸福感不强，常感觉自己被迫做事，而又不知所措	职业倦怠	职业道德

依次类推，对所有收集的具体问题做“关键要素”和“关键词”的分析。649个具体问题和理由，汇集成如表2－2所列的38个关键要素，9个关键词，4大功能指向问题。

表2－2　　教师工作问题语义分析结果

关键要素	关键词	功能指向
1. 职业精神	1. 专业精神和职业认同（教育、教学、教师与学生等教育基本理念）	专业精神
2. 职业道德		
3. 专业认知		
4. 专业态度（职业倦怠）		
5. 教学内容性质	2. 学科知识（学科的体系、对象、性质和方法）	专业理解
6. 教学内容逻辑体系		
7. 教学思想方法		
8. 学科前沿知识		
9. 与其他学科联系、社会实践联系		

续表

关键要素	关键词	功能指向
10. 教育学心理学理论	3. 教学理论知识（教学理论、策略、经验与案例的一般知识）	专业理解
11. 学习科学新进展		
12. 教育改革新理念		
13. 学生学习基础	4. 学情分析（学生的学习基础、理解新知识的困难和学生之间的差别）	问题解决
14. 学生差异发展（优秀生、中等生、后进生）		
15. 问题学生教育（早恋、逃学、暴力）		
16. 激发学生兴趣	5. 教学实施（教学目标、教学内容、教学策略、教学实施）	
17. 安排教学内容（课标、目标、重难点）		
18. 设计与组织有意义的教学活动（教与学）		
19. 课堂及班级管理策略		
20. 优秀教学与管理方法、策略、经验		
22. 课程开发		
23. 学习方法指导		
22. 目标达成检测与反馈	6. 测评与改进（教学质量评估与改进意识策略与具体行动）	
23. 作业设计与诊断		
24. 学业评价		
25. 教学质量分析		
26. 语言、书写等	7. 职业技能（与教师教学有关的技能和学科特有技能）	自我提升
27. 学科特殊技能（如：实验）		
28. 信息技术		
29. 信息技术与学科整合		
30. 哲学人文知识学习	8. 教师素养（教师专业发展有关的素养）	
31. 科学技术知识学习		
32. 艺术审美能力提高		
33. 健康人格培养		
34. 人际关系处理		
35. 研究活动组织	9. 教育科研（学生研究、教学研究的内容、模式、方法）	
36. 研究方法（教学反思）		
37. 专业发展规划		
38. 听评课水平		

对收集问题语义分析可以发现，教师工作中遇到的问题基本上围绕着专业精神（培育专业精神）、专业理解（加深专业理解）、问题解决（解决实践问题）和自我提升（提升自身素养）。专业精神是教师职业的门槛性要求，是教师对教育教学职业的基本认识和基本判断，构成教师后续行为和态度的基本价值，是教师职业的基本要求；专业理解是教师对所学本体性知识的基本把握，是教师在师范教育中主要掌握的基础理论知识，是教师职业具体化的基础能力；问题解决是教师在实践中遇到问题的解决，是教师如何开展教学实施工作，从事学科教学的能力体现，是教师工作的核心内容；自我提升是教师在不同发展阶段综合能力不断内化和实践的体现，是教师专业发展的一种外化表征。

从上述结果中可以发现，教师自我领导力要回归到教师的工作实践，要把研究的镜头聚焦到与教师遇到的具体问题结合起来测量，要体现教师的职业特点。基于上述两个问题的分析，即已有问卷的筛选和教师工作中碰到问题的分析，基本上形成了教师自我领导力的四个基本方向：专业精神、专业理解、问题解决和自我提升。关键在于如何把教师工作中遇到的问题和分析结果与教师自我领导力有机地结合起来，并用可具有检测效果的题项呈现出来。

三、教师自我领导力问题调查

为了进一步探索教师自我领导力的内涵，笔者结合上述开放式问卷问题收集和教师自我领导结构分析，编制半封闭式问卷并调查。对46位中小学教师做半封闭式问卷调查和6位教师做半封闭式访谈，访谈以下面的题目为提纲，适当延伸。访谈对象共6位，均为市级学科骨干以上教师，学科分别是：高中物理、高中化学、高中历史、初中英语、初中数学、初中体育。问卷目的是总体上了解教师自我领导策略使用情况，访谈是为了进一步通过对话了解教师对自我领导的看法。问卷题目一致如下：

（1）自我领导就是自己领导自己，在您的工作中，有没有这样的事情？请举一两个例子。

（2）工作中，您会不会给自己设立目标？具体设立过什么样的目标？请举例说明。

（3）工作时，您会观察自己的行为吗？您能分辨出自己的有效行为和无效行为吗？

（4）当你成功完成一项工作任务时，您会给自己奖励吗？具体会奖赏些什么？

（5）如果您把一件事情搞砸了，你会对自己感到不满吗？这时候您可能会怎么想？

（6）您有没有列清单提醒要干的工作的习惯？除了写清单，还有其他什么方式吗？请举例。

（7）工作中，您会选择自己喜欢的方式来完成任务吗？请举例子。

（8）有人认为，“工作本身能给人带来快乐”，您怎么看这句话？您遇到过这样的工作或有这样的体验吗？

（9）有的运动员在比赛开始前就想象自己拿到金牌。工作刚开始时，您会不会也想象自己可以取得好的结果？

（10）人们有时会说些自我鼓励的话，或者在心里默默地念叨，譬如“我是最棒的”“我能行”“我可以做到”等，您曾经有过类似的自我鼓励的吗？具体会说些什么？

（11）上级（校长/局长）给您一个艰巨的任务，您认为这个任务是一个机遇还是一个威胁？你会怎么想，譬如，我可以在完成任务的过程中提升自己的能力，或者我无法完成这个任务、它是一个大包袱。

题目“（1）自我领导就是自己领导自己，在您的工作中，有没有这样的事情？请举一两个例子。”已放在本章第一节讨论教师自我领导力概念，这里不再做分析。下面，对其他10个半开放式问题做汇总和简单分析。由于每个题目都会有52（46+6）个以上的结果。总体来说结果会有三种趋向，一是肯定，二是否定，三是其他。由于篇幅问题，所有问题不一一呈现。

1. 工作中，您会不会给自己设立目标？具体设立过什么样的目标？可以举例说明吗？

设计此题意在了解教师的工作目标。在52位教师提供的49个答案中，有 47 个（占回答结果中的 95.9%）提到“会有目标”。“会有目标”的回答中除了比较笼统、无具体指向的问题外，剩下来的大致可分以下几类：

（1）自我导向的目标。围绕着自己的能力提升和兴趣设置的目标，如职称评定、学术荣誉获得、学历进修、科研成果、自己喜欢的内容（如制作视频等），如“每年发表一篇论文，发表一篇教辅文章”“取得名师称号”“三年内完成高级职称”“做一个自己喜欢的视频，与自己爱好相关”“在学校准备开展机器人学习兴趣小组”“做一名亲生型的教师”。

（2）学生导向的目标。围绕着学生能力提高、学生良好学业成绩获得、优秀班集体建设和学生对老师认同的目标，如“做一个学生喜欢的教师”“打造一个优秀的且有特色的班集体”“改变自己的教学方式，尽量使学生喜欢自己的课堂”“学生喜欢上我的课”“所带的班级成为级段最团结的班级”“争取班级尖子生 10 人以上获一等奖”“改变某个学生不良行为习惯”，此类目标主要聚焦在学生，即学生学业成绩提升、学生课堂教学的喜爱、学生对老师的认同、个别学生教育等。

（3）任务导向的目标。围绕着学校常规工作和任务完成的目标，如完成学校的工作任务、教学方式的改变、提高工作效率等，如“期末学生好评率在 99% 以上”“在业务上有一个新的突破”“尽可能去辨析教学有效性”“提高工作效率”。

三类目标中，教师对职称的追求、对学生的认同和对工作任务的完成占据主要位置。从目标的时效来讲，又可以分为短期目标、中期目标和长期目标。教师的目标以自身的专业发展为方向，在教师自我领导力问卷编制的时候要充分体现教师在目标上的诉求。另外，对目标的认识还体现出一个特征“变化”，如“做个让学生喜欢的好老师（长远目标），让学生喜欢我的课堂（持续的近期目标）”“过去的目标是以评奖促教学，现在的目标是不拖后腿”“不同时期设立不同目标，工作之初希望评上 R 市（县级市）教坛新秀，当时看到评上的人很羡慕；后来的目标是评“W 教坛”。现在目标是评中高，一直在努力，但不强求。”

2. 工作时，您会观察自己的行为吗？您能分辨出自己的有效行为和无效行为？

自我观察是经典自我领导理论的一种行为策略，反映了个体在解决问题时反观自己“什么时候、为什么和什么条件下用某种行为的能力”。譬如，由于时间被浪费，我们无法按时完成每天的工作任务，我们就要研究“时间都去哪里了”。你可能发现非正式的聊天消耗大量的时间，每天 8 小时工作有 5 小时就浪费在非正式的会谈聊天中，那就是有问题的。而这种对问题产生的时间、缘由和条件的反观，就可以理解为自我观察。本问题基于对“教师有无自我观察的能力？具体是怎样体现的？”的疑惑提出。具体回答结果有 55 个，几乎都回答“有”或表示出“有”的意思。

自我观察能力为行为管理提供基础保障，其他行为需要自我观察。仔细分析结果时发现，教师对自我观察的认识主要体现在课堂教学中师生关系的处理和对教学效果的反馈。但教师对自己行为的观察描述内容并不多，如“课堂教学中，学生露出厌烦的表情或打哈欠，我就知道此时我的教学行为是无效的”这样的描述非常少。尽管自我观察具有内隐的特点，但教师对自我观察概念的理解一定程度上会影响问题的表述。从材料中可以看出，教师理解的自我观察，更多地倾向于对教育教学价值的认识和表现，是教师对学生学习行为的信息接受和反馈，甚至理解为教师对学生的具体手段管理。

3. 当你成功完成一项工作任务时，您会给自己奖励吗？具体会奖赏些什么？

这是一项关于教师自我奖励的题目。52 位教师中有 6 位说“不会有奖励”，其中有 3 位是这样回答的：“除了心情愉悦，没有什么可以奖励自己的，该怎么做还是怎么做。”“不会，最多只是暗示一下，因为工作本是常规，没什么好奖励的。”“内心愉悦是最好奖励。不会刻意以外在形式奖励自己。”有 2 位回答“不知道”，还有 44 位回答“有”，但具体奖励内容各不相同，主要有以下一些奖励内容：

（1）物质享受。获得物质的满足，主要是吃、喝、玩、购物。譬如：吃一顿大餐、买一件衣服或一份礼物、购买心仪已久的所谓“奢侈”物品、逛街等。

（2）精神奖励。做自己喜欢的事情，心灵的释放，主要是购书、看书、看电影、听音乐、玩游戏、旅游、睡觉、休息、外出度假、运动、休闲娱乐类等，以及与家人朋友分享。

教师自我奖励内容比较单一，其中突出一点是“放松”。不少教师提到“放松”，其中上述大多数的奖励措施都可以理解为教师对自己的放松，在没有压力的时空里做自己喜欢的事情。从中可以看出教师在工作中能够支配的时间和空间是非常有限的，也可以认为教师的工作场域充满了紧张或者压抑。这些问题在后续的材料中探讨。

4. 如果您把一件事情搞砸了，你会对自己感到不满吗？这时候您可能会怎么想？

这是一道关于自我惩罚的题目。在被调查的52人中，有5位表示不会，解释原因有“有点自责，希望下次能做得完美”“总结一下自己搞砸的原因，改进自己的不足之处”“会提醒自己引起对这类事情的重视，学会如何处理”“失败亦是锻炼，说明更需要努力”“下次再说”。从结果可以看出，说“不会”的教师，在解释“为什么”时，与前面“会”的教师非常一致。

其他47位教师均表示会“自我惩罚”，具体表现为：“埋怨自己怎么会出错”“很后悔”“感到不满”“感到自己很没用，很失望”“在苛责后原谅，在期待后释怀”“愧疚感”“感觉很失落”等。具体的说明理由有“吃一堑长一智”“学会反思”“下次会有机会弄好”“自我安慰”“努力从各方面找原因”“吸取教训，详细记录”“会想如何解决才能挽回”等。

总体上来看，教师会用“自我惩罚”来表示对自己工作结果的不满，但对此策略的运用主要体现在“后悔、埋怨自己、自我安慰”“下次再努力、改进”，教师对自我惩罚的理解倾向于对不良结果的认识及自责后的行为改进，一定程度也反映教师在面临挫折或遭遇困境后的情绪表达。

5. 您有没有列清单提醒任务的习惯？除了写清单，还有其他什么方式吗？请举例。

这是有关“自我提示”的一道问题，试图了解教师有无“自我提示”的习惯及哪些常用的“自我提示”策略。在52位教师呈现的信息中，有8位教师无“罗列清单”等习惯，但也并不是全部都没有自我提示的习惯，如“事前心中会有一个大体的计划，不会写下来”“记大难免忘小”。有4位会“偶尔为之”，如“偶尔会，在备忘录或工作笔记本画圈圈提醒”“第一天思索第二天所做的事”“给事情排序，由主要到次要”“在事情较多的情况下会罗列”。

而其他44位教师都有“罗列清单”“备忘”的习惯，但“自我提示”的方式各有不同，如“随身带个记事本”“在手机备忘录里备课”“用手机记录事情”“每日上班到办公室先翻笔记、手机备忘录提醒，罗列任务时间点”“会将近期要做的一些事情写在便笺上，贴在办公室里，可以提醒自己的工作进度”“一般在计算机呈现工作清单，事先想一下一天的工作任务，特别重要任务利用手机提醒”“用手机App写清单”“随手拍照、录音，过一段时间整理”。总体上来看，教师对大事情、重要事情都有备忘、自我提醒的习惯。具体途径有记事本、备忘录、手机提醒业务、计算机记录等，并呈现出计算机，特别是手机替代手写的特点。计算机、网络和手机已经成为教师工作生活中的主要帮手，使用手机备忘软件成为大多数教师自我提示的主要途径。另外，教师的自我提示与目标设置有一定的交叉，如有教师这样回答“没有，但事前心中会有一个大体的计划，不会写下来。”“有，近期工作计划表”。不知教师的自我提示策略能否以独立的因素存在？这需要在量表编制中进一步探讨。

6. 工作中，您会选择自己喜欢的方式来完成任务吗？请举例说明。

这是一道教师对工作方式选择的题目，试图了解教师工作的自由度及工作态度。52位教师的答案可以分为四类：会、没有关注（不确定）、偶尔会、不会。回答“会选择自己喜欢的方式来完成任务”的教师有45位。

回答“不会”的教师解释有：“工作怎么会随心所欲呢？只有认认真真地做好自己本职工作，才是硬道理”“一直以来工作方式都固定了，没有喜欢不喜欢；对待每一件事情，都需认真细致”；回答“不确定”的教师解释有：“主要还是看上面的要求” “不喜欢人云亦云，会先思考而后行动”；回答“偶然会”的教师解释有：“努力选择自己喜欢的方式来完成任务，但很多时候事与愿违”。

回答“会”的教师解释有：“为了让孩子们喜欢英语，我会经常用图片、新闻或英语歌曲之类的方式”“喜欢用自己喜欢的方式来完成任务，比如批改作业时，虽然学校三番五次要求用特定的符号做标记，但我的孩子们一直以来已非常习惯我的批改方式与订正方式，所以，我就一直用自己的方法，效果也非常不错哦”“比如做一份报告，我会找一部自己爱看的书或电视剧与之结合，这样会更有意思”“例如写论文，现在多数人喜欢用计算机，但我还是喜欢在纸上先列提纲，采用手写完成”“参加职称评审上课等，许多教师会模拟评审环节，在一个半小时内备课再上课，而我喜欢钻研教材，在书上写出大致教学思路”“比如这次安排学生入队仪式，我准备以‘红领巾拼国旗’环节作为活动高潮。拼的方式、时间的把握及如何展开，保证视觉效果，研究了几天。我们德育团队才一起规定这一新颖的环节。后来 R 市电台做了报道，学生也很喜欢这环节”“听轻音乐”“找个安静的环境”“统筹安排时间，挤出时间提早回家”“譬如，我不喜欢在假期给孩子布置大量的作业，通常在长假的时候，我会比较喜欢让孩子们根据自身情况和已学内容自行编写一张练习单，然后在返校后，同学之间相互（抽签式）挑战评分”。

在回答“会”的选项中，也有部分教师会有条件的选择自己喜欢的方式，如“前提是大环境允许的情况下，例如，上课的方式我会有自己的风格”“自己喜欢也要考虑别人感受。己所不欲，勿施于人；己所欲，慎施于人”“如果不影响他人的话，会选择自己喜欢的方式”。

教师喜欢用自己喜欢的内容、途径和环境来开展工作。此题目设置的初衷是了解教师在工作方式选择上赋予困难问题的意义感和趣味性，但结果更多的是倾向于教师的工作习惯，如边听音乐、看书、备课等。此题与下面的题目构成自然奖励策略的原始题项。

7. 有人认为，“工作本身能给人带来快乐”，您怎么看这句话？您遇到过这样的工作或有这样的体验吗？

这是一道关于教师对工作意义感认识的题目。自我领导理论认为自然报偿策略是指个体关注某一行为或任务的积极方面，忽视消极方面，从工作中寻求激励因素，赋予工作意义感和趣味性，让任务本身具有奖励功能，而不是外在的奖励。从该题教师回答的结果来看，尽管教育作为一个庞大的系统存在诸多影响因素和不尽如人意的地方，但绝大多数的教师还是能从教育教学工作中感受到快乐或意义，特别是“完成工作任务”“学生积极回报”上能给教师带来精神愉悦。

从教师的回答中我们可以看到教师对学生的认同是他们快乐体验的主要来源。如“成功的一堂课和师生配合默契的一堂课，无疑能给我们带来愉悦的心情”“当一个人投入地工作时，当有序地完成各项事情时，当学生礼貌地向你打招呼，关心你时，都会感到工作是快乐的”“课堂上与学生互动很好的时候”“譬如碰到学习氛围好的班级，那么教学就是一种享受，反之则不是。”“譬如在路上遇到以前的学生主动打招呼，体会到做老师的快乐”“工作中收获成效，譬如指导学生获奖了”“当班主任时各种成就感，各种学生回访，记得自己的好，这时候最快乐”“当看到学生有所进步或改变了态度朝正方向积极发展的时候，自己很快乐。”

也有对教育教学工作的基本认识，如“过程比结果重要。教育教学过程的全身心投入能给老师带来愉悦”“教师的工作既是一份责任，也是一份幸福”“工作的确能给人带来快乐，因为这份工作（教书育人）是我向往喜欢的，它不仅是工作更是事业”“教学工作是很有趣的事，和孩子们在一起，每天都很快乐。一堂课在孩子们热烈的交流中结束让人心情愉悦”“并不将工作当作一项任务来完成，而是在完成工作的过程中心情是放松的，特别是完成工作后的成就感，例如，上了一节成功的课，完成一项课题等”。

也有与同事的人际关系处理，如“在一个集体中，工作顺利，人际关系和谐，会觉得自己的工作带给自己身心愉悦”，从自身的体验来说，如“快乐源于内心而非工作本身”“主要看工作情景和工作时的心境”“当然有快乐，也不仅有快乐，痛并快乐着。看你如何看待了”。

从中也可以看出，教师是很容易满足的，学生一个简单的微笑，一个友好的回应，就足以让教师幸福满满；一堂符合自己设想的公开课，一个任务的完美完成，就能让教师体验到成就感；教师的自然报偿策略与他的工作对象有关、与他的工作责任感有关，也与他本身的工作角色有关。

但也存在不同的声音，如“完成工作时，任务如果是没有兴趣带动的工作，何来快乐？”“工作本身不大可能给人带来快乐，除非能把工作当作个人爱好来完成”。教师对工作的意义感受和享受工作的价值是独立存在，还是依附于其他策略？有待进一步验证。

8. 有的运动员在比赛开始前就想象自己拿到金牌的情景。工作刚开始时，您会不会也想象自己可以取得好的结果？

这是一道关于自我领导力的预想成功策略的题目。52 位教师共有 12 位教师明确说“没有”，有5位教师回答“不会”，但解释“为什么”时，强调自己的目标意识或享受过程，如“脚踏实地，走好每一步，才是最重要的”“因为知道做事情很难，理想很丰满，现实很骨感，是常有的事情”。其他35位回答“有”“当然”“会”。从结果来看，教师在解释“有”的时候，大多倾向于“要努力，但不要过分关注结果”“只问耕耘，不问收获”“希望越大，失望也越大。所以不去想象结果。而努力去做，说不定会收获意外的惊喜”的态度。另外，有教师认为，“原来有”“刚开始工作时候有，现在没有”“年轻时特别会想，随着年龄的增长，慢慢变得从容而淡定”“随着年龄增长，这种欲望会降低”。这部分教师认为有预想，是一种“欲望”，是不好的事情。上述两种问题，是不是可以解释为：教师对结果的关注显得低调保守，是不敢表达对结果和成功的追求？还是目标模糊不具操作？抑或是教师职业和教育实践的非任务导向特点？还或者是教师专业本身的保守心理？我们在量表中有体现预想成功的题项，但还是担忧它能否独立存在。毕竟，很多教师把默默奉献作为自己工作的信条来坚守，“只问耕耘不问收获”俨然是传统教师的职业特色。

9. 有时人们会说些自我鼓励的话，或者在心里默默的念叨，譬如“我是最棒的”“我能行”“我可以做到”等，您有过类似的自我鼓励吗？具体会说些什么？

这是一道了解教师“自我对话”策略情况的预测题。52位教师共有5位回答“没有”，其中说明原因的有2位，在解释的时候还是强调了自我提示的作用，另外3位回答“偶尔有”；还有47位教师回答有，解释说明的信息主要体现为：“我已经尽力了，最终结果都可以坦然接受”“我不比别人差”“我可以做到，我先试试”“我很不错”“大家都认可我，说明你不错”“这些事情不会难到我的，只要我努力”“尽力就好”“沉住气”“可以做好”“决不放弃”“没什么能难倒努力的人”“这个太简单”“我一定成功”“我会坚持，因为无法改变”等。从中可以看出，教师在工作中还是比较喜欢用内心语言来暗示、激励自己。但此处的自我对话与自我提示、自我激励混淆。另外，部分教师认为，自我对话与年龄有关，随着年龄增加，不容易出现此类行为，更多的是按部就班地执行工作任务。教师的自我对话策略能不能在教师自我领导力中独立存在？教师的自我对话策略是否与教师职业特色和东方含蓄文化特点有关？

10. 上级给您一个艰巨的任务，您认为这个任务是一个机遇还是一个威胁？你会怎么想，譬如，我可以在完成任务的过程中提升自己的能力，或者我无法完成这个任务、它是一个大包袱。

这是对工作任务的态度和认识进行测试的题目，试图用教师面临工作两难选择来了解教师的态度和价值观。一般我们认为，面对不属于分内工作任务的出现，有三种取向。第一种是权威取向，遵从权威。领导交代的工作，不管什么原因，有何困难，只能去完成，不乐意也要去完成。第二种是规则取向，遵从内心的价值判断。内心的规则是任务有无好处，能不能轻松有效完成，视具体情况决定“拒绝”或“接受”。第三种是能力取向，遵从自我。任务出现了，机遇也出现。任务、机遇与学习是相伴相生的，解决问题的过程也是学习的过程。

从调查信息来看，绝大多数教师还是从能力提升的角度去认识，认为这是“机遇”；有部分教师认为“比较矛盾”“机遇与威胁并存”“兼而有之吧，假如个人生活中已非常繁忙，手头事情很多，此时就会觉得很有负担，但如果无杂事，则会觉得是一个锻炼的机会”，但还是倾向于认为是“机遇”；有教师认为是“威胁，是个大包袱”。对领导交代的任务，绝大多数教师还是能从积极的角度去看待，并进行合理化解释。而解释的理由主要围绕着“能力提升”“领导重视”。

四、初测问卷形成

笔者依据“确定主题”“搜集信息”“编制题目”的思路开展问卷编制。通过主题分析，对已有问卷的分析和删选、教师工作问题收集分析、教师自我领导力开放式问卷和访谈信息的梳理分析，并拟定题项。下面围绕“编制题目”再做详细说明。

为了避免用“自我领导力”这个概念可能给被试带来自我暗示而影响量表效度，问卷用一个中性概念“教师工作基本情况”来表述，所以问卷全称为“教师工作基本情况调查问卷”。问卷主体部分共 50 道题目，用李克特五点量表计分作答，赋分依次为："1——完全不符合""2——不太符合""3——说不清楚""4——比较符合""5——完全符合"。

在教师工作基本情况调查问卷编制过程中，本研究遵循以下三个原则：第一，一致性原则。问卷中所提问题均与研究主题和研究目的一致，一个句子只提一个观点，以免主题混淆；各选项界定尽量清晰，回避出现重叠现象。第二，伦理性原则。所有问题均不涉及个人隐私，并在作答前有说明。题项避免出现让人不喜欢回答或较为敏感不愿回答的问题。避免主观及情绪化的字眼出现。第三，简洁性原则。在题项用词上尽量浅显易懂，力求清晰、达意、明了，不用专业名词和生僻字词，回避语意被误解。结构方面，避免题目过长，影响阅读和作答时间。

问卷结构说明。由于是初测，考虑到教师职业是与人打交道的职业，特别是教师要处理与学生、同事、领导及家长的关系，笔者增加了"人际关系"因素。另外，考虑到教师工作特殊性，增加了教师"情绪管理"因素。上述题项的出现一方面是源于前期问卷和访谈中有部分教师对"人际关系""情绪管理"主题的涉及，另外一方面，在梁翰中针对企业员工的自我领导力问卷中增加了一个"情绪调节"因素，并成功聚类。在一些研究结果讨论中，往往把人际关系纳入其中，如曹文峰（2010）将梁瀚中（2009）开发的量表中"工作内在奖赏"维度拓展为"工作和关系导向自然补偿"，并独立成为一个因素。考虑到人际关系可能以独立的因素存在从而影响教师的自我领导力，所以考虑暂时放进去。

由下面的表 2－3 可知，问卷从自我领导理论中的 3 个维度 10 个方面设置：自我目标设置、自我观察、自我提示、自我奖励、自我惩罚、自然奖励、预想成功、自我对话、信念与假设和人际关系，最后形成由 50 题构成的初始问卷。

表 2－3　　　　开放问卷归类分析

开放式问题	分析	归类	预想
1. 工作中，您会不会给自己设立目标？具体设立过什么样的目标？请举例说明	自我目标设置	行为聚焦策略	稳定存在

续表

开放式问题	分析	归类	预想
2. 工作时，您会观察自己的行为吗？您能分辨出自己的有效行为和无效行为吗？	自我观察	行为聚焦策略	不稳定
3. 当你成功完成一项工作任务时，您会给自己奖励吗？具体会奖赏些什么？	自我激励	行为聚焦策略	稳定存在
4. 如果您把一件事情搞砸了，你会对自己感到不满吗？这时候您可能会怎么想？	自我惩罚	行为聚焦策略	稳定存在
5. 您有没有列清单提醒任务的习惯？除了写清单，还有其他什么方式吗？请举例	自我提示	行为聚焦策略	稳定存在
6. 工作中，您会选择自己喜欢的方式来完成任务吗？请举例	自然奖励	自然奖励策略	稳定存在
7. 有人认为，“工作本身能给人带来快乐”，您怎么看这句话？您遇到过这样的工作或有这样的体验吗？	自然奖励	自然奖励策略	稳定存在
8. 有的运动员在比赛开始前就想象自己拿到金牌的情愫。工作刚开始时，您会不会也想象自己可以取得好的结果？	预想成功	建设性思维策略	稳定存在
9. 有时人们会说些自我鼓励的话，或者在心里默默地念叨，譬如“我是最棒的”“我能行”“我可以做到”等，您有过类似的自我鼓励吗？具体会说些什么？	自我对话	建设性思维策略	不稳定
10. 上级给您一个艰巨的任务，您认为这个任务是一个机遇还是一个威胁？你会怎么想，譬如，我可以在完成任务的过程中提升自己的能力，或者我无法完成这个任务、它是一个大包袱	信念与假设	建设性思维策略	稳定存在
说明：增加情绪调节与人际关系两个因素，预想是不稳定存在的			

第三节　量表分析

一、研究方法

（一）研究工具

自编 50 题“教师工作基本情况调查问卷”即教师自我领导力初测问卷。在统计方法上，采用相关分析、探索性因素分析、验证性因素分析等方法分析数据。统计分析软件为 SPSS18.0 和 AMOS18.0。

（二）施测过程

在 W 市中小学教师范围内，利用专业问卷平台发布信息和资料收集。通过问卷星专业在线问卷调查平台（www.sojump.com）在计算机网络和手机微信发布问卷，通过区域内的学校教师 QQ 群和微信群发布信息，请有关学校教师进入网络平台填写问卷。

问卷施测时间共一周，在发布测试信息一周后回收信息，共收到有效样本 819 份。

问卷共 50 道题目，对 5 位中小学教师做测试时间试验，用纸质测试平均需要 9.5 分钟，用手机测试平均需要 6.5 分钟，手机稍快。

（三）问卷删选

由于是通过网络施测，可能会受网络速度、使用手机熟练程度及其他外在因素打扰。所以，首先对 819 份问卷做测试时间分析，发现平均所需时间 480.40 秒，和设想的 300 ~ 1000 秒时间差不多。仔细分析答卷所用时间也集中在这个区间。但出现极个别所用时间极少和极多的现象，所需时间最少的两位用时 48 秒和 68 秒，用时最多的是 16365 秒和 27850 秒。考虑到这些作答的老师可能受主客观因素影响缩短或延迟答题时间会影响问卷信度，所以把作答时间过短和过长的样本删除。如，在删除答题时间最长的两位后，每份问卷所需平均时间由 480.40 秒减少至 427.39 秒，标准差由 1182.931 减少至 413.782。删除答题时间过短（90 秒以下）或过长（1200 秒以上）的 39 位，最后共获得有效问卷 780 份。

把问卷随机分成两份，一份（A 组）供探索性因素分析，一份（B 组）用于验证性因素分析，每份问卷均为 390 个样本。

二、题项分析

（一）题项与总问卷相关分析

对 A 组 390 个样本进行分析。问卷中每个题项与总问卷的关系可考察题项的质量。经题项均值与总问卷的相关分析，结果整理如表 2－4 所示。

表 2－4　　量表题项相关分析

序号	题　目	皮尔逊相关系数
1	上公开课前，我会想象自己能有好的表现	0.537**
2	我会为自己任教的学科（或管理工作）设定具体的目标	0.615**
3	我会通过与自己交谈（或心理活动）的方式来克服面临的困难	0.530**
4	工作卓有成效，我会用自己喜欢的方式犒劳自己	0.547**
5	与同事发生矛盾，我能迅速地冷静下来	0.513**
6	如果别无选择，我会想办法让自己去喜欢当前的工作	0.644**
7	我更关注工作带来的成就感而不是外在的奖励	0.548**
8	我会想办法处理与同事之间的关系	0.657**
9	我会用一些方式（如备忘录或手机等）提醒自己哪些事情需要及时完成	0.484**
10	做一件事情之前，我会想象成功后的情形	0.539**
11	我会认真思考自己今后想要达成的目标（如职称、荣誉或什么类型的教师）	0.587**
12	当工作陷入困境时，我会给自己“鼓气”“加油”	0.671**
13	当工作进展顺利时，我会给自己一个特别的奖励，如吃美食、看电影、睡觉、逛街购物等	0.552**
14	当面临困境时，我总是在心里评估自己对于这种状况的认识是否准确	0.622**
15	我会因工作失误而埋怨自己	0.429**
16	上课时，我通常能够清楚地意识到自己的教学效果如何	0.590**
17	我会贴近散发正能量的人或物	0.641**
18	我会用记事本或其他方式，提醒自己要专注于某项任务	0.537**
19	我在进行某一任务之前，经常会在脑海中先勾勒出成功表现的情境	0.568**
20	我会朝着已经设定好的具体目标努力	0.682**
21	有时，我会通过自言自语的方式来提高自己战胜困难的信心	0.518**
22	当我出色地完成一项任务时，我会自我感觉良好	0.610**
23	面对压力，我会用一些策略排解，如听音乐、微笑、深呼吸或自我提示等	0.639**
24	当我把公开课上砸了，我会难过好一阵子	0.449**

续表

序号	题　目	皮尔逊相关系数
25	当很好地完成一项任务时，我会给自己点“赞”	0.643**
26	如果可以选择，我会尽量去享受工作而不是仅仅为了完成任务	0.641**
27	任务没完成，我会责怪自己	0.526**
28	我会为自己设定个人职业发展目标	0.667**
29	我坚持“工作能给人带来快乐”的信念	0.679**
30	我会经常反思自己到底要成为怎样的教师	0.689**
31	我会密切关注自己正在进行的工作进展	0.662**
32	我会在教育教学工作中找到让自己喜欢的内容或项目	0.716**
33	上公开课之前，我会在脑子里先预演一遍	0.631**
34	我对“怎样是一位好教师”有自己的评判标准	0.666**
35	我会用自己喜欢的方式开展上课、备课、批改作业或管理工作	0.650**
36	我会在内心提醒自己需要做的事情	0.682**
37	当我对自己的表现不满时，我会取消自己喜欢做的事	0.403**
38	我会给同事鼓励加油，让他们感受到团队的力量	0.677**
39	教研活动中，当我的观点与他人不一致时，我会反思自己的想法	0.607**
40	如果可以，我会营造自己喜欢的环境来备课或上课	0.668**
41	工作中，我经常鼓励自己“努力过了就好，结果顺其自然”	0.541**
42	看到学生的问题得到解决，我会有一种愉悦感	0.694**
43	我会区别自己的教学行为（如备课、上课或批改作业等）是否有效	0.714**
44	我会尽量选择同事希望的方式开展工作	0.624**
45	课堂上，我基本上能分辨出学生的学习效果	0.649**
46	当我工作不顺的时候，我会心情沮丧	0.430**
47	我能分配好一节课的时间，很少提前结束或拖堂	0.498**
48	我会想办法让自己的课堂教学（或管理工作）更加出色	0.728**
49	我会想办法让自己喜欢的活动成为工作的一部分	0.693**
50	当我一堂课没上好，我会心里不舒服	0.547**

注：** 指 $p<0.000$，非常显著。

根据美国测验学家伊贝尔（L. Ebel，1965）对项目鉴别指数与项目评价的认识，项目鉴别指数在 0.30 ~ 0.39 之间，项目评价良好，修改后可更佳；项目鉴别指数在 0.4 以上，项目评价很好；上述相关结果中的项目鉴别指数在 0.429 ~ 0.728 之间，可见每个题项与总问卷之间具有显著性相关，符合统计测量学的题项质量要求。

（二）题目差异性检验

根据问卷总得分，由底至高排序，用 27% 法分组。把得分前 27% 的样本设成低分组，把排序得分后 27% 的样本设为高分组，对低分组和高分组进行独立样本 t 检验，低分组与高分组在均值上具有显著性相关（$t = -20.219$，$p = 0.000$）。可见量表的题项能有效地区分高自我领导力和低自我领导力教师。

三、因素分析

（一）探索性因素分析

根据对教师自我领导力概念和结构分析，结合开放式问卷和访谈信息形成由 50 个题项构成的初测问卷。对上述 A 组样本采取主成分分析法因素分析，结果显示，KMO 为 0.950，Bartlett's 检验 χ^2 值为 11237.58，$Df = 1225$，显著性水平为 0.000（$p < 0.001$）非常显著，结果显示具有共同因素，可进行因素分析。根据凯瑟（Kaiser，1974）的观点，如果取样适当性指标 KMO 值小于 0.5，就不宜进行因素分析；如果 KMO 值大于 0.7，则等程度适合进行因素分析，如果 KMO 值大于 0.9，则非常适合进行因素分析。

第一次因素分析特征根大于 1 的共同因素 9 个，累计解释率 62.17%。抽取特征根大于 1 的因子并做正交旋转时产生的 9 个因子与预测基本一致，但各题目所属因子与预测试出入较大，且不少题目在同一因素上负荷超过 0.35。考虑到同一因素题项太少或多因素负荷过多等问题，最初因素分析结果不可用。经 6 次因素分析，依次删除因素负荷过低、多个因素负荷过高、因素题项过少（1 ~ 2 个）等原因的 16 个题项，最后形成由 34 题构成的相对稳定的正式量表（见附录3）。具体删除题项及原因如表2－5所示。

表2－5　　因素分析题项优化过程

因子分析次数	删除题目	原因
1	44、12、6	因素负荷过低
2	16	仅有一个题项
3	17、38、39、49	多个因素上负荷过高
4	20、21、32	多个因素上负荷过高
5	37、26、47	多个因素上负荷过高
6	23、36	多个因素上负荷过高

分析删除的16个题项，主要分三类：第一类是因素题量太少。一个因素上仅有一个题项。“16. 上课时，我通常能够清楚地意识到自己的教学效果如何”本来设想是自我观察因素，但结果无法聚类。第二类是因素负荷过低。经因素分析，在所有因素中都无法有效聚类，如题目“6. 如果别无选择，我会想办法让自己去喜欢当前的工作”“12. 当工作陷入困境时，我会给自己‘鼓气’‘加油’”“44. 我会尽量选择同事希望的方式开展工作”，这三题预设的因素依次是“自然奖励策略”“自我激励”“人际关系”，而结果却无法在对应的预想因素下聚类。第三类是因素负荷过高。在不同的因素中都存在较高（以0.35为标准）的负荷值。具体题项有12个：“17. 我会贴近散发正能量的人或物”“20. 我会朝着已经设定好的具体目标努力”“21. 有时，我会通过自言自语的方式来提高自己战胜困难的信心”“23. 面对压力，我会用一些策略排解，如听音乐、微笑、深呼吸或自我提示等”“26. 如果可以选择，我会尽量去享受工作而不是仅仅为了完成任务”“32. 我会在教育教学工作中找到让自己喜欢的内容或项目”“36. 我会在内心提醒自己需要做的事情”“37. 当我对自己的表现不满时，我会取消自己喜欢做的事”“38. 我会给同事鼓励加油，让他们感受到团队的力量”“39. 教研活动中，当我的观点与他人不一致时，我会反思自己的想法”“47. 我能分配好一节课的时间，很少提前结束或拖堂”“49. 我会想办法让自己喜欢的活动成为工作的一部分”。

分析被删除的题项，原因可能有三：一是问题本身承载的含义不够清晰，二是问题表述方式过于笼统，三是问题意图与主观想法有出入，即效度不佳。

上述被删除的题项主要体现在预想的“自我观察”“人际关系”“预想成功策略”三个因素，这样的结果初步验证了在上一节中的分析，即“自我观察”“人际关系”“预想成功策略”可能无法独立或稳定的存在于教师自我领导力量表。

最后取得由34个题项构成的6个因素，其中有一个因素仅2个题项即“9. 我会用一些方式（如备忘录或手机）提醒自己哪些事情需要及时完成”“18. 我会用记事本或其他方式，提醒自己要专注于某项任务”。这两题结构一直比较稳定，在设置此题的时候是用于检测教师的自我提升策略，但考虑到两个题项太少，是不是可以在强制因素的前提下，会进入更合适的因素中。经与测量方面专家商榷，在进行第7次因素分析的时候，通过强制5因素主成分因素分析，9、18两题较好地落在第2个因素中。最后构成了5个因素，34题的正式问卷。此时量表的KMO是0.934，Approx. Chi-Square为7023.775，累计解释率为56.904%。图2-2陡坡图显示5个因素非常合理。

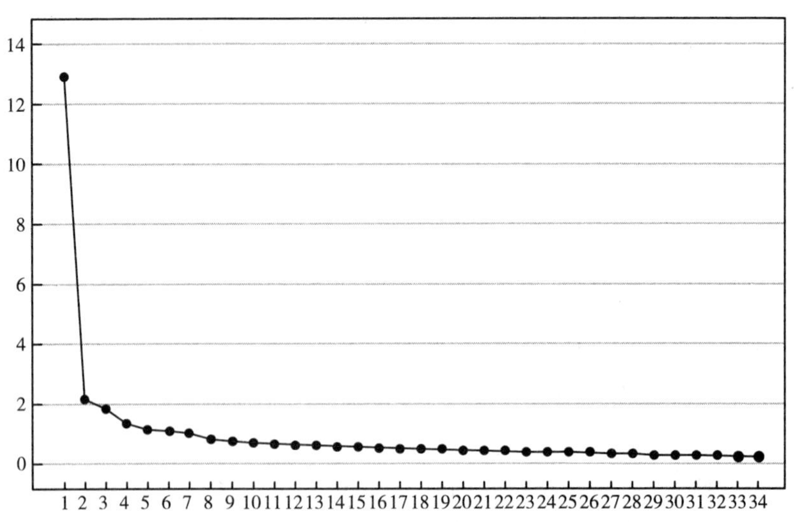

图2-2　因素分析陡坡图

经7次因素分析后，5个因素的特征根、方差贡献率和累积方差贡献率如表2-6所示。

表 2－6　因素分析结果

因素	特征根	方差贡献率（%）	累积方差贡献率（%）
F1	12.617	15.965	15.965
F2	2.440	12.762	28.727
F3	2.002	10.641	39.368
F4	1.523	9.873	49.241
F5	1.335	7.663	56.904

经 7 次主成分因素分析转轴后，各因子题项负荷表（0.35 以下的负荷值不显示）如表 2－7 所示。

表 2－7　因素分析题项负荷值

题项	因素负荷				
	1	2	3	4	5
35. 我会用自己喜欢的方式开展上课、备课、批改作业或管理工作	0.775				
34. 我对“怎样是一位好教师”有自己的评判标准	0.735				
43. 我会区别自己的教学行为（如备课、上课或批改作业等）是否有效	0.690				
45. 课堂上，我基本上能分辨出学生的学习效果	0.689				
42. 看到学生的问题得到解决，我会有一种愉悦感	0.675				
40. 如果可以，我会营造自己喜欢的环境来备课或上课	0.673				
48. 我会想办法让自己的课堂教学（或管理工作）更加出色	0.630				
41. 工作中，我经常鼓励自己“努力过了就好，结果顺其自然”	0.628				
22. 当出色地完成一项任务时，我会自我感觉良好	0.580				
33. 上公开课之前，我会在脑子里先预演一遍	0.577				
28. 我会为自己设定个人职业发展目标		0.772			
29. 我坚持“工作能给人带来快乐”的信念		0.656			
11. 我会认真思考自己今后想要达成的目标（如职称、荣誉或什么类型的教师）		0.645			
30. 我会经常反思自己到底要成为怎样的教师		0.638			
18. 我会用记事本或其他方式，提醒自己要专注于某项任务		0.635			

续表

题项	因素负荷				
	1	2	3	4	5
31. 我会密切关注自己正在进行的工作进展		0.616			
19. 我在进行某一任务之前，经常会在脑海中先勾勒出成功表现的情境		0.519			
9. 我会用一些方式（如备忘录或手机）提醒自己哪些事情需要及时完成		0.427			
2. 我会为自己任教的学科（或管理工作）设定具体的目标			0.680		
1. 上公开课前，我会想象自己能有好的表现			0.645		
5. 与同事发生矛盾，我能迅速地冷静下来			0.642		
3. 我会通过与自己交谈（或心理活动）的方式来克服面临的困难			0.615		
14. 当面临困境时，我总是在心里评估自己对于这种状况的认识是否准确			0.562		
8. 我会想办法处理与同事之间的关系			0.525		
7. 我更关注工作带来的成就感而不是外在的奖励			0.475		
24. 当把公开课上砸了，我会难过好一阵子				0.763	
46. 当工作不顺的时候，我会心情沮丧				0.760	
27. 任务没完成，我会责怪自己				0.757	
15. 我会因工作失误而埋怨自己				0.743	
50. 当一堂课没上好，我会心里不舒服				0.677	
13. 当工作进展顺利时，我会给自己一个特别的奖励，如吃美食、看电影、睡觉、逛街购物等					0.729
4. 工作卓有成效，我会用自己喜欢的方式犒劳自己					0.682
10. 做一件事情之前，我会想象成功后的情形					0.594
25. 当很好地完成一项任务时，我会给自己点“赞”					0.580

从表 2 - 7 因素负荷值可见，量表所有题项的因素负荷值均大于 0.4 以上，其中绝大多数在 0.5 ~ 0.7 区间内，具有较好的聚集效应。

运用皮尔逊相关分析方法，教师自我领导力总量表（F）与分量表（F1 ~ F5）相关分析结果如表 2 - 8 所示。

表 2-8　　因素之间相关分析

量表	F	F1	F2	F3	F4	F5
F	1					
F1	0.865**	1				
F2	0.860**	0.615**	1			
F3	0.816**	0.652**	0.649**	1		
F4	0.603**	0.500**	0.408**	0.360**	1	
F5	0.728**	0.536**	0.598**	0.578**	0.395**	1

注：** 表示两侧检验具有较好的显著性差异（$p < 0.01$）。

总量表（F）与分量表（F1～F5）相关系数在0.603～0.865之间，各分量表之间相关系数介于0.360～0.597，均存在显著性相关。可见量表存在稳定的共同因素，可一致解释研究的问题。

（二）验证性因素分析

国内自我领导力研究，一般采用探索性因素分析进行效度检验。这种方法通常将各维度视为潜在的公共因素，各项目视为观测变量，其基本的理论假设是：其一，所有潜在因素要么都相关，要么都不相关，过于校对，缺乏灵活性；其二，所有的潜在因素都直接影响所有观测变量，二者关系不清晰；其三，特定性误差之间均无相关；其四，所有潜在因素与所有特定行误差间无相关①。这些假设对于实际问题并不完全合适。如果对教师自我领导力进行探索性因素分析，那么每个维度在每个项目上都会有负荷，计算结果中，某一维度在其主要项目关系上的负荷就不明显；探索性因素分析只能以全部相关或不相关概括各个维度之间的关系，不能检验维度批次之间的可能结构，无法估计每个项目的误差，而这些解释性因素又恰好是研究者所要考察的内容。此外，探索性因素分析的方法，在对维度数目的确定，解释因素的含义等方面，也存在着很大的随意性。这就使得探索性因素分析得出的结果存在较大的怀疑。目前，能够有效解决这一问题的方法是协方差分析（covariance

① 孟庆茂．结构方程模型讲义资料（内部资料）．北京：北京师范大学心理系，1995．

structure modeling，CSM），CSM 的验证性因素分析（confirmatinv factor analysis，CFA）部分可以估计项目与维度的负荷参数、各维度之间的相关系数以及项目的误差系数，而且还可以同时估计每一题目的信度。这些都是探索性因素分析无法做到，而验证性因素分析具有的功能。

验证性因素分析（CFA）又称结构方程模型（structural equation modeling，SEM）、协方差结构模型（covariance structure models）等。该分析方法具有判断测量模型优劣、判断因果模型质量优劣、比较多样本模型相似性的功能。本研究用验证性因素分析方法比较教师自我领导力量表测量模型的合理性和质量优劣，对问卷的构想模型进行验证。

把问卷随机分成两份中的另一份数据（B 组）用于验证性因素分析，利用 AMOS18. 0 进行结构模型分析。从分析结果中整理核心的检验参数如表 2 - 9 所示。

表 2 - 9　　检验参数

χ^2	χ^2/df	p	GFI	NFI	IFI	CFI	$RMSEA$
1471. 007	2. 851	0. 000	0. 809	0. 795	0. 856	0. 855	0. 069

从表 2 - 9 所示适配度指标来看，渐进残差均方和平方根（RMSEA）为 0. 069，小于 0. 08，表示模型适配度较好；适配度指数（GFI）为 0. 809，大于 0. 80，具有良好的适配度；规准适配指数（NFI）、增值适配指数（IFI）和比较适配指数（CFI）都接近或超过 0. 8，愈接近 1 表示模型适配度愈佳；可见，根据测试数据的结果检验，本研究所用量表的结构具有良好的效度。

图 2 - 3 是验证性因素分析的路径图，由图中数据可知，各题项与潜变量之间的标准系数相关性均很高，这也说明本问卷的结构是良好的。

从上述适配度指标和验证性因素分析模型可以看出，该模型与数据之间的拟合度较好，虽然受到图 2 - 3 中 e15 和 e18 残差的部分影响，但综合考虑其他指标的状况，可以说该模型与数据基本匹配，可以接受该模型。

四、信度分析

信度是对测量结果一致性或稳定性的估计，其反映的不是测量工具的本身，

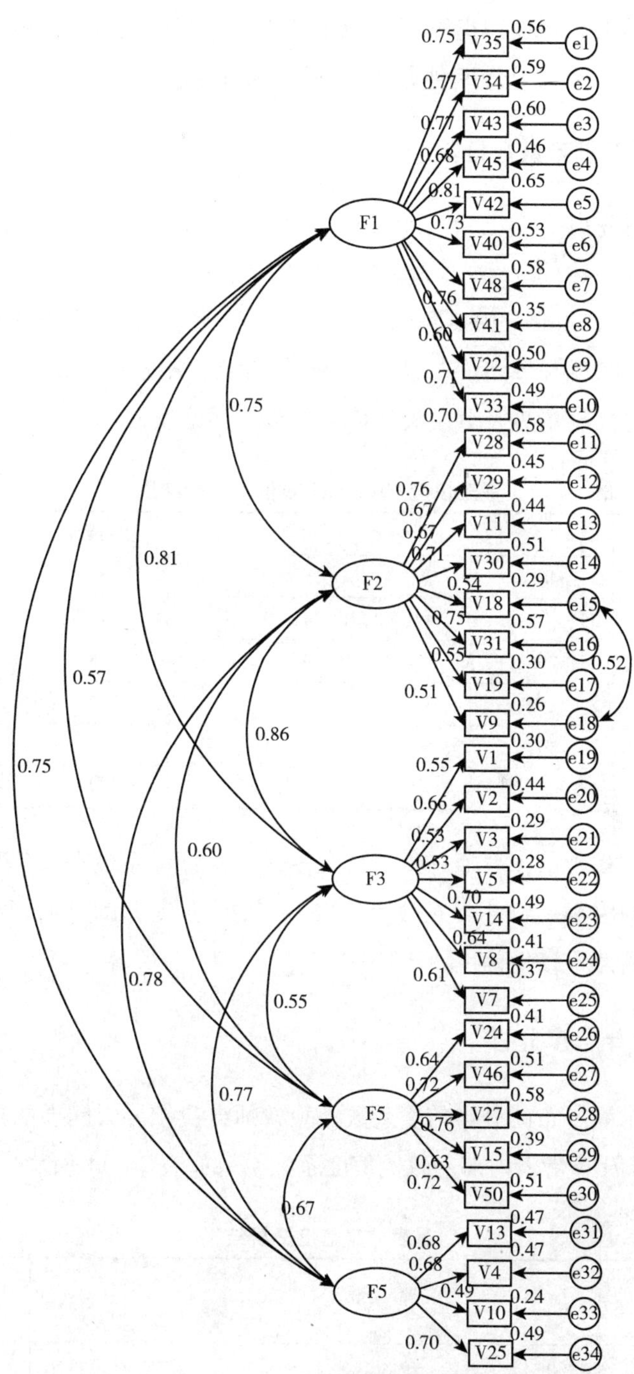

图 2-3 验证性因素分析路径

而是测量的结果。它是一组测量分数中的真分数方差与实测分数方差的比率（金瑜，2001）。本研究用两种方式检测量表的信度。

（一）克朗巴哈系数检验

本研究首先以克朗巴哈（Cronbach α，又称 α 值）系数检验教师自我领导问卷的内部一致性。5 个分量表以及总量表进行内部一致性信度分析，信度分析参照克兰（Kline，1998）的评价标准：α 大于 0.50 为可接受，0.70 左右为适中，0.80 左右为很好，大于 0.90 为优秀。α 系数越高，问卷的内部一致性信度越好。总量表及分量表的信度分析结果见表 2－10。

表 2－10　　量表信度 Cronbach α 信度分析结果

因素	题项	题目数量	α 值
总量表（F）	1～34	34	0.962
因素一（F1）	35、34、43、45、42、40、48、41、22、33	10	0.916
因素二（F2）	28、29、11、30、18、31、19、9	8	0.852
因素三（F3）	2、1、5、3、14、8、7	7	0.821
因素四（F4）	24、46、27、15、50	5	0.778
因素五（F5）	13、4、10、25	4	0.781

如表 2－10 所示，教师自我领导力各分量表的 α 系数在 0.778～0.916 之间，总量表的内部一致性 α 系数为 0.962。数据结果显示教师自我领导力量表具有良好的内部一致性信度。

（二）分半信度分析

用斯皮尔曼—布朗分半信度系数检验教师自我领导力问卷的内部一致性，5 个分量表以及总量表内部一致性信度系数结果如表 2－11 所示。

表 2－11　　量表分半信度分析结果

因素	题项	题目数量	斯皮尔曼—布朗分半信度值
总量表（F）	1～34	34	0.893

续表

因素	题项	题目数量	斯皮尔曼—布朗分半信度值
因素一（F1）	35、34、43、45、42、40、48、41、22、33	10	0.912
因素二（F2）	28、29、11、30、18、31、19、9	8	0.806
因素三（F3）	2、1、5、3、14、8、7	7	0.822（不对等）
因素四（F4）	24、46、27、15、50	5	0.836（不对等）
因素五（F5）	13、4、10、25	4	0.853

分半信度检测结果显示，总量表斯皮尔曼—布朗分半信度系数为0.893，其他五个因素的分半信度分别在0.806~0.912之间，接近“非常好”的标准。

经两种信度检测方式验证，量表及分量表具有良好的信度。

五、因素命名

经过严格的因素分析和可能问题的推测解释，根据每一个公共因素所包含项目的内容，对五个因素进行命名，基本信息如表2-12所示。

表2-12　因素命名

因素	命名	题量	题项
F1	价值内化策略	10	35、34、43、45、42、40、48、41、22、33
F2	工作意义感策略	8	28、29、11、30、18、31、19、9
F3	目标导向策略	7	2、1、5、3、14、8、7
F4	自我惩罚策略	5	24、46、27、15、50
F5	自我奖励策略	4	13、4、10、25

（一）价值内化策略

F1因素由10个题项构成，命名为“价值内化策略”。价值内化是教师在个体内部环境和外部因素的综合作用下，接受社会对教育的整体规范，并自愿将这些要求作为自己的价值准则与行为依据的自我建构过程。社会对教育、教学和教师有一系列的要求，教师需要把这些要求内化为自己对教育、教学和教师角色的基本认识，并按照这些内化的价值标准和具体要求去行动。

价值内化策略是教师对教育教学及实施过程的价值认识，可通过外显行为得到体现，譬如教师对教育教学有自己的理解、能感受到教育教学有效性、对好教师有自己的评判标准、能按照自己认同的方式去开展工作、能从工作中感受到自身的价值等。简单而言，价值内化策略是教师以教育教学核心价值去认识和开展教育教学工作，是外在主流的教育价值观内化为教师个体的价值观，是教育价值的外显过程。反映价值内化策略具体题目如下：

35. 我会用自己喜欢的方式开展上课、备课、批改作业或管理工作。

34. 我对“怎样是一位好教师”有自己的评判标准。

43. 我会辨别自己的教学行为（如备课、上课或批改作业等）是否有效。

45. 课堂上，我基本上能分辨出学生的学习效果。

42. 看到学生的问题得到解决，我会有一种愉悦感。

40. 如果可以，我会营造自己喜欢的环境来备课或上课。

48. 我会想办法让自己的课堂教学（或管理工作）更加出色。

41. 工作中，我经常鼓励自己“努力过了就好，结果顺其自然”。

22. 当我出色地完成一项任务时，我会自我感觉良好。

33. 上公开课之前，我会在脑子里先预演一遍。

（二）工作意义感策略

F2 因素由 8 个题项构成，命名为“工作意义感策略”。人是一种寻求意义的生物，追寻生命的意义是人社会文化存性的体现。教师职业倦怠、教师职业挫败感、教师消极体验等可视为教师无意义感的表现。教师工作意义感是指教师关注教育教学工作任务中积极的一面，用教育智慧赋予工作任务具有价值感和意义感，并能从工作本身取得积极的反馈，它包括两种表现。一种是积极构建，即通过构建令人愉快的属性使工作或任务本身成为自然报偿因素；第二种是构建积极，从困难、挫折、失利等消极工作任务中赋予积极、乐观、愉悦的元素。正如宁虹①指出，教师要实现教育的意义必须做到对“教育的意义”“所教授学科的特点和该学科特有的教育意义”“自己正在讲授的内容在整个学科体系中的位置和它们怎样整体地显现其教育的意义”以及“所有这些怎样通过自己的每一个教学活动在自己的学生身上得到实现”有清醒的意识。工作意义感是建立在职业认知和自我认识基础上的职业旨趣。反映工作意义感策略具体题项如下：

28. 我会为规范个人职业发展方向。

29. 我坚持“工作能给人带来快乐”的信念。

11. 我会认真思考自己今后想要达成的目标（如职称、荣誉或什么类型的教师）。

30. 我会经常反思自己到底要成为怎样的教师。

18. 我会用记事本或其他方式，提醒自己要专注于某项任务。

31. 我会密切关注自己正在进行的工作进展。

19. 我在进行某一任务之前，经常会在脑海中先勾勒出成功表现的情境。

9. 我会用一些方式（如备忘录或手机）提醒自己哪些事情需要及时完成。

（三）目标导向策略

F3 因素由 7 个题项构成，命名为“目标导向策略”。目标导向策略是指教师基于教育价值内化和工作意义感，设置、调整和实现教育教学目标的行动过程。教师目标导向策略不仅仅是指某一个中长期发展目标，还包括设置目标、实现目标甚至调整目标的综合策略，是方向和方法的统整。个体具备了有关其当前行为和绩效水平的确切信息时，他们就能更为有效地进行自我目标设定（Manz，1986；Manz & Neck，2004）。当一个目标实现后，应适时地提出新的更高的目标，以便进入一个新的目标导向过程，从而使人保持一种积极的状态。在实现目标过程中，要处理好与自己的关系，与同事领导的关系，还要处理和解决外在诸多困难。若目标遭遇无法克服的困难就需要坚

① 宁虹．教师成为研究者国际运动理论路径实践［M］．北京：首都师范大学出版社，2002：85－89.

持目标调整策略或者说服自己调整目标。所以，教师的目标导向策略不同于经典自我领导理论中的自我目标设置，是目标设置的延伸和扩大。反映目标导向策略具体题项如下：

2. 我会为自己任教的学科（或管理工作）设定具体的目标。

1. 上公开课前，我会想象自己能有好的表现。

5. 与同事发生矛盾，我能迅速地冷静下来。

3. 我会通过与自己交谈（或心理活动）的方式来克服面临的困难。

14. 当面临困境时，我总是在心里评估自己对于这种状况的认识是否准确。

8. 我会想办法处理与同事领导之间的关系。

7. 我更关注工作带来的成就感而不是外在的奖励。

（四）自我惩罚策略

F4 因素由 5 个题项构成，命名为“自我惩罚策略”。自我惩罚策略是教师在面对失败或消极结果出现时的一种情感体验后的行动策略。自我惩罚策略是对以往失败和消极行为的回顾性审视，以促进对相关行为的重塑。所以说，自我惩罚策略首先是建立在对失败行为的认识基础上，其次是对失败行为的情绪体验和感知，最后是对问题的改进和行为重塑的行为选择。自我惩罚策略是教师在教育教学工作中遇到挫折时表现出自我责备和行为改进的实践选择。自我惩罚策略具体题项如下：

24. 当我把公开课上砸了，我会难过好一阵子。

46. 当我工作不顺的时候，我会心情沮丧。

27. 任务没完成，我会责怪自己。

15. 我会因工作失误而埋怨自己。

50. 当我一堂课没上好，我会心里不舒服。

（五）自我奖励策略

F5 因素由 4 个题项构成，命名为“自我奖励策略”。自我奖励策略是教师对自己工作进展或工作结果比较满意时的一种强化策略。自我奖励又可称为自我激励，它的形式和内容可以很简单，诸如对自己取得一个重要的成就在内心表示祝贺、赞赏，亦可以是具体的内容，如在完成一项艰巨的任务后给予特殊的奖励。当然，更多的时候，是教师在完成一项任务后用一定的物质犒劳或精神满足的自我表扬、自我肯定。自我奖励策略具体题项如下：

13. 当工作进展顺利时，我会给自己特别的奖励，如吃美食、看电影、睡觉、逛街购物等。

4. 工作卓有成效，我会用自己喜欢的方式犒劳自己。

10. 做一件事情之前，我会想象成功后的情形。

25. 当很好地完成一项任务时，我会给自己点“赞”。

如上所述，教师自我领导力由价值内化策略、工作意义感策略、目标导向策略、自我惩罚策略和自我奖励策略五个因素构成。作为带有矢量性质的教师自我领导力模型，价值内化策略是基础，工作意义感策略是支点，目标导向策略是核心，自我惩罚策略和自我奖励策略是保障措施。五个因素构成一个相对稳定的教师自我领导力五角模型（见图2－4）。

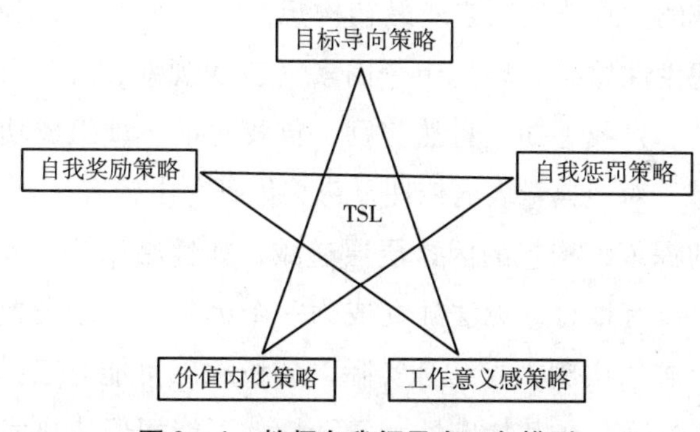

图2－4　教师自我领导力五角模型

第四节　讨　论

一、关于教师自我领导力量表研制过程

在确定教师自我领导力结构、编制量表的过程中，研究严格遵循“分析—修订—验证”的多次迭代，保障研究过程的严谨、规范和科学。“分

析”是指对自我领导经典理论的分析、对教师自我领导的分析、对已有自我领导力量表的分析；比较不同量表的异同，寻求预想量表最佳的题项、因素和结构；“修订”是指通过开放问卷调查和开放式访谈等方式收集信息，充分考虑教师工作的职业特性、教师处理人与事的想法和做法、教师的生活方式和生存态势，并把相关信息渗透到量表编制过程中；“验证”是指结合文献分析、专家论证、多次调研，不断修正量表的题项内容、量表结构和量表本身，通过探索性因素分析和验证性因素分析以验证量表结构效度。

二、关于教师自我领导力量表结构

基于理论文献分析和实证数据检验，研究发现的教师自我领导力五因素构成是对经典自我领导力量表的一次重构。研究者以层层递增的方式构建因素，用层层递减的方式遴选因素。最初构想的三个维度（行为聚焦策略、自然奖励策略与建设性思维策略）十个因素（自我观察、自我目标设置、自我提示、自我激励、自我惩罚、自然奖励、自我对话、预想成功、情绪调节和人际关系）是基于对经典量表的梳理及跨文化研究中较有影响力量表的借鉴。随着问卷分析的深入，构想的因素层层递减，如情绪调节、人际关系、自我对话和自我观察没有聚合，无法独立成为一个因素，为之设置的几个题项在因素分析过程中被依次删去。结合实际，分析原因可能有三：一是教师自我领导力因素构成的确存在其特殊性和复杂性，不能用经典自我领导量表维度去套用；二是教师自我领导力结构与影响因素之间的关系比较模糊，如人际关系和情绪调节等可能是影响教师自我领导力的因素，而不足以独立存在；三是存在较难量化但影响教师自我领导力结构的因素，如文化特征、地域特点、个性特质等。

据此，可以认为，实证研究结果既支持了理论假设，又优化了理论假设，进一步厘清了以中小学教师为对象的自我领导力结构层次。另外，五个因素之间的中等程度相关，说明教师自我领导力由多维度构成，各维度之间形成稳定的力学框架体系。提升教师自我领导力需要五个因素互为关照，不宜偏废、分割。

三、关于教师自我领导力内涵

研究发现，价值内化、工作意义感、目标导向、自我惩罚、自我激励五个因素可适当地对应于经典自我领导理论的三个维度，即建设性思维策略对应价值内化策略，自然奖励策略对应工作意义感策略，行为聚焦策略对应目标导向、自我惩罚、自我激励。研究认为，量表五个因素构成相对稳定的教师自我领导力五角模型，其中，价值内化策略和工作意义感策略是基础，目标导向策略是方向、核心，自我惩罚策略和自我奖励策略是保障。

另外，各因素的命名赋予中小学教师特殊的职业特点和内涵意蕴，如强调教师工作对价值、意义的追求。正如曼茨和内克（2004）认为，教师角色适合自我领导的研究，因为教师职业有一个较高程度的自主权来决定如何完成任务。高自由度的职业需要发自内在动机的持续保障和不间断的能量补充。据此，本研究认为中小学教师自我领导力是中小学教师在教育教学活动场域中，以自我认识和职业认同为基础，以提高教育教学效率促进学生发展和自身发展为目标，整合内外各种资源，合理运用价值内化策略、工作意义感策略、目标导向策略、自我惩罚策略和自我奖励策略的自我影响、自我完善和自我建构的一种能力。

从量表编制程序、分析工具及数据结果来看，中小学教师自我领导力量表符合测量学对一份好量表要求的相关指标，量表能够为中小学教师管理、教师专业发展和自我领导力研究提供切实有效的工具支持。

第三章　教师自我领导力现状调查

问卷的编制是为了使用。本章内容运用自编的教师自我领导力量表对W市中小学教师施测，以全面了解中小学教师自我领导力的现状及影响因素。

第一节　研究方法

一、研究工具

（一）施测工具

笔者自编由34题构成的“教师工作基本情况调查问卷”，即教师自我领导力正式施测量表。问卷沿用预测中的标题“教师工作基本情况调查问卷”，一方面为了规避可能出现的自评式量表受测者受“社会期许”而影响问卷信度，另外一方面也是和研究者多年教师培训工作者的身份相关，让问卷的实施更加具有合理性；当然，最主要是教师自我领导力研究本身以教师教育教学工作为背景，是教师工作的基本范畴，这样的标题也属题中之意。

问卷文本结构分三部分，第一部分是前言，对问卷调查的目的和数据使用做说明。第二部分是教师的背景变量，以了解教师的基本情况。主要涉及八个方面，分别是：性别、任教学科、学校所处区域、学校类型、工作年限、学历、职称、学术荣誉。第三部分是教师自我领导力量表正文。量表使用李克特五点计分法，用A3纸单面排版打印。

（二）统计方法

使用统计分析软件 SPSS18.0，录入原始数据并做有关分析。采用相关分析、独立样本相关分析、方差分析和回归分析等方法分析数据。

使用 AMOS18.0 软件，对数据做结构模型分析。

二、研究取样

（一）取样对象

W 市公立学校中小学教师，包括小学、初中和高中。

（二）取样方法

使用整体性目的取样法。目前，W 市教师分布基本情况如下[①]：高中教师 10759 人，初中教师 20953，小学教师 32687 人，共 64399 人。以学校类型为主要依据按高中、初中、小学教师的人数比发放问卷。取样人数占研究对象总量的 1%。

三、施测过程

（一）问卷施测

由本人或委托学校教师到学校，利用教师工作会议，说明调查目的和信息使用情况，当场统一填写并回收。

（二）问卷回收

发放问卷 730 份，回收问卷 722 份，回收率 98.9%。

① 根据 W 市教育局 2012 年教育事业统计（内部资料）得到。

（三）问卷处理

删除一题多选、多题漏选、随意选题（如全部选一个答案）的问卷10份。考虑到量表没有反向题和测谎题，在对回收的经删选后的712份问卷背景变量作进一步分析，以“工作年限”为视角与职称和学术荣誉做交叉分析，发现9份问卷存在信度问题。如工作年限为“1～3年”但职称为高级或市学科骨干。按照惯例，入职三年的新教师不可能为高级职称或市学科骨干。要获得高级职称或市级学科骨干一般需要十年以上的工龄，如若评上中学高级职称，连续破格也需要8年工龄。所以，对于9份此类问卷，有理由怀疑答卷者不够认真或不够诚信。据此，删除9份有信度不佳嫌疑问卷。

最后收集到有效问卷703份，有效率97.4%。

下面进行的数据分析均来源于703份有效问卷。

第二节 调查分析

一、问卷背景变量描述统计

在703个样本中，从性别、任教学科、学校所处区域、学校类型、工作年限、学历、职称、学术荣誉八个背景变量做描述统计分析。原则上按照教师类别在中小学所占比例取样。由于要顾及的点多，在类型分布上有一定的偏差。并且要考虑到关注教师的专业发展问题，在教师的学术荣誉上并没有按照1%的比例取样。但在总体上还是反映了学校教师类型的分布情况。详细信息如表3－1所示：

表3－1　　样本背景变量信息

背景变量	类型	人数	百分比（%）
性别	男	169	24.0
	女	534	76.0

续表

背景变量	类型	人数	百分比（%）
任教学科	1. 语文	229	32.6
	2. 数学	161	22.9
	3. 英语	112	15.9
	4. 物理	6	0.9
	5. 化学	4	0.6
	6. 生物	4	0.6
	7. 思想政治或思想品德	14	2.0
	8. 历史或社会	7	1.0
	9. 地理	3	0.4
	10. 科学	27	3.8
	11. 音乐	23	3.3
	12. 体育	33	4.7
	13. 美术	26	3.7
	14. 信息、通用技术	28	4.0
	15. 其他	26	3.7
学校所处区域	1. 城市（县市区主城区）	276	39.3
	2. 乡镇	281	40.0
	3. 农村	146	20.8
学校类型	1. 小学	503	71.6
	2. 初中	115	16.4
	3. 高中	85	12.1
工作年限	1. 1~3 年	61	8.7
	2. 4~9 年	143	20.3
	3. 10~20 年	371	52.8
	4. 20 年以上	128	18.2
学历	1. 中专	5	0.7
	2. 大专	81	11.5
	3. 本科	578	82.2
	4. 研究生	39	5.5

续表

背景变量	类型	人数	百分比（%）
职称	1. 中学高级（小中高）	113	16.1
	2. 中学一级（小高）	328	46.7
	3. 中学二级（小一）	245	34.9
	4. 中学三级（小二）	17	2.4
学术荣誉	1. 普通教师	462	65.7
	2. 县学科骨干	54	7.7
	3. 市学科骨干或县“三坛”	131	18.6
	4. 市“三坛”或县名师	51	7.3
	5. 市名师、特级等	5	0.7

二、教师自我领导力量表描述统计

根据703份样本计算出教师自我领导力和五个维度得分的平均值和标准差及题均值（见表3－2）。

表3－2　　量表各维度基本得分

项目	最小值	最大值	均值	标准差	题数	题均值
教师自我领导力	34.00	170.00	134.4595	18.45926	34	3.954
价值内化策略	10.00	50.00	42.4083	5.76138	10	4.241
工作意义感策略	8.00	40.00	29.7952	5.66623	8	3.724
目标导向策略	7.00	35.00	27.5832	4.41715	7	3.940
自我惩罚策略	5.00	25.00	19.1920	3.79216	5	3.838
自我奖励策略	4.00	20.00	15.4808	3.16981	4	3.870

量表使用李克特五点计分，其取值范围是从1～5，中间值是3。从表3－2可见，教师自我领导力题均值为3.954，五个维度题均值在3.870至4.241之间，均大于中间值3。其中价值内化策略均值最高，为4.241；工作意义感策略最低，题均值为3.724。用这组数据以雷达图呈现，如图3－1所示。从五个维度的得分高低由外至里依次是：价值内化策略（4.241）、目标导向策略

（3.940）、自我奖励策略（3.870）、自我惩罚策略（3.838）和工作意义感策略（3.724）。这一结果说明：总体上 W 市中小学教师自我领导力普遍较强。这与朱生玉（2007）研究发现的教师自我领导力得分题均值为 3.5 的结果基本一致。

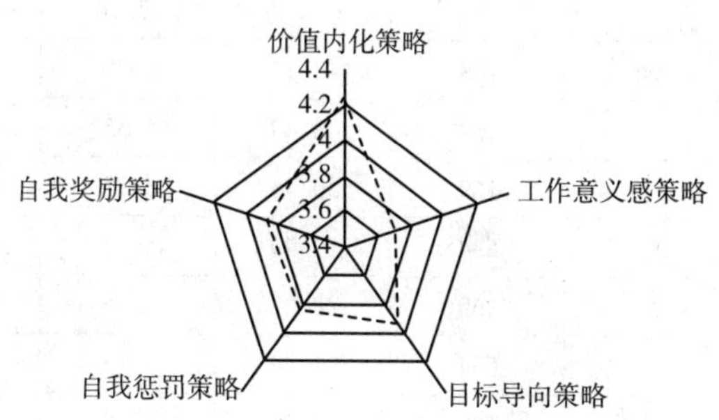

图 3－1　量表五维度雷达图

为进一步探索教师自我领导力的总体情况，所有样本总得分排序，按照 27%法，把样本分为低分组和高分组。通过低分组与高分组的独立样本 t 检验发现在自我领导力及五个维度上，低分组与高分组的结果是：教师自我领导力（$t=-27.924$，$p=0.000$），价值内化策略（$t=-18.909$，$p=0.000$），工作意义感策略（$t=-25.739$，$p=0.000$），目标导向策略（$t=-19.972$，$p=0.000$），自我惩罚策略（$t=-14.412$，$p=0.000$），自我奖励策略（$t=-20.581$，$p=0.000$），低分组与高分组均存在显著性相关。这个发现，可进一步说明问卷的区分度良好，能较好地鉴别不同教师的自我领导力。

三、教师自我领导力影响因素分析

通过差异性比较，以确定性别、任教学科、学校所处区域、学校类型、工作年限、学历、职称及取得荣誉等对教师自我领导力的影响。

（一）性别在教师自我领导力上的差异比较

不同性别教师在自我领导力及五个维度上的均值及标准差结果如表 3－3

所示。

表 3-3　不同性别教师量表各维度描述统计

项目	性别	样本数	均值	标准差	平均标准误	题均值
教师自我领导力	男	169	134.34	22.07	1.69	3.95
	女	534	134.49	17.18	0.74	3.87
价值内化策略	男	169	42.14	6.89	0.53	3.79
	女	534	42.49	5.35	0.23	3.71
工作意义感策略	男	169	30.73	6.32	0.48	3.64
	女	534	29.49	5.41	0.23	3.57
目标导向策略	男	169	28.08	5.06	0.38	3.51
	女	534	27.42	4.18	0.18	3.45
自我惩罚策略	男	169	18.30	4.23	0.32	3.39
	女	534	19.47	3.59	0.15	3.33
自我奖励策略	男	169	15.07	3.62	0.27	3.28
	女	534	15.60	3.00	0.12	3.12

根据量表在性别上的题均值可直观地画出直方图（见图 3-2）。

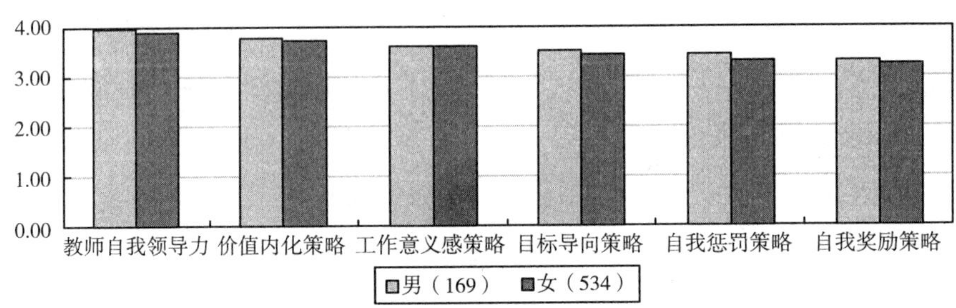

图 3-2　量表在性别上题均值直方图

从题均值来看，男教师在自我领导力及其五个维度上均高于女教师。

把性别作为自变量，教师自我领导力和五个维度作为因变量，使用独立样本 t 检验。在男女性别上对教师自我领导力及五维度进行独立样本 t 检验，结果显示，除工作意义感和自我惩罚策略两个维度外，教师自我领导力量表和其他三个维度 F 值无法达到方差齐性假设，即教师自我领导力、价值内化策略、目标导向策略、自我奖励策略在男女性别上不存在显著性相关。

在工作意义感策略维度上，进行两独立样本 t 检验，发现男女性别在工作意义感策略上有显著性差别（$t = 2.480$，$p = 0.013$），男教师较女教师在工作意义感上得分更高，并有显著性差异。在自我惩罚策略维度上，经独立样本 t 检验，男女性别在自我惩罚策略上有显著性差别（$t = 2.480$，$p = 0.001$），女教师较男教师更倾向于使用自我惩罚，两者之间有显著性差异。

（二）任教学科在教师自我领导力上的差异比较

不同学科教师在自我领导力及五维度上的描述统计如表 3－4 所示。

表 3－4　　不同任教学科教师量表各维度均值

学科	样本数	教师自我领导力	价值内化策略	工作意义感策略	目标导向策略	自我惩罚策略	自我奖励策略
1. 语文	229	133.2	42.31	29.00	27.34	19.30	15.27
2. 数学	161	134.1	42.50	29.40	27.68	19.42	15.13
3. 英语	112	134.9	42.79	29.58	27.14	19.59	15.85
4. 物理	6	129.6	42.00	29.33	26.00	18.16	14.16
5. 化学	4	135.5	41.75	31.00	28.50	18.75	15.50
6. 生物	4	138.5	43.50	32.50	28.25	19.25	15.00
7. 思想政治或思想品德	14	137.1	43.00	31.57	28.57	18.35	15.64
8. 历史或社会	7	139.7	45.42	30.00	27.71	20.85	15.71
9. 地理	3	125.3	40.33	29.33	25.00	17.33	13.33
10. 科学	27	128.3	40.70	28.92	26.81	17.96	13.96
11. 音乐	23	134.6	41.26	31.00	27.95	17.69	16.69
12. 体育	33	138.2	42.51	31.84	28.72	18.54	16.63
13. 美术	26	139.8	42.92	32.15	28.61	19.73	16.38
14. 信息、通用技术	28	137.2	42.92	31.71	28.00	19.50	15.14
15. 其他学科	26	136.3	41.73	31.42	28.38	18.07	16.73
总数	703	134.4	42.40	29.79	27.58	19.19	15.48

从表 3－4 中可知，不同任教学科教师自我领导力平均得分 134.4 为基数，考察 15 个任教学科的得分，可分为高于平均数和低于平均数两个维度。

结果发现，得分高于平均数的学科依次为：美术（139.8）、历史或社会（139.7）、生物（138.5）、体育（138.2）、信息、通用技术（137.2）、思想政治或思想品德（137.1）、其他（136.3）、化学（135.5）、英语（134.9）、音乐（134.6）；得分低于平均数的学科依次为：数学（134.1）、语文（133.2）、物理（129.6）、科学（128.3）、地理（125.3）。由于物理、化学、生物、历史或社会、地理五个学科样本量少于十个，一定程度上影响数据结构的稳定性。但总体上还是可以看出各教师任教学科在教师自我领导力上的总体得分情况，副科高于主科。

把任教学科作为自变量，把教师自我领导力和五个分维度作为因变量，使用单因素方差分析统计方法进行检验。结果显示：教师自我领导力及价值内化策略、目标导向策略、自我惩罚策略在教师任教学科上无显著性相关。工作意义感策略在教师任教学科存在弱相关（$F=1.724$，$p=0.047$）。经事后多重检验比较（LSD），对每个因素的均值逐对进行比较，以判断具体是哪些因素间存在显著差异，整理结果如下，在工作意义感策略上，语文教师与体育教师（$t=-2.84$，$p=0.007$）、美术教师（$t=-3.14$，$p=0.007$）、信息技术（通用技术）教师（$t=-2.70$，$p=0.016$）、其他（未确定）教师（$t=-2.41$，$p=0.038$）存在显著负相关；数学教师与体育教师（$t=-2.44$，$p=0.023$）、美术教师（$t=-2.75$，$p=0.021$）、信息技术（通用技术）教师（$t=-2.3$，$p=0.045$）均存在显著负相关；英语教师与体育教师（$t=-2.25$，$p=0.043$）、美术教师（$t=-2.56$，$p=0.037$）存在负的弱相关；结果显示：体育教师、美术教师与语文教师、数学教师、英语教师、科学教师存在显著负相关，信息技术（通用技术）教师与语文教师、数学教师、英语教师存在显著负相关。

方差分析结果显示，自我奖励策略在教师任教学科存在显著性相关（$F=1.996$，$p=0.016$）。经事后多重检验比较（LSD），对每个因素的均值逐对进行比较，以判断具体是哪些水平间存在显著差异，整理结果发现，在自我奖励策略上，语文教师与科学教师（$t=1.31$，$p=0.040$）、音乐教师（$t=-1.41$，$p=0.040$）、体育教师（$t=-1.35$，$p=0.021$）和其他未知学科教师（$t=-1.45$，$p=0.026$）存在显著负相关；数学教师与音乐教师（$t=$

−1.55，$p=0.026$）、体育教师（$t=-1.49$，$p=0.013$）和其他未知学科教师（$t=-1.59$，$p=0.017$）存在显著负相关；英语教师与科学教师（$t=1.89$，$p=0.005$）存在显著正相关。

结果显示：在中小学被称之为副科的音体、美术、信息技术教师与被称为主科的语文、数学、外语教师在工作意义感策略和自我奖励策略上存在显著负相关。

为进一步验证，对所有学科重新进行分类编码，把15个变量归为两类，一类是主科①，包括语文、数学和英语，另外一类为其他学科组成的副科；通过单因素 t 检验，结果发现工作意义感策略维度存在主科与副科的显著负相关（$t=-3.958$，$p=0.001$），自我奖励策略存在主科与副科的显著性相关（$t=2.430$，$p=0.05$），教师自我领导力量表和其他维度在主副科上无显著性相关。

上述结果发现与在实践中发现一致，不少副科教师提到“课程不被重视，存在被边缘化现象。如课时安排少、课节被安排在中午临吃饭或下午临放学时段，临近考试，课时总会被主科教师或班主任老师或学校管理者挤占挪用等现象”“体现在副科不被重视的方面很多，如评先推优往往从主科的语数外老师中产生，一方面固然与这类老师在教师队伍群体中所占人数多有关，但也和学校管理者对主科的重视程度有关。还有，譬如绩效考核中的课节数的基数，语、数、外10节课为满课时，音、体、美老师就需要14节才算是满工作量。”中小学主科和副科是一个被约定俗成的提法。这样的分类是以升学为导向的学校办学过程中惯常思维的延续，然后经教师管理和教学评价，被不断强化。主副科目的出现，一定程度上影响了不同学科教师在学校的专业地位。从小学一直到高中，那些与升学考试无关的学科容易被学校教务安排边缘化。相应的任课教师也会受到不同的待遇。从教师的学术荣誉、担任班

① 此处对主副科的理解有两个依据，一是系统内约定俗成的观点，二是教育行政部门对升学科目分值要求。如《W市教育局关于印发2014年初中毕业生学业考试与高中招生实施意见的通知》规定，“文化科目考试（1）考试科目分别为：语文、数学、英语、科学、社会思品（含历史与社会、思想品德两门学科，下同）。（2）各科分值分别为：语文和数学各150分、英语120分（含听力口语25分）、科学180分，社会思品卷面分值为100分（其成绩按50%计入学业考试成绩）。”

主任、进入学校管理层等教师的学科背景来看，基本上以主科教师为主。从本研究的703个样本来看，学术荣誉和任教学科的交叉分析可说明部分问题（见表3－5）。

表3－5　　任教学科与荣誉交叉分析

学科	学术荣誉					总计
	1普通教师	2县学科骨干	3市学科骨干或县“三坛”	4市“三坛”或县名师	5市名师、特级等	
1. 语文	159	14	35	19	2	229
2. 数学	92	12	42	15	0	161
3. 英语	81	7	19	5	0	112
4. 物理	4	1	0	0	1	6
5. 化学	2	1	1	0	0	4
6. 生物	4	0	0	0	0	4
7. 思想政治或思想品德	7	1	5	0	1	14
8. 历史或社会	3	1	2	0	1	7
9. 地理	3	0	0	0	0	3
10. 科学	16	4	5	2	0	27
11. 音乐	15	3	2	3	0	23
12. 体育	21	5	5	2	0	33
13. 美术	17	1	7	1	0	26
14. 信息、通用技术	19	3	4	2	0	28
15. 其他学科	19	1	4	2	0	26
总计	462	54	131	51	5	703

从表3－5所罗列的信息可见，在所有的703个样本中，获得县级以上学术荣誉的教师共241人，普通教师462人。在获得县级学术荣誉的241人中，有171人的学科背景是语、数、外。如果把科学①也加入主科行列予以统一考虑，共有182人。主科教师占县级以上学术荣誉教师总人数的75.5%。从中

① 近几年在基础教育阶段，中小学科学在升学中的比重普遍提高，现在已被公认为“主科”。

可以推断，任教学科在学校所处的地位会影响科任教师的职业发展前景，从而影响教师的自我领导力。

此处还有“15. 其他学科”，也和语、数、外主课在工作意义感策略和自我奖励策略上有显著性相关。此处的“其他学科”教师可能是指极少数的后勤教师、待转岗教师或专职管理人员①。在教学工作无法确保的前提下，以教学为核心的教师自我领导力可能容易受到影响。

（三）学校所处区域在教师自我领导力上的差异比较

教师自我领导力与五个维度在学校所处区域的描述性统计如表 3－6 所示。

表 3－6　　不同学校所处区域教师量表各维度描述统计

项目	城市（M±SD） n＝276	乡镇（M±SD） n＝281	农村（M±SD） n＝146
教师自我领导力	137.37±14.37	134.27±19.06	129.30±22.64
价值内化策略	43.53±4.276	42.17±6.04	40.72±7.08
工作意义感策略	30.56±5.090	29.61±5.72	28.68±6.36
目标导向策略	28.18±3.807	27.44±4.48	26.71±5.16
自我惩罚策略	19.20±3.52	19.51±3.59	18.54±4.51
自我奖励策略	15.88±2.80	15.51±3.09	14.63±3.77

在教师自我领导力上，城市教师自我领导力得分最高（137.37），乡镇教师次之（134.27），农村教师最低（129.30）。在数值上，所在学校所处区域城市、乡镇和农村教师自我领导力分值依次递减，如图 3－3 所示。在其他五个维度上同样体现出类似的结果，即城市、乡镇、农村教师在得分上的依次递减，没有例外。

① 出现少数“其他学科”教师现象可能与样本取样方法采用整体取样有关，结果是极少数非教学岗位教师面对问卷时对自己身份难以确认。在中小学，纯粹的非教学岗位教师不多，如果有，也往往是年龄偏大临近退休、体弱多病学校照顾或者特别大规模的学校才设此类岗位。

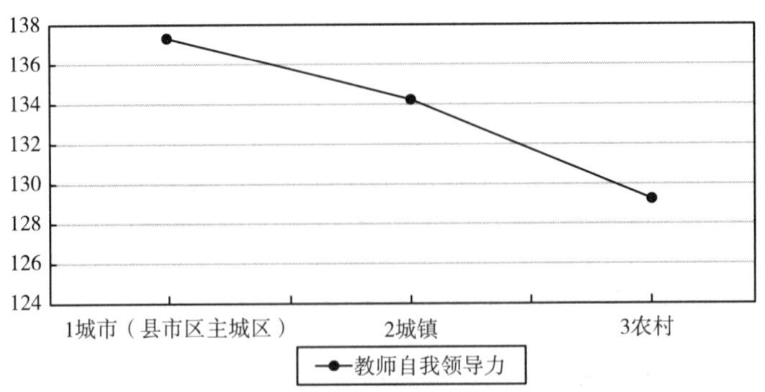

图3－3 量表在教师学校所处区域反映趋势

把学校所处区域作为自变量，把教师自我领导力和五个分维度作为因变量，使用单因素方差分析统计方法进行检验。结果显示，学校所处区域在教师自我领导力（$F=9.364$，$p=0.000$）、价值内化策略（$F=12.117$，$p=0.000$）、工作意义感策略（$F=5.564$，$p=0.004$）、目标导向策略（$F=5.569$，$p=0.004$）、自我惩罚策略（$F=3.220$，$p=0.041$）、自我奖励策略（$F=7.608$，$p=0.001$）上均存在显著性相关。教师所在学校的区域是城市、乡镇或农村与教师的自我领导力存在显著性相关。

城市、乡镇或农村是中国长期以来城乡二元结构格局的体现，城市较农村占有较多的社会公共资源、聚集了较多的社会资本。三者在经济和文化，物质和精神方面均存在一定程度上的差异，可否理解为：社会文化程度越高区域的教师，他们的自我领导力也普遍较高；教师自我领导力与教师长期所处环境的文明程度存在正相关。教师学校所处区域会影响教师的发展动力，就目前现状而言，结果可能有两种。一种是农村的教师向往乡镇和城市的工作和条件，并努力试图通过调出农村进入更优越区域的学校；另外一种则是，农村的教师甘于现状。后一种教师中也有两种类别：一是默默耕耘奉献扎根在农村，服务基层基础教育；二是得过且过、不思进取，进入逃避状态。

在这里，城乡之间的差距并不是简单地指物质方面的差距，而是一系列的差距。农村学校地处偏远，教师精神生活相对匮乏。受到学生及家长的肯定、情感的回馈等是农村教师所需要的主要部分。其实教师在精神上的需求远远大于物质的需求。所以，对于农村的教师，如何赋予教师工作意义感和价值感是我们需要探讨的话题。

（四）学校类型在教师自我领导力上的差异比较

按照研究对象，把学校类型划分为小学、初中和高中。可得到三类不同学校在教师自我领导力总量表及五个维度上的均值和标准差。

表 3－7　不同学校类型教师量表各维度描述统计

项目	小学（M ± SD）n = 503	初中（M ± SD）n = 115	高中（M ± SD）n = 85
教师自我领导力	133. 89 ± 19. 06	136. 52 ± 15. 52	134. 98 ± 18. 43
价值内化策略	42. 18 ± 5. 99	43. 12 ± 4. 62	42. 74 ± 5. 68
工作意义感策略	29. 62 ± 5. 79	30. 17 ± 5. 19	30. 30 ± 5. 51
目标导向策略	27. 41 ± 4. 512	28. 37 ± 3. 73	27. 51 ± 4. 62
自我惩罚策略	19. 14 ± 3. 84	19. 35 ± 3. 69	19. 22 ± 3. 62
自我奖励策略	15. 52 ± 3. 23	15. 49 ± 2. 98	15. 20 ± 3. 04

从表 3－7 可见，初中学校教师自我领导力得分最高（136. 52），高中学校教师次之（134. 98），最低是小学教师（133. 89），呈现出图 3－4 所示的倒 V 形结构。

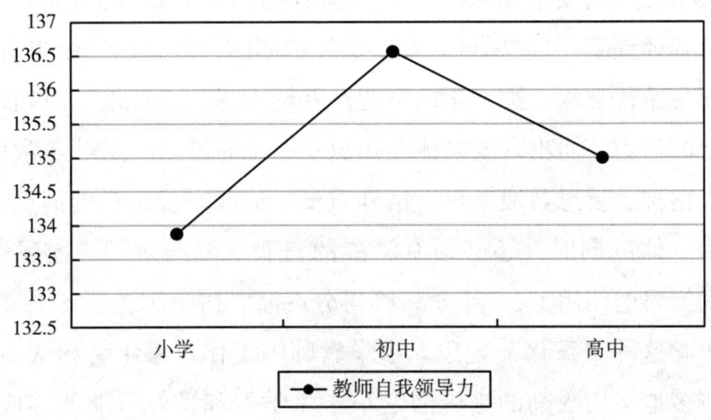

图 3－4　学校类型倒 V 形结构

在价值内化策略、工作意义感策略、目标导向策略和自我惩罚策略四个维度上，存在类似于教师自我领导力的分布结构，即初中学校教师得分最高、高中次之、小学最低的倒 V 形结构。但在自我奖励策略的使用上，小学教师得分最高、初中次之、高中最低。

把学校类型作为自变量，把教师自我领导力和五个分维度作为因变量，使用单因素方差分析统计方法进行检验。结果显示，不同学校类型与教师自我领导力及相关维度均无显著性相关。研究显示：学校类型（小学、初中和高中）与教师自我领导力之间不存在统计学意义上的显著性相关。经事后多重比较检验（LSD）发现，在目标导向策略上，小学教师与初中教师两组间存在显著性差异，这可能是小学与初中同属义务教育段，小学无升学压力，而初中有升学压力有关。尽管，在当下，义务教育学校在追求升学率上的内在需求并没有真正意义上的减少，它会以各种形式各种内容来体现对分数的追求。

结果显示“不同学校类型与教师自我领导力及相关维度均无显著性相关。”小学、初中、高中教师在自我领导力上无显著性相关。为什么会出现这个结果？根据工作经验，小学教师工作方式非常具体微观，初中次之，高中最“潇洒”。这是笔者多年与三类教师的接触获得的直观感受，而出现这样的直观感受可能与三类教师面对的工作对象有关。小学教师面对的小学生年龄低，要求具体，所以，对小学教师的要求与中学教师的要求是不一样的。从我国教师资格证书制度规定来看，对三类教师的学历要求上也不一样。特级教师曹培英曾经提到：“教师进入儿童世界的同时，教师的思维也有可能被儿童同化，而且钻得越深，被童化的可能性就越大。[①]”“童化”，指教师伴随重建儿童心智的努力，而出现的本体性知识及思维的退化。面对“童化”现象，教师的反思精神、反思习惯就显得格外重要。如同一位出色的演员，在入戏、与角色融为一体的同时，还必须有清醒的自我认知与观照。上述研究显示，在自我奖励策略的使用上，“小学教师得分最高、初中次之、高中最低”似乎可以证明小学这种“童化”现象。小学教师因工作对象年龄和认知等诸多原因可能会较多地运用激励的措施激发小学生学习和良好习惯的养成，久而久之，工作方式会迁移到自身激励上来。所以，小学教师较初中和高中教师在

① 华应龙．做一个优秀的小学数学教师［M］．北京：教育科学出版社，2011：11.

自我奖励策略上的得分要高。

总体上，按照《中华人民共和国教师法》对教师学历的要求，小学教师合格学历为中专，初中教师合格学历为专科，而高中教师合格学历为本科。小学、初中和高中教师在学历上的不同要求，可以体现在学科本体性知识上的差异。可否推断出，教师的本体性知识或者说教师的知识含量的多少与教师自我领导力无关，教师自我领导力倾向于是一种较为综合的实践能力而不是知识（起码不是本体性知识）？

（五）工作年限在教师自我领导力上的差异比较

把教师工作年限划分为：1～3年、4～9年、10～20年、20年四类。从表3－8结果可以看出，教师自我领导力得分最高的是工龄在20年以上（136.71），其次工龄在10～20年（135.36）、1～3年（132.01），最低是工龄在4～9年（131.13），呈现出图3－5“对钩型”走势。在其他五个维度上，各有高低，并无特殊规律可循。

表3－8　　不同工作年限教师量表各维度描述统计

项目	1～3年（M±SD） n＝61	4～9年（M±SD） n＝143	10～20年（M±SD） n＝371	20年以上（M±SD） n＝128
教师自我领导力	132.016±21.918	131.132±23.238	135.363±15.851	136.718±17.257
价值内化策略	40.508±7.331	40.713±7.203	42.978±4.763	43.554±5.167
工作意义感策略	29.901±5.464	29.307±6.318	29.779±5.519	30.335±5.421
目标导向策略	26.672±5.217	26.608±5.138	27.7817±3.855	28.531±4.434
自我惩罚策略	19.180±4.3340	18.769±4.222	19.285±3.603	19.398±3.5457
自我激励策略	15.754±3.2997	15.734±3.431	15.539±2.981	14.898±3.298

把工作年限作为自变量，把教师自我领导力和五个分维度作为因变量，使用单因素方差分析统计方法进行检验。结果显示，不同工作年限教师与教师自我领导力（$F=2.863$，$p=0.036$）、价值内化策略（$F=9.576$，$p=0.000$）、目标导向策略（$F=5.506$，$p=0.001$）存在显著性正相关。经事后

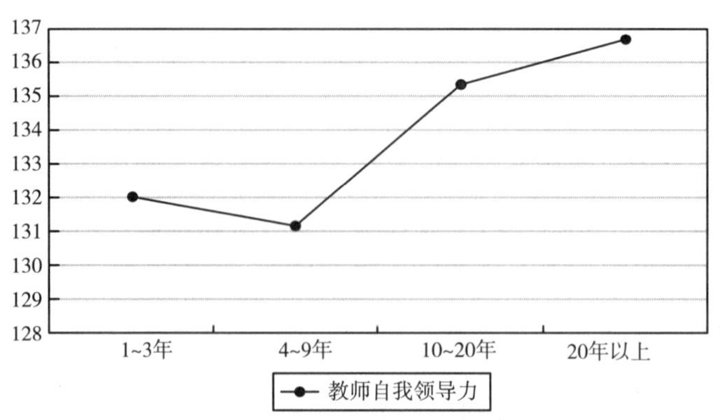

图 3-5　教师工作年限曲线

多重检验（SLD）发现结果，教师自我领导力上，教龄 4~9 年的教师与教龄在 10~20 年（$t=-4.23$，$p=0.020$）和 20 年以上教师（$t=-5.58$，$p=0.013$）有显著性负相关。

在价值内化策略维度上，1~3 年教龄的新教师与教龄 10~20 年（$t=-2.47$，$p=0.002$）、20 年以上教师（$t=-3.046$，$p=0.001$）有显著性负相关；4~9 年教龄的教师与教龄 10~20 年（$t=-2.26$，$p=0.000$）、20 年以上教师（$t=-2.84$，$p=0.000$）有显著性负相关。在目标导向策略维度上，教龄为 1~3 年的新教师与教龄在 20 年以上教师（$t=-1.85$，$p=0.006$）有显著性负相关；教龄 4~9 年的教师与教龄 10~20 年教师（$t=-1.17$，$p=0.007$）、20 年以上教师（$t=-1.92$，$p=0.000$）有显著性负相关。在自我奖励策略维度上，有 20 年以上教龄的教师与教龄为 4~9 年的教师（$t=-0.835$，$p=0.030$）、教龄为 10~20 年的教师（$t=-0.640$，$p=0.049$）有显著性负相关。

教龄是以工作年限为计量的一个变量，其中蕴含着诸多的影响因素。随着工作年限的增长，教师自我领导力也会发生相应的变化。从图 3-5 相关数据分析可见，教龄为“4~9 年”是教师发展一个关键的时间段。入职三年的教师在完成新教师的岗位适应后，逐渐熟悉工作任务和岗位要求，自我领导力不升反而开始下降。“4~9 年”教龄成为教师职业生涯中自我领导力的低谷，而后逐渐上升。这是不是意味着，新教师在三年的生存期过后，开始进入相对没有外在压力和挑战工作时间段？或者解释为，这个工龄段的教师受到诸多不确定因素的影响，如谈恋爱、结婚生子、评中高级职称、职业倦怠、职务晋级、学术荣誉竞争等逐渐显现。学校组织、家庭生活、社会环境对教师的影响在加大，逐渐开始影响教师的工作和生活。

（六）学历在教师自我领导力上的差异比较

问卷把教师学历依次设置为中专、大专、本科、研究生，不同学历教师在自我领导力总量表及五维度均值及标准差得分如表3－9所示。

表3－9　　不同学历教师量表各维度描述统计

项目	中专（M±SD）n＝5	大专（M±SD）n＝181	本科（M±SD）n＝578	研究生（M±SD）n＝39
教师自我领导力	150.40±20.15	130.96±21.40	134.35±17.54	141.20±22.56
价值内化策略	47.80±2.28	41.65±6.923	42.40±5.46	43.35±7.26
工作意义感策略	32.60±9.50	28.69±6.429	29.72±5.40	32.74±5.72
目标导向策略	30.60±4.39	26.87±5.182	27.57±4.22	28.76±5.17
自我惩罚策略	22.40±3.78	18.93±3.941	19.16±3.74	19.66±4.13
自我激励策略	17.00±4.24	14.80±3.620	15.48±3.52	16.66±3.45

从得分结果来看，中专学历教师自我领导力最高（150.4），其次是研究生学历教师（141.2）、本科学历教师（134.3），最低是大专学历教师（130.9）。在量表的其他五个维度上存在类似的问题，呈现出V字形结构（见图3－6）。

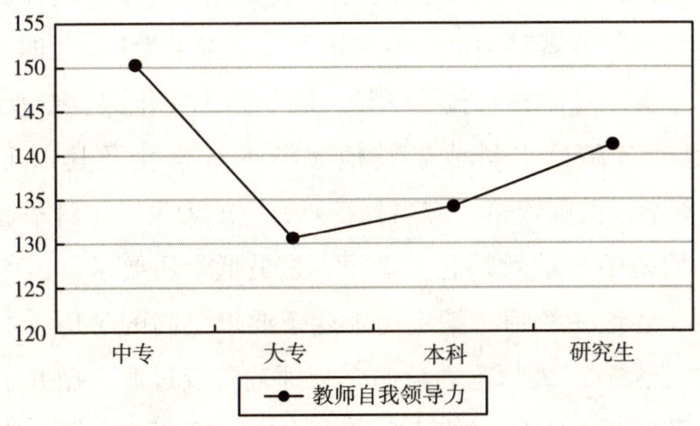

图3－6　教师自我领导在学历上的发展趋势

把学历作为自变量，教师自我领导力和五个分维度作为因变量，使用单因素方差分析统计方法进行检验。检验结果显示，不同学历教师在教师自我领导力上存在显著性差异（$F=4.004$，$p=0.008$），与工作意义感（$F=5.068$，$p=0.002$）、自我奖励策略（$F=3.475$，$p=0.016$）存在显著正相关。经事后多重检验（SLD）发现结果如下：在教师自我领导力上，中专学历教师与大专学历教师（$t=19.43$，$p=0.022$）存在正相关，大专学历教师与研究生学历教师（$t=-10.24$，$p=0.004$）存在负相关，本科学历教师与研究生学历教师（$t=-6.84$，$p=0.024$）存在负相关。在价值内化策略上，中专学历教师与大专学历教师（$t=6.14$，$p=0.021$）、本科学历教师（$t=5.39$，$p=0.037$）存在正相关。在工作意义感策略上，研究生学历教师与大专学历教师（$t=4.05$，$p=0.000$）、本科学历教师（$t=3.01$，$p=0.001$）存在显著正相关。在目标导向策略上，本科学历教师与中专学历教师（$t=-5.39$，$p=0.037$）存在弱负相关。在自我惩罚策略上，中专学历教师与大专学历教师（$t=3.46$，$p=0.048$）存在弱正相关；在自我奖励策略上，研究生学历教师与大专学历教师（$t=1.86$，$p=0.003$）、本科学历教师（$t=1.183$，$p=0.024$）存在显著正相关。

《中华人民共和国教师法》第十一条规定了取得教师资格应当具备的相应学历要求，“（一）取得幼儿园教师资格，应当具备幼儿师范学校毕业及其以上学历；（二）取得小学教师资格，应当具备中等师范学校毕业及其以上学历；（三）取得初级中学教师、初级职业学校文化、专业课教师资格，应当具备高等师范专科学校或者其他大学专科毕业及其以上学历；（四）取得高级中学教师资格和中等专业学校、技工学校、职业高中文化课、专业课教师资格，应当具备高等师范院校本科或者其他大学本科毕业及其以上学历；……（五）取得高等学校教师资格，应当具备研究生或者大学本科毕业学历……”。可见，中专学历是中小学教师起点学历，是最低学历要求。因区域教育经济发展水平不同，各地在教师考编定岗上趋于要求更高的学历。浙江省教委从2000年开始决定全省三级师范学校向二级师范院校过渡，撤并了三级师范即原来的中等师范学校。本研究的703个样本中，仅有5个样本为中专学历教师，也可进一步说明目前中小学教师学历几乎全部达标，且向学历提升转型。

从实践来看，20 世纪贯穿整个 90 年代的基础教育学历达标培训极大地满足了第一学历要求问题。而 90 年代末的高等教育扩招，逐渐把小学教师的第一学历的标准提高为大专。目前沿海经济发达地区中小学教师学历基本上都达到大专以上，并开始趋向大学本科。

为什么中专学历教师自我领导力最高，大专教师自我领导力最低？这可能与中专学历教师小样本（5 人）分布情况有关。通过学历与学校类型、学校所处区域、学术荣誉和任教学科的交叉分析发现，这 5 位中专学历教师中有 2 位是城市小学语文教师，2 位是城市小学数学教师，1 位是农村中学体育教师。除了农村体育教师是新入职教师，其他 4 位均是教龄在 10 年以上。除了 1 位是市学科骨干（或县"三坛"），其他 4 位均为普通教师。从上述分析及常识来看，似乎没有一种合理理由来解释这种现象。为了了解问题，查询 5 个样本的原始数据，发现其中 2 人在选题分值上偏向于选择 5（在问卷初选时曾经删除了类似的 9 份问卷），因此，有理由怀疑这两位教师在选题时漫不经心，信度不够。由于是小样本，一两位人员的数据变化会影响整个数据，所以出现上述无法解释的现象。从研究结果分析来看，中专学历教师自我领导力分值应该视为无效，留待以后做进一步研究。

学历作为教师获得资格证书的前提和教师专业发展的起点，随着教师专业化发展程度提高而逐渐提高，学历的变化可体现在近几年各县（市、区）小学教师编制考试的合格学历由达标的中专学历逐渐向本科学历提升。学历作为教师对自己专业发展要求的一个影响指标，更高学历的要求是教师不断追求专业成长的具体化表现，所以不同学历教师在自我领导上存在显著性相关较好理解。那么，在两种关系中，关键是学历与教师自我领导力之间的因果问题。从上述研究分析，初步可以推测，学历高的教师自我领导力高，学历低的教师自我领导力低。自我领导力高的教师会不断地提升自身学历（第二或第三学历）或获取高的学历（第一学历）。

（七）职称在教师自我领导力上的差异比较

按照目前中小学教师职务评审系列，中学职称一般有中教三级、二级、一级、高级（高级职称、副教授级）、特级（一种荣誉）。小学职称一般有小教三级、二级、一级、高级（相当于中级职称）。由于新教师转正后首次定级以学历为标准，大专文凭小学定级为小教二级，中学定级为中学三级。按照目前的规定①，在定级后第二年，经上课和平时表现等综合打分，由学校学科职称评定小组初审，县教育局政工科（或职改办）认定备案可晋级小教一级或中学二级。另外，特级教师作为一种荣誉而非专业技术职称，本研究把它归入学术荣誉中，而非职称系列。另外，W 市在 2006 年推出教授级中学高级教师工作内容，评上后享受市人民政府提供的教授级待遇。由于该职称为地方性的，且设置初衷带有奖励功能，本研究也把它归入“学术荣誉”范畴分析。所以，此处把中小学教师职务设置为四类，即中学高级（小中高）、中学一级（小高）、中学二级（小一）、中学三级（小二）。对教师学历统计结果如表 3－10 所示。

表 3－10　　不同职称教师量表各维度描述统计

项目	中学高级（小中高）（M ± SD）n = 113	中学一级（小高）（M ± SD）n = 328	中学二级（小一）（M ± SD）n = 245	中学三级（小二）（M ± SD）n = 17
教师自我领导力	139. 123 ± 21. 067	135. 646 ± 14. 488	130. 563 ± 21. 381	136. 705 ± 12. 697
价值内化策略	44. 318 ± 6. 215	43. 137 ± 4. 365	40. 657 ± 6. 762	40. 882 ± 3. 603
工作意义感策略	30. 885 ± 6. 436	30. 091 ± 5. 145	28. 824 ± 5. 928	30. 823 ± 3. 972
目标导向策略	29. 044 ± 5. 034	27. 728 ± 3. 894	26. 722 ± 4. 669	27. 470 ± 3. 043
自我惩罚策略	19. 451 ± 3. 964	19. 280 ± 3. 441	18. 824 ± 4. 1584	21. 058 ± 2. 967
自我奖励策略	15. 424 ± 3. 486	15. 408 ± 2. 982	15. 534 ± 3. 320	16. 470 ± 2. 124

在教师职务诸多类型中，教师自我领导力的分值各不一样。中学高级职称教师得分最高（139. 12），其次是中学三级（小教二级）（136. 70），中学一级（小高）（135. 64），最低是中学二级（小教一级）（130. 56），呈现出 V 字形结构（见图 3－7）。

把职称作为自变量，教师自我领导力和五个维度作为因变量，使用单因素方差分析统计方法进行检验。结果显示，不同职称教师在自我领导力（$F =$

① 参见浙江省人事厅关于印发《浙江省专业技术资格评审工作实施细则（试行）》的通知。

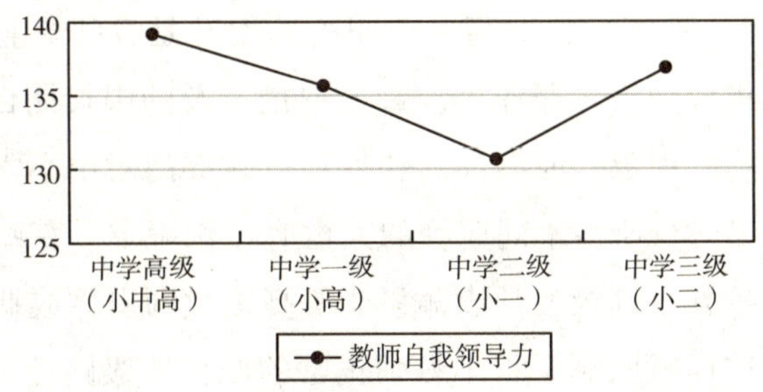

图 3－7　教师自我领导力在职称上的趋势

6.741，$p=0.000$）及价值内化策略（$F=14.639$，$p=0.000$）、工作意义感策略（$F=4.337$，$p=0.005$）和目标导向策略（$F=7.550$，$p=0.000$）等维度上均存在显著正相关，而在自我惩罚策略（$F=2.390$，$p=0.068$）和自我奖励策略（$F=0.644$，$p=0.587$）上无显著性相关。

专业技术资格评审是指评价机构组织同行专家对申报对象一定时期内的工作业绩、工作能力和学术、技术水平进行综合评价，确定其是否具有相应专业技术资格的活动①。1986 年开始建立的中小学教师职务聘任制对调动广大中小学教师的工作积极性和专业发展动力起着重要作用，一定程度上提高了中小学教师队伍整体素质。职称是教师职业生涯中最为重要的目标。在第二章问卷中有一题“工作中，您会不会给自己设立目标？具体设立过什么样的目标”，我们发现教师所设置的发展目标大多是职称，或者是以职称为终极目标的过程性任务，如当班主任（中小学职称评审中有当 3～5 年班主任的硬性条件）②、上好公开课（中小学职称评审中有上公开课或说课的硬性条件）、论文发表或获奖（中小学职称评审中有一定级别的论文发表或获奖的硬性条件）。可见，职称在教师职业生涯中的重要地位。

在中小学，职称有助于工资待遇、社会地位和自我职业认同的提高，也有助于学术荣誉的进一步获得（如特级、教授级中学高级教师都需要中学高

---

① 参见浙江省人事厅关于印发《浙江省专业技术资格评审工作实施细则（试行）》的通知。

② 《W 市教育局关于做好 2014 年中小学教师职务资格评审工作的通知》规定：“申报中小学高级教师职务，担任班主任工作年限不少于 5 年（第一学历本科毕业申报小学高级教师班主任工作年限不少于 2 年），申报中学一级教师职务，担任班主任工作年限不少于 3 年（第一学历硕士研究生毕业申报中学一级教师职务班主任工作年限不少于 2 年）。”

级职称五年以上）。低级职称向高一级职称的上升是教师专业发展的显性动力。所以，职称也成为教师职业生涯最普遍最可及的中长期目标。但目前普遍存在的评聘结合的现象，人事部门和教育行政部门对中小学进行职称定额定编，即不同类型学校所占不同职称的人数有比例限定。有些学校（特别是城市和乡镇优质校）因高级教师满额只能等高级教师退休或调离后方有中级教师晋级可能，这样就限制了很多教师正常的职称晋级路径。尽管如此，职称仍然是教师的职业目标和外在动力的主要来源。

（八）学术荣誉在教师自我领导力上的差异比较

按照内容和产生的原因来分，教师荣誉可以细分为道德荣誉和职业荣誉①。朱旭东从教师教育体系重建的视角提出“重建以教师资格证书更新、职称晋升和教师荣誉称号授予三位一体的教师专业发展体系②”。本研究认为，作为教师职业角色的个体能取得的荣誉主要有“五一”劳动奖、“三八”红旗手（女）、春蚕奖、园丁奖、优秀教师、优秀教师工作者、师德楷模、优秀班主任、优秀共产党员等。总体上来看，上述荣誉获奖人数非常少，受社会和政治等特殊因素影响较大，具有较大的不可预测性。除此之外还有一些职能处室颁发的如教科研先进工作者、科研成果奖、优质课评比获奖或其他工作奖项，权威性和代表性不够；在区域内，能较好解释教师教育教学和学术综合素养，较为突出、比较被认同，也能代表教师职业特点的还是颇有 W 市特色的“三层次”荣誉。

2006 年开始，W 市推出一套教师激励措施，俗称“金字塔式”学术荣誉称号体系，又称为教师队伍建设“三层次”。教师学术荣誉从低到高依次是：第三层次“学科骨干”，占教师群体 10%；第二层次“三坛”，即按照不同年龄段划分为教坛新秀、教坛中坚、教坛宿将；第一层次“名师特级”，包括名班主任、名校长、名教师及教授级中学高级教师（特级教师由省教育厅统一评选，享受最高级别待遇）；每年评比一个层次，依次轮流，标准主要有以下

① 张姬．中小学教师荣誉制度现状调查与优化建议［D］．南昌：江西师范大学，2014.
② 朱旭东．论我国教师教育体系的重建［J］．教师教育研究，2009，(6)：1－9.

几点：

（1）资历，满分 10 分，学历和班主任年限各 5 分。

（2）工作表现，满分 20 分，年度考核、师德考核、评先评优、教学基本功各 5 分。

（3）教学荣誉，满分 15 分。

（4）示范作用，满分 5 分。

（5）专著课题论文，满分 10 分。

（6）课堂教学考核，满分 40 分。获得相应荣誉后可取得配套的待遇和职责。

有些县（市、区）为了推荐方便，对应市里设置县级“三层次”评选。所以，本研究把教师荣誉选项分为：普通教师、县学科骨干、市学科骨干或县“三坛”、市“三坛”或县名师、市名师特级等五类。具体描述统计如表 3－11所示。

表 3－11　　不同荣誉教师量表各维度描述统计

项目	普通教师（M ± SD）n =462	县学科骨干（M ± SD）n =54	市学科骨干或县三坛（M ± SD）n =131	市三坛或县名师（M ± SD）n =51	市名师、特级（M ± SD）n =5
教师自我领导力	132.2 ±19.85	137.6 ±14.01	137.58 ±14.9	141.35 ±13.5	152.0 ±13.01
价值内化策略	41.62 ±6.19	43.50 ±4.57	43.46 ±4.66	45.29 ±3.57	45.80 ±4.60
工作意义感策略	29.28 ±5.83	31.12 ±4.64	30.31 ±5.34	31.11 ±5.29	35.80 ±3.19
目标导向策略	27.04 ±4.57	27.98 ±4.50	28.29 ±3.72	29.84 ±3.50	31.00 ±3.08
自我惩罚策略	19.05 ±3.96	19.55 ±4.15	19.41 ±3.10	19.19 ±3.45	22.20 ±1.64
自我奖励策略	15.24 ±3.271	15.50 ±2.89	16.09 ±2.85	15.90 ±3.08	17.20 ±3.03

从表 3－11 可见，在诸多学术荣誉中，市名师、特级教师自我领导力得分最高（152.00），然后依次是市“三坛”或县名师（141.35）、县学科骨干（137.6）、市学科骨干或县“三坛”（137.58），最低是普通教师（132.24）。如图 3－8 所示，教师自我领导力随教师学术荣誉水平的提高呈现爬坡式上升

趋势。

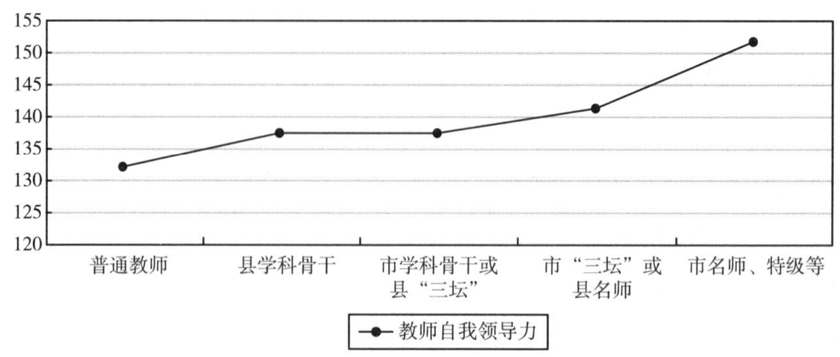

图3-8　教师自我领导力随学术荣誉变化趋势

把样本按照普通教师和荣誉教师分成两组，进行独立样本t检验，描述性统计结果如表3-12所示。

表3-12　普通教师和荣誉教师量表各维度描述统计

项目	普通教师（M±SD） n=462	荣誉教师（M±SD） n=241
教师自我领导力	132.2489±19.85481	138.6971±14.56092
价值内化策略	41.6255±6.19079	43.9087±4.47586
工作意义感策略	29.2814±5.83902	30.7801±5.19027
目标导向策略	27.0498±4.57330	28.6058±3.91128
自我惩罚策略	19.0519±3.96480	19.4606±3.42897
自我奖励策略	15.2403±3.27361	15.9419±2.91203

荣誉教师在教师自我领导力及各个维度上得分均要高于普通教师。经独立样本t检验，普通教师与荣誉教师在教师自我领导力（$t=-4.455$，$p=0.000$）、价值内化策略（$t=-5.074$，$p=0.000$）、工作意义感策略（$t=-3.353$，$p=0.001$）、目标导向策略（$t=-4.493$，$p=0.000$）、自我奖励策略（$t=-2.799$，$p=0.005$）均存在显著性差异。除自我惩罚维度（$t=-1.357$，$p=0.175$）外，总量表及其他维度均存在显著负相关，即学术荣誉高的教师自我领导力得分比普通教师得分高，学术荣誉高的教师在价值内化

策略、工作意义感策略、目标导向策略、自我奖励策略上的得分比普通教师得分高。我们通过折线图可直观反映出两者之间的差距（见图3－9）。

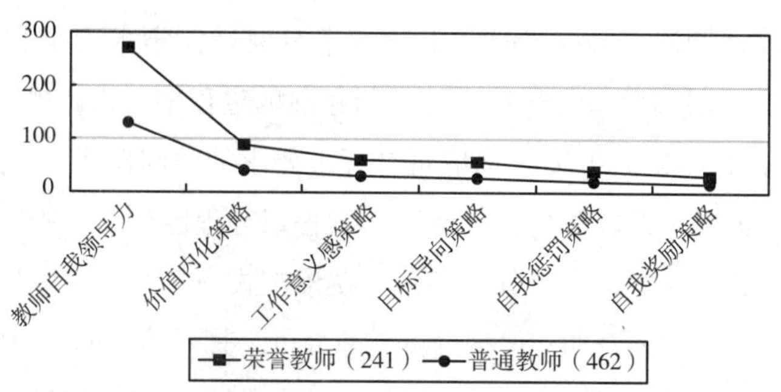

图3－9　普通教师与荣誉教师量表各维度均值比较

把学术荣誉作为自变量，把教师自我领导力和五个分维度作为因变量，使用单因素方差分析统计方法进行检验。结果显示，不同荣誉教师在自我领导力（$F=6.078$，$p=0.000$）及价值内化策略（$F=7.630$，$p=0.000$）、工作意义感策略（$F=4.143$，$p=0.003$）、目标导向策略（$F=6.946$，$p=0.000$）和自我奖励策略（$F=2.496$，$p=0.042$）维度上均存在显著正相关。而在自我惩罚策略（$F=1.188$，$p=0.315$）维度上无显著性相关。经事后多重检验（SLD）显示，自我惩罚策略在组内亦无显著性相关。

研究发现，教师的学术荣誉越高，教师自我领导力及价值内化策略、工作意义感策略、目标导向策略、自我奖励策略也越高。从上述“三层次”评比的内容可以看出，按教师荣誉正常晋级，“名师特级”是W教师荣誉梯队中的第一层次，是区域内教师学术荣誉的最高点。所以，他们的教师自我领导力最高。

（九）学校所处区域、工作年限、学历、职称及学术荣誉与教师自我领导力多元线性回归分析

从上述的研究得知，教师所在学校所处区域、工作年限、学历、职称及取得荣誉与教师自我领导力存在显著性相关。到底是怎样的一种关系？教师所在学校所处区域、工作年限、学历、职称及取得荣誉等对教师自我领导力的影响有无因果关系？

研究中，把教师所在学校所处区域、工作年限、学历、职称及取得荣誉

视作自变量，把教师自我领导力设为因变量，利用多元线性回归分析，试图解释自变量与因变量之间的关系。

通过逐步回归法（stepwise），上述五个自变量仅学术荣誉和学校所处区域两个变量进入回归模型。在逐步输入与移除的过程中，进入模式的标准是 F 的概率值要小于或等于 0.05，选取符合标准要求的回归模式。回归模型中 R^2 是决定系数，即决定系数越高，反映回归方程拟合程度越高，所以本研究采用决定系数为 0.047 的模式作为分析模型。在该模式中，对自变量与因变量的关系进行分析之前，需要对回归模型进行方差分析。其 F 检验的 $p = 0.001 < 0.05$，因此回归模型是显著的，因变量和入选的自变量之间存在着显著相关关系。

表 3－13　　　　教师自我领导力与背景变量多元回归分析

变量	多元相关系数（R）	决定系数（R^2）	增加解释量（△R）	F 值改变	F 值改变显著性	标准化回归系数
学术荣誉	0.176	0.031	0.030	22.353	0.000	0.150
学校所处区域	0.217	0.047	0.044	11.832	0.001	－0.130

从表 3－13 可得出如下的线性回归路径：教师自我领导力＝135.768＋0.150×学术荣誉－0.130×学校区域。教师自我领导力可有效预测教师的学术荣誉和教师所在的学校区域。学术荣誉越高教师自我领导力越强，教师所在学校越偏离城市教师自我领导力越弱。

区域内经济发展、教师收入及流动性等原因影响上述的统计。实践也证明，优质资源聚集在城镇和城市，使得部分优质师资通过各种途径往城市化程度高的区域迁徙；譬如，经济欠发达的 Y 县教师流动呈现非常典型的下坡型走向，即山区教师想调到平原地区，平原地区教师想调到沿江地区，沿江地区想调到临近市区集镇，临近市区集镇教师最后希望能调入市区，这样的格局和态势已经成为一种区域教师生存发展的态势。大量的优质师资聚集到经济和文化发达区域，这样使得农村学校缺乏优质教育资源，一定程度上也影响教师发展的积极性。这是目前经济落后区域教育发展的一个瓶颈，吸引人才难，留住人才更难，优质教育资源外流现象明显。事实上，这样的窘态，也影响教师队伍的动态建设。

第三节　讨论

从调查结果及结果分析来看，W 市中小学教师自我领导力普遍较强；教师自我领导力在男女性别、任教学科、学校类型（小学/初中/高中）上无显著性差异，在学校所处区域（城市/乡镇/农村）、工龄、学历和荣誉上存在显著性相关。基于上述研究发现，做进一步探讨：为什么中小学教师自我领导力普遍较高？在背景变量与教师自我领导力差异性结果还有哪些因素在影响？教师自我领导力在教师专业发展实践中的位置如何？

一、教师自我领导力现状成因分析

结果显示，W 市中小学教师自我领导力题均值为 3.954，五个维度题均值在 3.870～4.241 之间，以中间值 3 为基准的数据分布区间来看，可以认为 W 市中小学教师自我领导力现状较高；当然这样的数值是基于静态的李克特五点计分而言，并没有外在的参照标准，所以对原因的探索显得尤其重要。W 市中小学教师自我领导力偏高的原因可能是中小学教师面临诸多“生存”与“发展”问题，需要教师做更大的努力。“生存”是所有中小学教师职业生涯中都面临的问题，不同职业阶段面临不同的职业生存性问题。这里的生存是指教师在社会环境和教育背景下有效完成教师岗位角色赋予的职责和任务，是教师职业的规范性要求。“发展”是生存的延续，是教师在规范性要求基础上的提升，是教师职业生涯的进一步发展。生存主要是外在要求，发展主要是内在需求。教师面临的生存与发展问题主要体现在以下几个方面：

（1）教师权威地位削弱，社会对教师提出更多要求。一直以来，教师控制着知识传授和言语方面的话语霸权，言行被奉为圭臬。“传道、授业、解惑”是教师身份的重要体现，社会、学生和家长也极力推崇师道尊严。德国的赫尔巴特认为，学生身心发展完全依赖于教师对教学内容的精心组织和对教学方式的精心选择，教师应该在教育中处于绝对的支配地位，在学生心目中享有崇高的权威，这是一个不须论证的教育前提。随着师生关系的变化，教师权威正逐步被弱化。一方面是因为学生更加追求独立和个性自由，有质疑精神；另一方面原因是学生接受知识的途径呈现多元化，教师不再是获取知识的唯一源泉，师生关系转向平等对话、相互交流。这样给教师带来更大的挑战，也提出更多的要求。

（2）新课程改革给教师提出更多要求。从 2001 年开始，全国开始新课程改革，2003 年浙江省启动了新课程改革。新课程改革对每一位教师都是一次全新的观念和行为的洗礼，在知识、技能和师生关系上，在教育教学和管理各个方面都带来变革，也给教师增加了许多压力。教师在教学能力、教育观念和师生关系上遇到了各种危机，需要教师付出更多的努力去解决遇到的问题。

（3）教师职业的制度化程度提高需要教师做更多的付出。德国迪特·舒尔茨（Dieter Schulz）博士认为，“许多教师感到自己似乎被系统内部的许多规定、条例和制度包围和限制着。学校所有事务的法律化经常使学校教育发展的可能性受到限制，使人们感到教育的非独立性，使人们有受到限制和约束的感觉。[①]”教育管理部门出台大量的管理制度，教师成为被制度化的群体，教师需要在夹缝中求生存。社会环境对教师的要求日益多元化。教师职业在未能提升为事业的状况下，为了生存而努力成为教师对待工作的基本反应。为了更好的生存，教师需要与诸多环境因素斗争，从而需要更高的教师自我领导力。

（4）区域荣誉激励措施的出台和实施。2006 年开始，W 市推出“三层次”教师荣誉评价体系。在国家教师学术荣誉未能有效建立的背景下，区域内为了激发教师的工作积极性对不同教师提出不同的职业发展要求。普通教师—骨干教师—“三坛”教师—教育名师，由低至高，层层推进，有目标可循，有方向可依，一定程度上对教师产生促进作用。不同发展层次的教师在追寻荣誉过程中积极性被激发起来。“三层次”荣誉成为教师追求“迁徙和流

---

① ［德］迪特·舒尔茨. 作为人格培养的教师教育——教育学意义上的教师教育的因素［J］. 张可创，译. 全球教育展望，2003（1）：7.

动”的功能价值，这是教师在寻求社会优质资本过程中的内在动机。

二、教师自我领导力与背景变量的关系分析

从研究得知，教师自我领导力在男女性别、任教学科、学校类型（小学/初中/高中）上无显著性差异；教师自我领导力在学校所处区域（城市/乡镇/农村）、工龄、学历和荣誉上存在显著性相关。结合已有相关研究，我们可做如下探讨：

首先，本研究部分验证了已有研究的结果。研究综述部分较多地阐述了国内三位研究者从教师角度对自我领导力的研究。胡荣堃（2007）发现，中小学教师的年龄、教龄、职称和婚姻状况会影响自我领导力，主要体现在内在激励和自我奖励。教师年龄越小和教龄越短，越能发现工作的内在动力，自我奖励行为也越多；职称越高，自我奖励行为越少，自我惩罚行为越多。学校类型对教师自我发动有所影响，小学、初中、职业学校的教师的自我发动行为逐渐增强，而高中教师自我发动水平最低。朱生玉（2007）发现，中学教师[①]的自我领导力水平因其职称和担任行政职务情况的不同差异显著，但受其性别、教龄、所教科目和担任班主任情况的影响不大。张濰华（2010）发现，高校管理干部的自我领导力水平在性别、工作年限、所在学校类别等方面存在不同因子层面的显著性差异。三位研究者，选择了中小学、职业学校和高校管理干部三类研究对象，在结果上有一致的地方，如职称会影响教师自我领导力，但不一致的地方较多，朱生玉发现，性别、教龄、所教科目和担任班主任情况影响不大，胡荣堃发现教龄有影响。出现这些矛盾，可能与取样对象有关，也可能与所使用的量表有关。

从可控和不可控的角度对上述因素做进一步分析，研究发现，除了性别和工龄以外，其他诸多因素都可理解为可控的范畴，即教师可以通过个体的努力对诸如任教学科、学校类型（小学/初中/高中）、学校所处区域（城市/乡镇/农村）外部因素和学历、学术荣誉等内部因素做根本性的变化。再仔细

① 朱生玉的研究对象是职业学校教师，但在研究过程中表述为中学教师。

分析，外部条件需要更多的努力和更大的发展机遇，而内部因素则可以通过个体的努力获得，其中特别是学术荣誉。上述的研究结果也验证了“教师所在学校的区域和学术荣誉能较好地反映教师自我领导力”。

其次，研究发现，学术荣誉在教师自我领导力中的重要作用。教师荣誉制度可有效激励教师的工作积极性。教育行政部门对教师培养和发展的政策等，作为社会环境因素，会影响教师的成长，特别是教师的专业发展。社会流动机制需要社会分层，教师作为社会交往中的一个群体，在职业发展过程中会被放回到社会大系统中，并被自然分类分层。社会分层是常态的管理需要，也是阶层流动的需要。所以说，教师群体内的分层自然在所难免。制度社会对群体的分类意识明显，它会把体制内的群体分为不同类型。这是管理的需要，也是个体发展的内在选择。

正如回归分析结果显示，教师自我领导力可有效预测教师的学术荣誉和教师所在的学校区域。学术荣誉越高教师自我领导力越强，教师所在学校越偏离城市，教师自我领导力越弱。学术荣誉可有效预测教师自我领导力，但预测的占比非常有限。人们对教师价值的评判存在巨大的差异性，同样，教师对好教师的标准也各不相同。联系访谈材料，可以发现，教师对争取学术荣誉有不同的说法。一类观点认为，好教师不需要荣誉。好教师不需要通过荣誉去体现自身的价值，好教师主要是在学生和家长的眼中，一个有很多头衔而上不好课的教师能是好教师？另一类观点认为，教师获取荣誉是为了面子。教师需要一定的荣誉来体现他的价值，也仅仅是为了荣誉本身。教师在发展到一定程度后，如果没有一定的荣誉会让人觉得你很没面子，人家认为你没有本事。还有一类观点认为教师荣誉就是教师真实水平的反映。此类教师认为，教师在争取荣誉的过程需要付出很多努力，如磨课、赛课、制作课件、写论文等都是教师不断提升自己的手段。荣誉承载着教师的水平和素养。这是三种比较典型的观点。撇开特殊案例，实践中荣誉还是能较好地反映出教师的真实水平。特别是随着教育行政部门和业务部门的荣誉评选中对内容、形式和程序越趋规范化的背景下，荣誉还是能甄选出优劣。

教师群体内凭借能力和奉献精神结晶出部分“功勋”的教师，并被赋予不同称号。获得称号的教师获得某些特权，如子女入学、配偶调动、福利待遇等方面。荣誉背后是对一部分人的激励和对另外一部分人的加强管理。愿意为荣誉努力并最后获得荣誉的教师能较好地反映教师的自我领导力。走向荣誉的过程其实也是自我领导力体现的过程。荣誉是教师专业发展的主要指标，是检测教师是否成功的重要标志。与职称相比，荣誉属于紧缺资源，具有不可分享的特性，所以具有更大的诱惑性。如果说职称是通过个人努力和专业能力可以实现的话，荣誉除了个人努力和专业能力外，还受到许多外在因素影响，如管理意图、人际关系、机遇和所在学校地位等。

三、教师自我领导力影响因素分析

研究发现，教师自我领导力在学校所处区域（城市/乡镇/农村）、工龄、学历和荣誉上存在显著性相关，在回归模型中仅有荣誉和教师所在学校区域两项变量进入，且解释百分比非常有限。除了上述的影响因素，还有哪些因素影响教师自我领导力？在教师专业发展背景下教师自我领导力是如何在教师实践中体现出来的呢？

格伦迪和鲁宾逊（Grundy & Robison，2004）认为，教师专业发展有两个推动力：一是来自外部的推动力，包括学校和社会等因素的影响；二是个体自身的推动力，受到教师生涯发展阶段和生活经验影响。外部的推动力表现校园氛围、社会环境、教学评价、人际交往等外部因素。教师自身推动力表现为教师的专业结构、教学情感与动机与自主反思等内部因素[①]。相同的情景、类似的问题，发生在不同的教师身上会产生完全不一样的境况；不同的生活境遇和工作困难的经历，对不同个体造成截然不同的结果。国外的研究证实，自我领导与个性特征的相关方面（如：外向型个性、责任性、情绪稳定性、自我效能感、控制点、神经质、自我监控等）具有显著的相关关系（Williams，1997；Stewart，1996）。教师自我领导力的发展除了受上述问卷中

---

① Grundy S & Robinson J. Teacher Professional Development：Themes and Trends in The Recent Australian Experience［M］. In Day C & Sachs J. International Handbook on the Continuing Professional Development of Teachers Maidenhead：Open University Press，2004：146 – 166.

提到的诸多因素影响外，还包括学校、社会、家庭、专业组织、课堂等外在因素和个体自身如专业素质、个性等的影响。

为了进一步说明教师自我领导力的作用和实践表现，本研究认为，在教师个体发展过程中，教师自我领导力是互为变量的关系，既是自变量又是因变量。由五个因素构成内部结构的教师自我领导力，在与教师诸多背景变量的关系上主要体现为因变量，诸多因素影响教师自我领导力的发展；在与教师专业发展关系上主要体现为自变量，教师自我领导力影响教师专业发展。

本书中一直提到教师自我领导力是在教师专业发展的背景下提出，这是本研究的缘起之一，同时也是本研究的指向所在。教师专业发展包括教师专业发展标准和教师专业发展表现。教师专业发展标准主要是指教师素质结构和标准。周文叶和崔允漷①通过比较世界各国教师专业发展标准发现，各种教师专业标准都紧扣教师的工作实际和具体需要展开的工作的各个方面来进行描述，在标准的范畴划分方面有不同之处，但基本上可以归纳为专业知识（应知）、专业技能/实践（会做）和专业品质（愿持）三大部分。周文叶和崔允漷认为：专业知识（应知）指教师应知自己所授学科的基本概念、原则以及学科结构，应知本学科和其他学科的相互联系，知道如何有效地教授学科内容，能清楚地知道学生是如何学习的，知道怎样促进学生的学习，能了解学生的不同社会、文化背景，并且知道自己该如何影响学生的学习等；专业技能（会做）指教师必须具备的教学技能和教学策略，能制订合理的教学计划、有效地实施教学，并对学生的学习进行有效地评价，擅长于组织管理学生行为和营造良好的学习环境等；专业品质（愿持）指教师需具有高尚的专业道德情操，能够尊重学生并重视学生的多样性，能与家长、同事和社区密切联系、共同努力、积极有效地合作，能够理解自身工作的复杂性和情境性，致力于自身的专业发展，能够合理地分析、评价并且提高自身的专业实践。吴思孝（2013）认为：教师专业精神是教师在教育场域中所传递出对职业一致而平稳的认同感、责任感、奉献意识、积极行动和良好道德意识的价

① 周文叶，崔允漷．何为教师之专业：教师专业标准比较的视角［J］．全球教育展望，2012（4）：31－37.

值追求，是教师对教育行为所秉承的一致、连贯、自觉的行为①。本研究倾向于用“专业精神”替代“专业品质”。

教师自我领导力发展最终是为了教师的专业发展。事实上自我领导力是一个抽象化的概念，为了更好把握和测量，本研究以量表的形式构建了五个自我领导力内部结构维度。通过量化研究可以测量教师自我领导力，并通过均值比较获得一系列相关数据，从而在一定程度上解释教师自我领导力的作用。但困惑同样存在，建立在量化研究数据基础上的数理关系在解构教师自我领导力时容易陷入冷冰冰的数据符号。为了弥补量化研究的不足，本研究构建了如图 3－10 所示的关系图，并依此图开展进一步的质性研究，以探究教师自我领导力的作用机制。

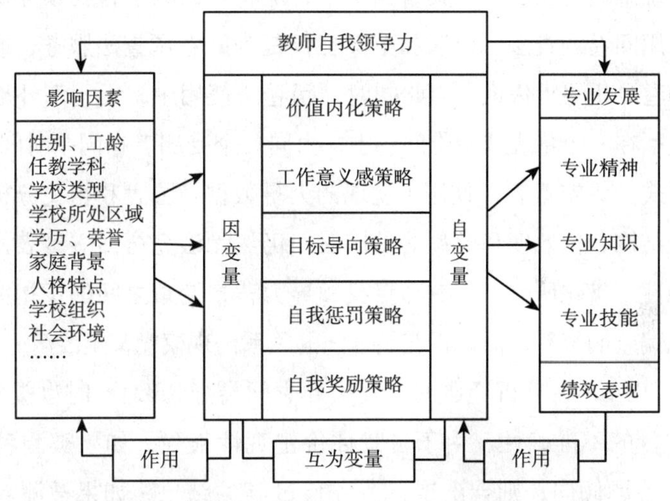

图 3－10　教师自我领导力关系

教师自我领导力既作为因变量又作为自变量存在，即互为变量。诸多影响因素作用于教师自我领导力，自我领导力以因变量的形式存在；在教师专业发展中，自我领导力作为自变量对教师专业发展的诸多因素产生影响。

① 吴思孝．教师专业精神：内涵、价值与培养［J］．教育理论与实践，2013（34）：39－43.

第四章　教师自我领导力影响因素分析

以往的自我领导研究往往采用量化研究方法，量化研究倡导客观中立实证定量的科学研究取向，这种方法在一定程度上揭示和解释个体成长过程中的自我行动和思维策略。在研究工具编制章节，笔者曾回顾了自我领导研究中绝大多数论文采用问卷调查法，访谈和个案也仅是为问卷调查法服务，或为题项收集，或为问卷分析寻求佐证。与此同时，问卷法使用中，无一例外地把自变量与因变量包括在一个量表或一份问卷中，由同一个受测者在同一时间填写作答。我们在自评式“评定量表”使用中呈现的大量数据、图表和相关分析及其前面所涉的量表结构、信效度和模型等的同时，仍然无法完全回避量表使用中的必要性和可能性。量化研究中，教师自我领导力背景变量之间的正相关不能完全排除系统化偏差的解释，而使得变量之间的关系出现模糊甚至混淆。

王雯（2014）在分析经典的自我领导力问卷（RSLQ）时也提到：“无法避免自我评价的不准确性，由于自我评价主观性很强，如果被测者存在‘正确作答’的答题倾向，则会出现自我评价过高的结果，如果被测者存在强烈不自信心理，则会出现自我评价过低的情况，因为进行准确自我评价的基础是被测者对自身的理性和客观的认知，虽然所有基于自评的量表都存在被测者自评误差的问题，但是自评过高和过低现象则会严重影响量表的准确性。自我评价和自我认知是自我领导力的重要内容，作为测量和评价自我领导力情况的 RSLQ 量表，需要设计被测者是否存在自我评价的不准确性的检测。①”

① 王雯．我国回族地区高校学生自我领导力调查和发展策略研究：以宁夏银川市为例［D］．武汉：华中师范大学，2014：35.

在自我领导的研究中，研究方法的多样化，可以有效规避量化研究中可能存在的问题，亦可更大程度上窥视“自我”这个黑箱。质性研究的引入在一定程度上弥补了量化研究的不足。教师自传分析为教师发展研究提供了一种新的方法与视角。

第一节　研究方法

一、教育自传研究

教师的日常生活大都由教学事件和生活事件所构成，而一份真实、鲜活、灵动的“教学叙事”“生活叙事”，总是教师个人生活的展现，具有教师自传的性质。教师一旦以“自传”的方式叙述自己生活中的教育事件，也就意味着教师开始以自己的生命经历为背景去观察世界[①]。如此，叙事研究中将“自传叙事”作为教师“教学叙事”和“生活叙事”的理想状态。好的教学叙事和生活叙事其实是教师教育自传的一个部分[②]。因此，教师自传研究，以其在教育叙事研究领域中所占的一席之地，在教师研究中有一定的实践价值和意义。

阮氏玲玲和谌启标认为：“教师自传研究，或称教师生活史研究，主要是通过叙事的方式，分析教师的个人经历对教师自我发展的影响及其意义。作为教育叙事研究的一种形式，它具有个体性、真实性、易行性、理论包含性、问题性和反思性等基本特点，并分为自传撰写研究与合作性自传研究两种类型。[③]”每一个教师都是一个特殊的个体，在自传的叙述中，个体成长和发展的特殊性、差异性、偶然性将特别受到关注。因此，教师自传研究带有高度的个人生活史特征。教育自传强调了教师进行研究的情境性特点，尊重了教师的实践性知识，是对教师自身所面临的或所经历过的问题的体验、解读、

①② 刘良华．改变教师日常生活的“叙事研究”［J］．全球教育展望，2003（4）：16－20．

③ 阮氏玲玲，谌启标．基于教师成长的自传研究［J］．中小学教师培训，2007（6）：4．

处置与反思改进。自传研究不仅使教师重新认识了自我，而且对自己起到了自我激励的作用。同时，它也会在同事中引起共鸣，激励其他教师回顾自己的教育经历，并反思自己的教育信念。所以，教师的教育自传可以把教师置于教育教学工作生活意义的体验感悟再度建构并呈现给大家，从而获得意义的重构和价值的再现，教师自传是教师的心灵自我对话和与他人的文本对话。

当然，教师个人自传是关于教师个体教育与生活的历史，它不可能是孤立零星的个人记忆，肯定带上一定的社会、文化和历史等背景元素。我们可以从个体发展意义上去寻找教师生活工作的痕迹。所以，教师自传不仅是社会时空的一部分，而且能较为生动地反映教师个性化的成长过程。课程学家皮纳尔（Pinar）强调，使用自传的方法，先回到过去（回顾），想象未来（前瞻），追求自我了解（分析），加以扩充并获得启示，以达到精确的地步[①]。这是一个理想的构思，本研究所提及的教育自传是由教师对自己人生，特别是工作以后的职业生涯，所做的叙述性反思性的回顾，包括对所经历的事情的感想、感悟和体验，是研究者为了开展教师自我领导力研究所使用的一种研究方法。

王立善[②]认为，当我们以回到事情本身的态度理解教育的时候，我们是在告诫自己：不要总是试图以概念的规定性去轻易地为教育下结论，教育的事情本身就是它向我们显现出来的样子。既定的概念、结构化的知识和理论体系对于理解教育都是重要的，却不是教育的全部，更加重要的是那个正在展开之中的师生之间的丰富的意义实现过程。可以结构化的预设的东西意味着是先于教育的现场和教育发生的过程而存在的，唯有正在展开的过程是不能事先确定的，这个过程就是教育的生活世界。而中小学教师身处教育的生活世界之中，他们中的每个人都在以自己的方式面对学生和从事着教育，教育活动成了他们特有的生活方式，教育成了他们共同的专业。每一位教师都在教育中生活，在生活中教育，每一位中小学教师都因此而拥有自己的专业生活。

① 欧用生．课程再概念化：系谱和风貌［R］．后现代的课程实践研讨会，2005.
② 王立善．中小学教师专业生活的叙事研究［D］．北京：首都师范大学，2005：40.

二、研究对象选择

访谈是一种研究性交谈，是研究者通过口头谈话的方式从被研究者那里收集或者说是构建第一手资料的一种研究方法。陈向明认为：质的研究中的抽样遵循的是“非概率抽样”的原则，不完全遵守量的研究中的抽样规则和程序，也不强调将其研究结果“推论”到抽样整体①。教育自传作为叙事研究方法中的一种，类似于访谈法，强调研究对象真实感受。本研究在取样上以方便为原则，又予以综合考虑，即一方面考虑量化研究中的背景变量，如性别、年龄、学校类型、学科类型、学校所处区域、荣誉等，另一方面要增加一部分量化研究中未选择的影响因素，如家庭背景、出生年代、学校组织、社会环境、个人性格特点等。自传材料有两个来源，一部分来源于某教育内刊② 2013 ~2014 年“行者”栏目中的优秀教师专业发展自传；另一部分来源于笔者邀请的教师撰写的自传。由本人发出“邀请信”，邀请区域内的优秀教师撰写教育自传。邀请信全文如下：

邀请信

尊敬的老师

您好！

因本人研究所需，邀请您参与教师专业发展自传的撰写，您提供的材料将有助于我对问题的认识。您提供的所有材料仅供学术研究之用，不会暴露个人或单位隐私。自传写作格式与要求如下：

一、建议撰写内容

1. 围绕着个人专业发展这一主线，结合家庭背景、工作环境、他人评价、自我评价、工作职责等方面，陈述个人专业发展中遇到问题和困难时的内心真实想法和具体行动；

---

① 陈向明．质的研究方法与社会科学研究［M］，北京：教育科学出版社，2000：165.

② 该杂志是 W 市教育局面向区域内中小学教师和教育管理者的教育内刊，“行者”栏目是该杂志刊发区域内优秀教师专业成长的纪传体式的文章。

2. 争取有鲜活的案例，比如工作、学习和生活中遇到的印象深刻的、有趣、难忘或难堪的人和事。

二、建议格式要求

1. 用讲故事的方式叙述，而不是教育论文或教学案例写作；

2. 每篇自传争取在2000字以上，内容越具体越好。

三、其他说明

1. 建议递交时间：** ；

2. 发送电子邮箱：** ；

3. 直接联系电话：** 。

感谢您的参与和支持！

由于都是教育系统内的朋友、同事和学生，所有参与自传撰写的教师都非常热心地给予支持配合，实际上共收到50个教师自传。研究者与不少参与者还有电话沟通，进一步明确研究要求和意图。由于人数较多，舍弃了部分材料，如文字表述过于简单、典型性不够和可读性不强等原因。本章呈现的叙述内容和分析素材均来自上述两类来源中选择的24位教师自传①。

表4-1　教师自传素材提供者基本信息

编号	性别	出生	学科	荣誉	备注
Z1	男	60年代初	高中化学	省特级教师	wzq
Z2	男	80年代初	高中数学	市教坛新秀	xsz
Z3	女	70年代初	中小学音乐	省特级教师	zby
Z4	男	60年代末	高德育	教授级中学高级	ljz
Z5	男	70年代末	小学科学	市名师	scw
Z6	男	70年代末	高中语文	市骨干、中学高级	zkp
Z7	男	70年代中	高中数学	教授级中学高级	sxh
Z8	男	80年代初	初中数学	博士、副教授	zqq
Z9	女	80年代初	初中语文	市教坛新秀	zhy
Z10	女	80年代初	小学英语	市教坛新秀	jwy
Z11	女	70年代中	高中语文	中学高级	wsl

① 由于24个教师自传总文字约有12万，本研究无意在正文中全部呈现。

续表

编号	性别	出生	学科	荣誉	备注
Z12	女	70 年代末	高中语文	市名师、中学高级	cw
Z13	男	70 年代末	高中政治	市名班主任	zxx
Z14	男	70 年代末	初中数学	中学高级	zyz
Z15	男	70 年代初	初中社会	博士、副教授	hzy
Z16	男	40 年代初	中小学各科	省特级教师	yzq
Z17	女	80 年代初	初中语文	市名班主任	xhy
Z18	女	70 年代末	小学语文	市名班主任	cl
Z19	男	60 年代末	初中语文	中学高级、教研员	xjf
Z20	女	80 年代末	小学英语	小学高级	zln
Z21	女	80 年代中	小学数学	中学高级	zry
Z22	女	80 年代中	初中语文	市优秀班主任	xfy
Z23	女	90 年代初	心理健康	新教师	hkw
Z24	男	70 年代初	小学美术	市名师	ldk

从职称、荣誉等外在指标来看，上述 24 位教师可视为优秀教师，即高绩效教师或教师专业发展程度较高的教师。其中有一位新教师，唯一的新教师尽管工作只有两年，但也被纳入其中，原因有二：一是她是当年新教师考编中的佼佼者（考取率为 10%），二是她在当年新教师岗位培训中被评为优秀学员。

分析上述教师自传基本材料，从年龄来看，自传样本教师出生于 20 世纪 40 ~90 年代；教龄跨度较大，有 2 年教龄的新教师，也有 30 年以上的资深老教育工作者。70 年代出生、教龄在 15 年左右的教师最多；事实上，这个年龄段的教师正处于职业生涯的高峰期；从性别上来看，男性较女性多；中小学各学科基本上都有涉及，教师荣誉也比较多样化。总之，样本基本上能反映区域内优秀教师的某些重要特点，在背景变量上并无刻意的遴选和甄别。

三、自传分析框架

心理学家勒温从物理学中借用“心理场”这个概念，并认为心理场就是由一个人的生活事件经验和未来的思想愿望所构成的总和，它随着个体年龄增长和经验累积在数量和类型上不断丰富和扩展。为了进一步说明这个概念，勒温提出了著名的B=f（PE）公式。在这个公式里，“B”代表行为，“f”指函数关系，“P”指具体个人，“E”指环境。简而言之，行为是随着人与环境这两个因素的变化而发生。

结合第三章最后一节分析图（图3-10），可对P和E进行如下分类：

P=（性别、工龄、任教学科、学历、荣誉、家庭背景、人格特点……）

E=（学校类型、学校所处区域、学校组织、社会环境……）

本研究对收集到的24个教育自传进行初步阅读和理解，结合教师自我领导力的五个维度和对教师专业发展的理解，把教师自传的材料依据影响因素、实践表现形式两个方面来阐述。在关注教师自我领导力的影响因素章节，重点关注教师的个人因素，即家庭背景、入职动机、重要事件和个人经历四个方面；在学校组织对教师自我领导力的相互影响作用方面，突出组织文化影响功能；对教师自我领导力的实践表现形式章节，重点围绕教师自我领导力的价值内化、工作意义感、目标导向、自我奖励和自我惩罚五种策略来呈现。

第二节　个体因素再探讨

个体发展是内外各种环境张力作用的结果。个体的独特性和集体认同之间有千丝万缕的关系，因此要在这些影响方式和复杂关系中找出与研究问题最为相关的因素非常困难。教师的职业起点，源于不同的人生经历，不同的人生境况造就不同的历练。在对自传的分析中发现，影响教师职业选择的起点有四种缘由：家庭背景、入职动机、重要事件和个人经历。

一、“文化基因”的体认

一个人的家庭影响往往有着血缘基因般的强大。很多优秀的教师在回顾自己当教师的源起时，往往会上溯到从小受到身边祖训、家风、亲人的影响。特级教师 Z1 回忆：

“我出生在一个亦耕亦读的越剧之乡，曾祖父、祖父幼小都接受道德仁义教育，祖母是清末举人的爱女，可以说是书香门第。在我记忆中，老祖母非常爱惜片片纸屑，总是小心翼翼地把它们收藏起来，从不允许我们将书籍和写过字的簿册随意丢弃，并教导我们文字与天一样大。后来我慢慢明白，恭敬文字就是恭敬学问、敬畏自然。上学后，老祖母总是要求我们将作业簿册的首页空着不写，表示来到老师面前像一张白纸一样，时时保有那份赤子之心。”

这种对知识的敬畏对很多大家庭中长大起来的孩子来说是一种文化图腾。在这样的环境中成长起来的孩子，对知识有一种天生的敬畏和喜好，一种浸淫在血脉中的教育情感。我把它称之为教育者对教育工作的文化基因体认。

高中数学名师 Z2 回忆儿时当教师的父亲的经历，奠定了他对“好教师”的初步认识：

“我的父亲是 C 县一所农村学校的教师，中师毕业后一直在那工作了 30 多年。他满足并享受着教书育人这份工作。在我眼里，父亲是一个真正的双师型教师。他教过 20 年的初中数学，拿到了会计证，却又在接近 50 岁的时候评上了中学音乐高级教师，并且是学校里第一个评上中学高级职称的教师。‘活到老，学到老’是父亲传递给我的正能量之一。父亲参加大专函授学习的时候，我刚上初中，家里多了很多大学教科书。有时，我会好奇地去翻翻，虽然看不懂，却可以看到书里满满的父亲的读书笔记。考会计证的时候，印象最深的是父亲总是算盘不离手，家里经常可以听到‘噼里啪啦’的有节奏的声音，而我也是在那个时候学会了算盘使用方法。父亲参加高级职称评审是我参加工作之后的事了。那年父亲 50 岁，除了要学习信息技术，还会时不时跟我读‘灰机’‘飞机’‘化肥’‘发回’……后来，父亲的普通话考试成绩比我在大学里考的成绩高了三分，更让我感受到了父亲对待学习的认真与执着。或许从小受父亲的影响，所以当他要求我填报师范院校的时候，我并没有抵触与排斥，反而觉得我也应该像他一样成为一名教师，一名好教师。”

Z2 在当教师的过程中，他的参照对象就是父亲。从父亲那所延续的是对教育工作的热爱和从未停歇的进取精神。而这种不断要求自己、坚持不懈的自我追求俨然成为镌刻在Z2心灵深处的文化基因。

家庭的影响也是多样化的，有时还会以不同的方式体现出来。特级教师Z3在回忆儿时的记忆时就表现出别样的声音。

“我出生在一个教育家庭，父亲曾是W县文教局（当时文化局和教育局合称文教局）局长，母亲是W县实验小学副校长兼任数学老师。从小，我看着他们整日忙忙碌碌，晚上也经常开会，根本无暇照顾我们兄妹四人。最终，母亲辛劳成疾，倒在岗位上，永远离开了我们，这给我年少的心灵留下很大的阴影。教育这个职业、老师这个岗位实在是太辛苦了，我不想成为一名老师。”

Z3出生在有着良好文化基因的家庭，父母都从事文化教育工作，但在母亲身上发生的“重大事件”事实上影响了她对教师职业的看法。“教育这个职业、老师这个岗位实在是太辛苦了，我不想成为一个老师”，这是Z3老师对教师职业的最初认识，因此她选择了“放弃”。而长期置身于家庭教育环境和被日常生活强化的生活，最后却成为流淌在生命中的一部分。在后续的选择中，她依然延续了母亲的生活轨迹，坚持艰辛而富有激情的教师工作，还经历过和她母亲一样的小学教历。这是一种貌似悖理实则契合的文化依存行为。

二、“逃离苦难”的动机

内在动机是自我领导的理论来源。在大学教育未进入大众化的年代，师范教育所具有的福利优势延揽了一批社会精英，甚至被称之“中师现象”。这些初衷无意于教书育人但最终被“逼上”教育行业的从业者在教育的队伍中萌发出独特的职业魅力。没有内因启迪的这批教师，凭借着“生存”的本能，奔走出各自不同路径却又大同小异的“发展”之路。

教授级中学高级教师Z4在题为“岁月的风铃”的自传中开篇写道：

“我的老家在一个小山坳里，开门见山，风景秀丽。自然村住有族人30多户，150多口人，早在三百多年前由福建安溪迁入，世代务农。

“从记事起，爷爷就是拄着拐棍每天带着干粮到深山老林处采药，直到天黑狗叫时分才蹒跚而回，得微薄的收入以维持生计。而父亲，在我儿时的印象则是白天农民晚上挑夫。忙好了一天生产队的农活后，每到半夜，我们已经睡下，有人呼喊着父亲的名字，父亲就悄悄起床走了，等我第二天醒来，父亲已经下田干活了。我一直不知道父亲是否有睡觉。直到七八岁时，才知道父亲做什么去了。叫我父亲起床的是鱼贩，原来我家处在渔乡 A 镇到 B 镇的必经之路。鱼贩累了，父亲就替他挑到 B 镇。15 公里崎岖山路，提着灯笼，就着微弱的灯火，父亲挑 100 多斤一路跑着，就是为了海产品的保鲜。每天半个马拉松，累，自然不用说。

“累，对于父亲和爷爷来说，其实不可怕，可以克服，但累却改变不了穷的面貌，让他们特别没有成就感。等我读小学的时候，由于家庭的贫困，我的大妹因为出不起一年两块钱的学费而一辈子没有踏入学校，现在每遇大妹还让我内疚不已。

“记忆中，父母也经常因为一角五分的事争吵，闹得我们小时候特别没有安全感。

“那时候，我最大的梦想是离开这块努力了也过不好日子的贫瘠土地，就是不要种地有口饭吃就可。”

眼看上辈所经历的窘困生活，以及因贫穷生活而引起的家庭不安全感，为生计、为好日子逃离故土成为 Z4 学习的最初动力源。当教师，逃离故土，仅仅是为了“离开这块努力了也过不好日子的贫瘠土地”。

同样因为家里贫穷，迫于生计，梦想逃离现实生活的还有小学科学名师 Z5，他在回忆自己选择教师职业的时候提到：

“选择就读师范，并非出于对教育这份工作的热爱，而是因为家里穷。我们家有四兄妹，学习成绩都是全校前茅，但因为家庭经济困难，其他三位姐妹都辍学了。我是家里唯一的男孩，因为占了传统观念的便宜得以继续上学，对于这事，直到现在，我还心存愧疚和遗憾。那年中考，我的成绩全乡第一，不少人建议我去重点中学就读以便考取好的大学，但我却选择了上师范，因为就读师范可以早点出来拿工资。”

此时，就读师范是一种对贫穷生活的妥协，是别无选择的选择。同时，也开启了他对教育价值目标的选择：

“上了师范，等待毕业，我将像我的那些老师们一样去教学生，让更多的孩子去读、去背、去记，考出好成绩，从而‘出人头地’。”

读书成为走出农村、改变身份的重要途径。此时，读书被赋予了更多的文化附加值。

努力学习是“逃离故土”的一种途径，这是物质困难时期从农村走出来的孩子的一种选择。不同的经历却相同的影响着教师的发展路径。在精神分析理论看来，所有后天的行为都可以上溯至童年期的经历。这是不是可进一步推测教师背景因素，特别是教师早年的工作经历会影响教师的自我领导力发展呢？

三、“困惑挫折”的磨练

斯宾诺莎在《伦理学》中谈到“作为痛苦的激情，一旦我们对它有了清晰而明确的认识，就不再感到痛苦了”。苦难经历的磨练是蛰伏的生命韧性。蛰伏是命运的低谷，也是生命的等待。在一群教育工作者的专业自传中，包括与大量的教师学员交流中，笔者发现不少教师总有一段职业发展低谷期，时间往往会在职业初期和职业高峰期后。职业初期的困顿往往会给年轻的新教师更重要的影响。这种职业生涯的“不幸”往往是一位前行者不屈困难、勇往直前的注释。

市名师Z6曾经是一位优秀的大学毕业生，在毕业之初被教育局“疏漏”安排到偏远的农村。在无法施展抱负的暂时错觉中，他开始了“孤独的修行”。Z6在文中提到：

“坚信保持一种教育人追梦时的飞扬姿势，哪怕挫折。保持一种教育人行走时的生命状态，哪怕迷惘。”

在语文教学路上，他也一直这样告诫和勉励自己，即使在最困难的时候。下面是他回顾工作之初被分配到农村中学，睡在祠堂的头三年。

“……不曾忘记看到只有一座漏雨的两层教学楼时的苦痛；不曾忘记学校所在的李庄早上十点方见眼，下午一点就告别的太阳；不曾忘记看到部分教师们热衷于扑克、麻将生活时的惊愕；也不曾忘记听到那些学生们说这里从来没有人考上过高中时的无望；更不曾忘记睡在充满乡村鬼怪故事且底下放着棺材的祠堂里的恐惧。始终没想到这里会是我教学生涯的起点。面对此情景，多年以前对教书的渴望和激情顷刻化为乌有。萨特说：人，无时无刻不被周围所同化着。生活之于我们每个人，要么与世沉浮，要么超越平庸的生活。幸运的是，我没有趴下，当优秀语文老师的梦想让我鼓起了教书生活的勇气。我把所有的委屈和不满都化作了语文教学的动力。”

龙应台说：修行的路总是孤独的，因为智慧必然来源于孤独。Z6 在祠堂孤独地住了三年，这三年奠定了他工作的基调：面对自己，独立思考，克服困难，勇于实践。面对后来工作中出现的形形色色的问题，不管多难多复杂多委屈，对他而言都显得轻松自如。教育和创新也在他的历练中得到了扩展和升华。在孤寂的祠堂三年，成全了一个“困境中学会坚持”的年轻人。

下面这则很具穿透力的文字来自一位从更为偏远农村走出来的中年教师 Z7 笔下。在文中，他用感人的笔触回忆了自己的童年：

“我的童年没有欢笑，只有泪水和痛苦。在我两岁的时候，母亲过世，留下 6 个小孩（三个姐姐、哥哥、我和妹妹）。最大的姐姐才 13 岁，妹妹只有 2 个月大，父亲又失去了工作。那时的我非常调皮，经常跑到水井边玩，几次差点掉进水里。尽管母亲临终前再三叮嘱：不要把小儿子送人。但迫于无奈，父亲把我过继给了一位同族的爷爷作孙子，并把妹妹一道送了过去。

“在我不满 10 周岁的时候，爷爷过世。从此，我稚嫩的肩膀担起了一家三口人的责任，需要养活奶奶、妹妹和我。奶奶已 70 多岁，从小被裹脚，三寸金莲，只能做些家务。种田、种地、砍柴、挑水……繁重的农村劳动全部压在我的头上。独自一人上山砍柴火时，特别怕见到坟墓。烧水、烧饭、烧猪食，全部要用柴火，不管严寒酷暑，我都要上山砍柴。太阳灼伤了皮肤，手脚和脸上全是疤痕。挑水时，装水的木桶有六七十斤，总因门槛太高迈不过去。也许是过早过度在烈日下劳作的原因，我小时候就显得特别苍老，刚上初中就被同学叫‘小老头’。”

……

“穷人家的孩子早当家。我从小特别懂事，知道不读书就没有出路。学习特别用功，每年都是‘三好学生’，奖状贴满了一面墙壁。叔叔伯伯们常说：家里这么穷，不用读书了，读书有什么用。我不肯，叫我做什么都可以，就是要让我读书。”

……

这是Z7在题为“人生像一个五味瓶”的回忆片段，不无深情地回顾了艰难的早年。而这也是他最后走出山区，走向讲坛之路的初衷。

有别于分配不利、家庭窘态的挫折，最初为中学数学教师的Z8博士又有不同的经历，他的原因是“中考失利”。在回忆个人成长时，Z8这样提到进入中等师范学校的另外一种原因：

“成为一个老师，对我来说，是一种偶然。小学、初中成绩一直处于全校前列的我对自己的人生规划是这样的：上当地唯一的重点高中，然后进名牌大学，然后出国。不想中考时发挥失常，竟未能上重点高中。上中等师范学校是因为没有其他更好的选择，心里并没有任何将小学教师作为今后一辈子的职业的打算。”

中考失利，原先的规划被意外打破，别无选择的选择成为Z8暂念师范的心路历程。初心在遇到困难后依然存在，在经过一番随心所欲的自由散漫后，阅读奠定了他今后的发展，也奠定了他的价值观：成绩、奖学金都不重要，重要的是不论今后做什么，都不能停止对知识的求索。Z8开启了代课、读研、出国读博士的专业发展模式。目前，他已进入当地高校从事教学科研工作，2014年年底考取了国内的一所名校的博士后。

四、“重要他人”的鼓励

在教师的职业生涯中，往往会有一些“重要他人”对人的心灵发展和专业成长起推动作用。Z9自认为被不公正地“下放”到偏僻的小学校后，一度非常气愤、失望和无助。但她自述：

“也许是拜我好强的性格所赐，我看不起懦夫懒汉，这也是我能做成一些事的精神动力。经过一小段时间的消沉过后，我便快速缓了过来。”

而让她缓过劲来的除了她的性格，还有就是让她想起与她有着一样境遇的“小学毛老师”，她文中的“小学毛老师”成为影响她的“重要他人”。

“我的家乡是一个偏僻的小村庄，当时师资力量非常薄弱，教我们的尽是一些非正式的老教师。他们给我们上课常常是普通话加方言，有很多题目他们自己也不会做的。记得小学四年级以前，我的成绩很糟糕，属于老师心目中只能读到小学毕业的那种学生。因为当时还不是九年一贯制，小学升初中还得经过毕业考试才能择优录取。而且，像我们村这样的小学校，能考上去的孩子寥寥无几。在读小学四年级时，我们学校来了一位年轻的女老师——毛老师，刚好，她就是来接替任教我们班的。当时也并没有感觉到这便是我学习生涯转变的重要历史时刻。只记得毛老师再也不会用方言给我们上课，而是讲着一口标准的普通话，课堂上，也给我们带来了许多欢笑声。就这样，我们这群懵懵懂懂的山里孩子们爱上了学习，不再淘气。毛老师对我似乎也特别‘关照’，不仅平日里十分关心我，每每期末考试快要来临时，她还会叫我放学后不要回家，而是到她的宿舍辅导我学习，跟她一起吃饭、睡觉，一住就是好几天。我的妈妈甚为感激，便买了几块豆腐送给毛老师，便是表达谢意了。当时，对于毛老师的做法我并没有特别的感触，只觉得自己强烈地喜欢上毛老师的课，觉得她很美，甚至还会模仿她的一言一行，回家还会跟小弟弟小妹妹们玩上课的游戏，我当老师，他们当学生，像毛老师教我们一样给他们上课。自此，我也便爱上了学习，也因此，我顺利地考上了初中。如今想来，便是‘亲其师，信其道’的道理吧！毛老师以她无私的爱成就了一群像我这样的山里的野孩子们。如今，我也站在三尺讲台上，成为了一位人民教师，我想，这便是对毛老师最大的回报了。”

毛老师无疑是Z9教师困难时期的“救命稻草”，与毛老师类似的经历和问题引起她对农村小学教师的角色认同，由人及人及事，她开始了全新的模仿和自我革新。

“在Z中心校任教期间，每每对自己的境况不满时，我便这样警醒自己：现如今，我的教学环境与当年的毛老师所处的环境是一样的，我面前的这些稚气的孩子们便是当年的自己，我怎能不认真教书而影响他们的前程呢？慢慢地，我学会了摆正心态，慢慢适应了这里的教书环境，而且像当年的毛老师爱自己一样爱着我班的孩子们。为了备孩子们喜欢又有收获的课，我常常备课到深夜，我还学会了研究课文自制教具。如，在教学‘水’字时，我会充分发挥自己画画的特长，自制图文并茂的‘水’字卡片，还用‘水流’的符号描摹出水的形状，让学生很快地记住了‘水’字。为了让孩子们能够学会有感情地朗读课文，我在前一晚便会先自己练读课文五遍、十遍，直到自认为已经声情并茂为止。此外，课后，我也常跟孩子们打成一片，成为孩子们喜欢的大姐姐……”

教育的主动性和积极性被唤醒了。问题和境遇成为发展的动力。毛老师成为 Z9 的重要他人，成为她一言一行内置的学习目标和模仿对象。

第三节　学校组织因素探讨

教师的发展有多种可能，努力还是逃避？这是很多教师在经历职业生涯中难以回避的“哈姆雷特”式的提问。很多教师就这样摇摆在焦虑抗争中。这种抗争弥散在每一天的上班和下班之间，甚至延伸到生活的每一个领域。是工作本身的问题，还是对工作本身看法和态度问题？相同的工作，有的老师有“痛苦的激情”，有的则是厌倦和焦虑，学校组织在其中扮演着非常重要的作用。本节从学校组织层面讨论这个问题。

一、学校人际关系的消极力量

这是一个笔者在中等师范学校当班主任时候的学生 Z20 老师写的发展自传，题目就叫“荣誉之战”。从中我们可以看到在基层学校，组织是如何影响教师生存态势和发展境况。

“今年是我工作的第十一个年头。我是比较快评上小教高级职称的。毕业后 7 年，除去实习的一年，5 年的班主任教龄，我这个教副科的英语[①]老师杀

① 在样本所在 W 市的乡镇小学，英语基本上是在三年才开设，每周 3 ~ 5 节不等，被普遍认为是仅次于语文、数学第三重要的主科。传主此处的副科是相对小学、语文、数学而言。

出重围，以压倒性胜利过了学校算分这一关。没有先进个人荣誉，论文获奖比较少，靠的都是专业技能这一块，分数多得都‘满了出来’。像辅导学生参加手抄报比赛、七巧板比赛、英语教具比赛、游戏设计、简笔画比赛等，这些我都取得了一等奖的好名次。这些都是我感兴趣的，我懂的。写论文——对我来说太难了。……我读师范的时候没有学过怎么写论文，……论文对于我来说，是那么的深奥。

“我也讨厌参加优质课比赛。我只参加过一次优质课比赛。在我怀孕的时候，我报的名，学区直接选送到××市比赛，次年到××市比赛的时候，我的孩子已经出生了，才几个月大。前一天公布比赛课题，第二天就上课，我是熬夜做的课件。

“我比较早就结婚生子了。生了男孩，职称也评了，嫁了一个‘长期饭票’，大家都说我大功圆满了。

“在学校工作第一年就当上了综合组教研组长。这是个虚职，就自己光杆司令一个。我年纪又小，那时是全校最小的。我不想当，老的教导主任总是哄我，当这个组长有加分，有加分。……因为能喝酒，没结婚时在学区里喝酒那是出了名的，我以为喝酒喝得好，能有出息。后来我发现，比我晚进学校的小伙子都往中层走了，我还是教研组长呢。他什么奖也没有得，也就喝喝酒，拍拍马屁，就因为他是个男的。再后来，发现喝酒喝不下去了，没有意思。也有的姐姐开始排挤我了，这个酒也没得喝了。

“我其实很喜欢当大队辅导员。当综合组教研组长，学校里就安排很多大队部的事情一起做，离不了音乐、美术这些老师。我努力地把每件事情做好，希望领导可以看见，全校的老师也以为我会是下任的大队辅导员，可是一任任的大队辅导员换届，就没有我的份。……我忍着心里的所有委屈，我还坚持自问：等这届大队辅导员换届，能给我当吗？

“但，总是轮不到我。”

……

文中，Z20老师回顾了自己工作以来的十一年生活，其中有生活的，但主要是与工作相关的。之所以选择这个案例来呈现，主要是想说明，教师在学校组织内，如何在不好的组织人际关系中焦虑、抗争地寻求发展空间。

王芳和蔡永红认为，“学校是教师进行教育教学工作的主要场所，更是教师专业发展的主阵地。学校的工作氛围、教师管理机制、校长的管理风格、教师文化等，都会或多或少地影响到教师的专业发展。学校是否营造一个敬业乐业、进取有为的成长氛围，是否制定目标规划、明确教师的培养要求，是否使教师明确自己的基本职责，是否唤醒、激发教师的自我发展需求，是否搭建舞台促进教师的成长等，将直接影响着教师的专业发展水平。[①]” 文中，Z20 呈现了学校组织中的几个关键词：评职称、优质课比赛、写论文、教研组长、大队辅导员、学校中层、喝酒、排舞、梦想等。从中我们看到了影响教师发展的几个因素：职称、职级[②]（管理岗位，如教研组长、大队辅导员、学校中层）、生活。职称是教师进入岗位后的第一个重点关注点，一直延续到理想职称获得。而文中 Z20 在获取职称的过程中，对基本条件“写论文”和“优质课评比”的描述反映了“被评职称”的感觉。既反感又无奈，只好用一些讨巧的方法，如优质课评比中的临时抱佛脚准备课件等。无不充满了对职称评审严肃行为的“不严肃”态度，但这确实是很多中小学教师生存态势的写照。另一方面则是对管理岗位的追求。Z20 老师因为艺术特长多，乐观外向，在一个相对人才欠缺的小学校，一到岗位就被任命为综合组长。这是一个干活的岗位，一般人不容易胜任，如她自己说所，这是一个政教处、大队部很多活动要参与的部门。在多年的综合组长任上，她也希望有上升的空间，进入学校中层行列，她的手段是“喝酒”和“把每一件事情做好”。女教师、能喝酒、能说会道、能唱会跳，总归是抢眼的事情。但在通往学校中层的路上多次折戟沉沙心灰意冷，她自己归纳为是“受人排挤”“没有背景”。此时，她多年的“打拼”开始淡出理想视野。于是，她开始考虑去“生活”，选择自己喜欢的排舞、英语和美妆，让生活替代“打拼”。做自己喜欢的事情，信念变化了，生活趋于平淡。

教育和学校管理环境影响着个人关注什么、追求什么，职业追求和专业

---

① 王芳，蔡永红．我国特级教师制度与特级教师研究的回顾与反思［J］．教师教育研究，2005，17（6）：41－46．

② 在中小学，教研组长不算中层，最多算“专业骨干”，大队辅导员一般兼政教主任或副主任，算学校中层干部。

发展在这样的追求中被镌刻或沥干，教师就这样走在简单而有限的空间中。实践中大家也发现，中小学教师的权利非常有限。尽管《教师法》赋予教师参与学校民主权利，但事实上教师在学校规划、管理和专业发展上并没有太多的参与权。至于与教学相关的教材选择、任教班级、教学时间安排等都不是教师的“权力范围”内能主动把握的。钟任琴认为影响教师专业权能的因素在教师本身有教师专业素质、教育信念与态度、人格特质、教学经验、专业背景、任教年资等。文中 Z20 教师由一位新教师逐渐成长为老教师，多年的工作经历让教师进入职业倦怠。此时教师往往表现为：

（1）热情衰减。感到工作疲惫，常常会有一种衰竭感和无助感，工作态度冷漠悲观，工作时常处于被动状态，缺乏创造性。

（2）前景迷茫。工作疲惫，找不到自身发展的平台和事业的高峰，开始在迷茫和失落中消沉。

（3）不再科研。不写论文、案例，不重视科研，认为科研是负担，意识不到反思的重要性。

二、学校文化自觉的积极力量

我们再来看另外一个例子。教师发展受社会环境、学校环境和自身因素的综合影响。学校组织内部因素组成的文化力量影响教师的发展。S 学校是 W 市教育局直属小学，是全市范围内的龙头小学。办学十年，形成鲜明的办学特色、良好的办学质量，得到了荣誉以及形成的口碑有目共睹。凭办学十年来本校培养出来的六位特级教师就足以让人自豪。

为什么 S 学校能在短期几年内有这么好的办学效果？作为 S 学校中层 Z24 并没有给出明确的答案，而是比较具体回顾了学校的做法和自己的体验。

“我最初在一个 Y 县城某小学任教，这是县城里规模最大的小学。学校有一位教师总是在写论文，写案例，很多人觉得不可思议，那玩意有啥好写的呀。领导又没有要求，有什么意思。我就是很多人中一员。到了 S 校后，发现每个人都在写，好像写论文写反思写案例是教师必修课，不写好像不可思议，很另类似的。我也在这样的氛围中开始写。

“在我们学校，老师出去参加评比，有一个教研组团队帮助他打磨。教学设计、言语举止、方法选择等，从头到尾，从里到外，事无巨细，深化挖掘，一个团队一起关注打磨提炼提高。比赛评比只是教师参加教研活动的一个途径，主要是通过一次活动尽可能地让参与的所有老师能感受到团队的力量，让每一位教师对活动过程有‘走一遍’的经历，让评比教师深度把握并体察某个活动主题的内涵，从而全方位地提高教师个体和团体的素养。

“我们这里的教师出去比赛要是获得二等奖，那是很丢脸的事情。不是说领导要求你必须一等奖，而是自己觉得很丢脸，不好意思。S 校出来的老师怎么可以不拿一等奖呢？拿一等奖是常态，不拿一等奖是非常态。这些观念已经深入人心，潜移默化在每位教师的心中。

“我们的教研活动是可争论的，不是说好话。每位教师都要发言，鼓励讲观点说明确话，不‘打哈哈’。我们学校最重要的会议是总结大会，每一学期一次，每次平均要两天，开到教研组层面。每个教研组长都要非常详细地汇报一学期的工作，得失成效、问题分析和下一步举措等。有的放矢，详细客观。校领导不要求老师怎么奉献，而是通过表扬先进，弘扬榜样精神，鼓励奖励先进。就这样，很多教师前赴后继地奉献青春，创意频发。

“学校有一套新教师培养体系，主要通过师徒结对、教研组常规活动和以评比促成长。每位新教师会分到一位优秀的骨干教师师傅，师徒结对有隆重的拜师仪式。仪式后，意味着新教师的成长与师傅之间是休戚相关，新教师没成长唯师傅是问。每年都会有新教师自愿不回家住，选择住校，只为了能更好学习，把工作做好。”①

……

Z24 也许自己也说不上来为什么学校能在短短的几年内飞速发展。但在他沉浸其中的回忆式陈述中让人感受到文化的力量。尽管在文中一字没提文化，但他的言语中所提及的事情都是一种自觉，一种萦绕在学校内外的氛围中的自觉，这就是学校文化。学校文化自觉的获得是各方因素的综合。S 校的发展，首先在于在政策支持背景下，有一批年轻而专业的教师，也得益于校领

① 吴思孝．教师专业精神：内涵、价值与培养［J］．教育理论与实践，2013（34）：39－43.

导对学校长远规划和定位。由自主管理内化为自我要求，由个体的自我要求形成群体的文化自觉。每位教师浸淫其中，不自觉的要求自己，反省自己，规范自己，这就是学校文化。这种文化的内驱力是促成学校全面发展不着痕迹的根本所在。

如果说学校的管理，以“问题解决”为核心的是人治，它强调校长的个人魅力和管理手腕；以“责任分担”为核心的制度治校，它关注校长的制度建设与规范确立；那么，以“自我发展”为核心的文化立校，它关注学校“不教而教，不管而管”，即进入“道可道非常道”的文化自觉。据说，S校的校长，因身体不适已经请假半年，学校运作如初。“大音希声，大象无形”，发展中的自觉构成了文化的重要力量，同样，文化也反哺学校的发展。教师在这样的学校组织文化里，他的发展是一种浸润式。当然，能不能发展和发展到什么程度说到底依然是自己的事情。但积极环境中的个体和群体会在一种“裹挟式”的潮流中前行，教师的发展成为一种无意识的必然事件。

第四节　自我领导力实践探讨

在现状调查和分析章节验证了教师自我领导力与背景变量之间的诸多关系，上两节还讨论了影响教师自我领导力的个人和组织因素。这一节，试图用故事诠释教师在专业成长中如何体现自我领导力的五个维度。

一、基础：教师的职业认同

价值内化策略是教师自我领导力的基础。米勒认为质疑一个真实的、稳定的和连贯的自我以及这个自我的文化印迹（uchuralserpits），可能是把自传作为教育探究的一种形式的唯一原因。备课、上课、改作业、辅导学生、培训等常规行为是教师职业的本色，而工作中无法回避的烦恼和困惑往往就在一句“当老师就是这样的”的解释中烟消云散。这种深入人心对教育教学工作的价值内化成为教师之所以为教师，普通教师逐渐成长为优秀教师的路径依赖。做教师应该做的事是教师职业认同基础上的专业精神。

市教坛新秀 Z10 回忆工作之初的时候是这样写的：

“从最初的‘真无邪’的年轻教师开始，我几乎把学校生活当成了我的全部生活。执教英语，跨三个年段教学，任教五个班级，每周 15 节课，另，还要管一个班级——担任班主任。所有的这些，学校给我安排的教育教学任务，当时的我觉得‘理所当然’。我把可以的热情和精力全都付诸于工作，未必是有志向把它当作事业来做，但是，我真的是把它当‘一回事’！”

把工作当一回事是把事情做好的前提，很多教师成长的回忆颇为相似。音乐特级 Z3 这样回忆：

“我 28 岁时生女儿，剖宫产刚满月，副校长在电话里说，县艺术节学校没有参赛节目，让我身体许可的情况下是否回校排练。我想到那些好苗子，没有机会给他们锻炼实在可惜，就义无反顾地去了。虽然身体还很虚弱，稍一活动就虚汗淋漓，而且没有一分钱的补贴，但是学生们的优异成绩、贴心的话语就是给我最大的回报。我满月时 119 斤，后来白天上课，课余时间排练校庆的节目，每天忙得陀螺似的，到孩子 10 个月时，我只剩下了 82 斤。在校庆演出的最后一次彩排中，当我正挥舞着瘦弱的臂膀铿锵有力地指挥校教师合唱团声情并茂地演唱《团结就是力量》时，突然一阵昏眩，疲劳过度的我昏倒在地。众人扶起我坐到椅子上，我只休息了片刻，喝了一杯糖水，就又投入紧张的彩排活动中，因为两千多师生都在台下眼睁睁地等着我……”

基于教育价值认同的工作状态超越了身体的极限。把工作当一回事是对教师职业的责任承诺。人生是由无数次的选择构成的，每一次的选择都是一种考验，因为选择的同时也就意味着放弃。选择的过程就是价值判断的过程。

还有把教书视为最快乐的 Z9，她回忆：

“自从教以来，我经历过诸多大大小小的选择，其中，有两次重大的选择让我甚觉为难。2013 年 7 月，我接到教育局人事科的电话，说有事要与我面谈。赶到教育局，局领导对我之前的工作给予了肯定，并说局里想提我担任我所在学校的副校长，还帮我规划了以后往校领导方向发展的路线，条件是不要参加即将开始的县城学校教师的选调。经过一晚的斟酌，我叩问自己：是喜欢从政往领导路线发展，还是喜欢一如既往地静心投入教学一线中？我的内心告诉我，我还是喜欢后者。于是，我回绝了领导的安排，坚定地参加县城学校的选调。功夫不负有心人，我选调成功了。就这样，我如愿以偿地在自己相中的县城学校愉快地工作了。2014 年 12 月，教育局领导又找我谈话，说现任的县教研室的语文教研员生病，想让我去县教师发展中心上班，接替担任县语文教研员。听到这样的提携，我着实感动，没想到领导对我的业务水平和工作如此肯定。我也深知，去发展中心上班，可以有更多的时间和空间去潜心钻研，个人的发展空间会更大，但同时肩上的担子也会更重，因为要肩负着全县所有语文教师的专业成长，这样的重担以我现在的能力和水平，我承受不起。特别可怕的是意味着 33 岁的我就要离开课堂，离开教学一线，离开这些可爱的孩子们。经过几番挣扎，我又再次选择听从内心的呼声，我喜欢跟孩子们打交道，喜欢沉浸在有孩子们的课堂中，我喜欢看着孩子们一点一点地进步。因此，我又再次拒绝了局领导的好意，依然忙碌在我喜爱的教书生活中……

"有朋友问我：你放弃了这么好的前程，选择烦琐的教书育人的工作，累不累？我十分坦然地告诉她：'辛苦'与'幸福'是一对孪生兄弟——没有辛苦的教育劳动，教师就不可能得到教育的幸福。一辈子做教师，一辈子学做教师，我已经把工作当做一种愉快的带薪学习。边教，边读，边思，边写，与孩子们打成一片，看着孩子们慢慢地成长，是我最喜欢的生活方式，它已经融进了我的生命，我感到了人生的意义、幸福与美。我觉得值……"

把幸福和辛苦结合起来考虑。Z9 用乐观辩证的视角选择了融"意义、幸福与美"为一体的教学。

在教学往往被视为谋生的手段而不是培育人的专门化职业的情况下，教师对教育的价值认同容易被忽视。教师自主发展有利于教师教育价值观的发现。易凌云、庞丽娟认为，"教育价值观念是一种社会现象，是社会文化适应与教师个体建构共同作用的结果，它沉淀在教育过程的一切环节，分散在作为整体的社会结构之中，并通过日常机构化活动的常规来实现。教师的教育价值观念包括对抽象的教育因素或关系的看法，如教育价值观、教育质量观、教育功能观等；包括对具体的教育客体的看法，如课程观、教学内容观、教学方法观等；也包括对具体的教育主体的看法，如学生观、人才观、教师角色观、自我效能感等”[①]。Z9、Z10 两位教师用时间和体力换取对工作的支持尽管不一定是值得倡导的做法，但从中仍然可以看出他们对自己认为值得的教学工作的体认。Z9 放弃名利双收的职业岗位变化，用一种与教育行政人员“对抗”的方式选择了“辛苦”的“幸福”。这种身先士卒式的亲历、示范和行动是基于对教育的坚信和热爱，是对教育价值与意义的内在高度认同。

二、支点：教师工作的意义感

意义存在每个人心中。常规的工作和琐碎的事物，容易把人的意义从生命与工作中剥离出来。没有了意义的生活便失去了鲜活的价值，变得虚无厌倦。用自己喜欢的方式开展工作，赋予工作意义感。工作中寻求意义是教师在职业要求下的个体创造性选择。

用自己喜欢的方式上课，并从中找到成就感。这也是教师个人实践知识积累的过程。中学语文教师 Z11 回忆：

“每次新接一个班，我总是先上朱光潜的《咬文嚼字》。对于这个美学大家的一篇文艺评论，我每次都是冥思苦想，该如何备，如何上。文章要告诉读者‘无论阅读或写作，我们必须有一字不肯放松的谨严’的道理。这样的文章，对学生来说是趣味性不足，但学生若能真正理解作者表达的智慧，那么对学生的阅读和写作能力是极有帮助的。但我们教学这篇文章的目的不是让学生获得课文中这些咬文嚼字的例子本身的信息，而是让学生去学习作者如何传达这些信息的智慧。也即‘言语智慧’，或者是传统语文教学所认为的‘写作方法’。但这种言语智慧又不能直接传达给学生，那么，怎样才能激起学生这种‘咬文嚼字’的阅读和表达激情呢？……”

任何的统一与禁锢都是“趣味”与“自由”的杀手。教师需要独立的空间和时间来实践自己的教育理想。市名师 Z12 希望能有一间没有粗暴的敲门声的教室，安心地去做自己教学的国王。她这样叙述她理想的工作状况：

---

① 易凌云，庞丽娟．教师教育观念：内涵、结构与特征的思考［J］，教师教育研究，2004（3）.

“我有心建立一间像雷夫老师那样的56号教室，和我的孩儿们一起阅读、写诗、做手工、旅行、弹吉他、演莎士比亚戏剧……多做一些‘无用’但‘有趣’的事。喜欢王小波一句话，我活在世上，无非想要明白些道理，遇见些有趣的事，倘能如我所愿，我的一生就算成功。原来以为，阅读是个人的，世界是自己的，与他人无关。汉娜·阿伦特说过，每个人实际上是在同其他人分享这个世界。我们的国家，就曾经有过一个不太有趣的时代，那个时代，‘有趣’的存在权被剥夺，其他所有跟‘有趣’有关的事物都跟着受到侵犯。

“我想，如果有一天，教室外不再有粗暴的敲门声，我才可以真正安心做我的国王，而我也同时拥有了一座永远的作坊，作坊里铁声铮铮。”

Z13是市名班主任，富有激情，热爱学生。他把一天2/3的时间献给了学生和班级，他有一系列的设问，被称之为“班主任之问”：我们要做怎样的班主任？怎样的班主任工作方式更有利于学生的终身发展？孩子最需要什么？我们能给孩子最好的东西是什么？他所推崇并付诸实践的班主任工作被称为“垂范教育”模式，这种德育管理模式已经成为省内学生励志教育的典范。

“我特别推崇通过陪孩子们跑步来实现意志品质的垂范。每隔一段时间，就会找各种理由组织学生长跑，有时达到20圈，共8000米！在一个多小时的并肩跑步中，老师坚持了，孩子们就不会轻易放弃。每届孩子在第一次跑20圈时，都认为是不可能完成的任务，但每次跑完后，都会刻骨铭心地觉得20圈根本没有想象中那么困难，人生中的许多困难也根本没有想象中那么困难，只要坚持，一切皆有可能。……”

Z13认为，教书育人是特殊的工作，要尽量多地向学生展示老师美好的一面，最大限度地控制懦弱、懒惰、功利、牢骚等消极情绪，这是教师职业的要求。

“他山之石，可以攻玉”，特级教师Z3擅长从多方面吸取营养，让音乐教学富有变化，满足学生的求知欲。

“我还经常观摩语、数、外等文化课，把一些行之有效的教学方法引进音乐课堂，收到了很好的教学效果。我经常主动与学生们聊天，了解他们最感兴趣的流行歌曲和时尚电视节目，打破传统，用学生喜欢的东西作引子，激发他们学习的兴趣，从而达到我的教学目标。在音乐课堂中，我引导学生学习京剧旦角的云手、台步，与学生一起表演民歌对唱，指导学生探索打击乐器的多种演奏方法并合作演奏简单的乐曲，和学生一同焚香听琴感受缠绵悱恻、委婉动人的文人情致，与学生心灵相约共赴美妙绝伦的西方古典音乐之旅……我积极开展流行歌曲与高中音乐学习有效融合的实践研究，我潜心钻研在高中音乐课中实施迁移教学的探索……每一节课，我都让自己教室的门敞开，即使没人来听课，也让自己仿佛站在公开课的讲台上。”

音乐不是高考科目，高中音乐课在许多人的心目中不过是“放松”“休闲”“娱乐”的代名词。在一所重点高中，也很少有人对音乐教师的课堂提出高的要求，但是Z3老师总是凭着对音乐的热爱、对教育的执着，在高中音乐教育这块甚为蛮荒的土地上辛勤地耕耘、播种，收获颇丰。不同学科，教师们用自己擅长和喜爱的方式激发学生的学习积极性，让教学赋予个人特色，让工作更有意义，更有趣味。

三、核心：教师发展的方向感

目标导向策略是教师自我领导力的核心，指明教师自我领导的方向。尼采说过：“知道为什么而活的人，便能生存。”目标是引领教师走向下一个路口的勇气支持。行进在成功或优秀的路上，会遇到许多人和事，而有些人构成了“重要他人”，有些事构成了“重要事件”。这些重要事件和重要他人构成了教师职业生涯中的关键点。这些关键点之所以关键，在于它在那一刹那间点燃了一个沉寂的自我，并把一颗沉寂的心投入火热的自我再造过程中。让一个未知的自己凤凰涅槃般腾空而起或者磐石般意志无坚不摧。

Z14是一位资深班主任兼中学德育主任，他在自传中回忆：

“1992年，由于一个偶然的机会我考入W师范学院。说实在的，从教并不是我心中理想的职业，不是迫于家境，我是不会走上从教之路。两年一晃而过，毕业分配在本镇的中学。一转眼，五六年过去了，什么也没学会，什么赛事也没参加，优秀优质、各种奖项在我的档案中一片空白。对于我们这些教师，校长是没辙的。可有一次校长大发雷霆说：‘你们这么老（老油条的意思)，有本事就跟我比比'。当时，我听了很难过。真有点，一语惊醒梦中人。回家后，我暗下决心，要争做一名好教师……"

在经历了懵懵懂懂、游手好闲的两年大学后，继续开始这样的工作生涯。校长的一句话惊醒了他混沌的自我，并励志要成为好教师的目标开始确立。在蛰伏的时间里，他开始追寻好教师的秘诀。似乎又进入另外一个困顿中。但这是一种寻找中的困顿，与职业初期那几年的困顿并不一样。此时，他其实已经开启了走向成功的大门。正如新教师 Z23 所言：

"只要有积极面对挫折的心态，有一个明确的目标，方法是一个自然而然的结果。很多时候我像大多数人一样，害怕困难，因为身处困难中的感觉实在是糟糕。可是实践证明，困难是一个人成长最好的基石，只有克服一个个困难，才能从无知走向成熟。所以面对未知的困难，我更愿意持有淡然面对、克服困难、慢慢成长的态度。"

Z15 是一位曾经的初中政治教师，若干年后他在以幸福感为主题的博士论文中有一段回忆，较为详细地描述了他职业初期因口吃无法站立课堂、与学生打架，后转为承包食堂脱离教学一线的活动。一次偶然的机会，学校缺老师，再一次被推进教室，站上讲台。这一次，为了学生，也为了难得的机会，他开始了与所有困难的决斗。与困难的斗争事实是与另外一个自己的对决。

"……因有严重的口吃，每次上课，同学们起立，我连说一句'同学们好'，也显得困难，时常的表现是低着头，说'同、同……同学们好'。作为一名新教师，我满怀教育梦想，真心爱我的学生，也期待做一位幸福的教师。……为了克服口吃的毛病，上好每堂课，我常在家里演练；之后，会来到学校门前的鹅浦河，对着小河默想上课情境；然后，来到学校后面小山坡对着树林模拟上课，最后，才走进教室。慢慢地，我的上课开始变得自信，口吃也越来越少……

"有一次，校长过来听课。'哎，不错么，没别人认为的那么差啊！'于是，他极力动员我在学校上公开课，然后，去镇里开公开课，到县里开公开课，在市里开公开课。到 2000 年，我成为 Y 县唯一一名市级名师培养对象。因为学生带给我幸福感，教育教学的成就带给我满足感，我重新树立了对教师专业身份的认同。[①]”

这是一位非常优秀的教师，如果不看他的自述你无法把“结巴”“与学生打架”“承包食堂”这些字眼与他联系起来。他在职初所遇到的问题是他职业生涯中最为困难的问题，迷惘、彷徨、毫无目标曾经占据他的生活。尽管，他是当年学校唯一考上大学的应届毕业生，待人接物堪称完美。他说，他曾经怀疑过自己是否适合当老师，还一度放弃了教育这个职业。但在偶然的一次上课被领导认同，带班机遇再一次降临于他的时候，他坚决地把握住机遇并赋予机遇更多的想象空间和实践余地，他成功了。全县家长都趋之若鹜地想把孩子放他班级，班级人数一度多到 90 人，市级优秀班主任和优秀教师等荣誉也相继获得。念完硕士调到大学，参加北大访问学者学习，后来念完博士并成为学校业务骨干。是怎样的一种力量在驱使他一路走来？我想应该是在于克服困难所带来的自我价值感与意义感促使他开启一段又一段富有激情的行动。这是一段乐观而积极的幸福体验。

特级教师 Z16 出生在 20 世纪 40 年代，经历过特殊的年代，教授过中小学所有学科、担任过小学校长、中学校长、大学教研组长、大学教研室主任等角色。在题为“人生在梦想中度过”自传长文中提到了不同时期的梦想。读书时有过许多梦想，“文化大革命”粉碎了他的科学家梦想。从北京大学生物系毕业后，被分配到没有电灯、不通公路的 Y 县大源公社教 8 个学生，心情苦闷时，也只是偶然吟诵“把吴钩看了，栏杆拍遍，无人会，登临意”。条件变化，也改变了他的志向。他把困难理解为“历史交给我的责任，开始新的梦想——让学生成才”。生命是一段不可逆转的流程，要提高人的社会价值和生命意义，需要善于认识自己、安排自己和调控自己，使个人的发展与社会的发展协调一致。很多教师在回顾若干年后的自己，总能回忆起某个目标引导下的自己，是如何一步一步走向成功，并最后“邂逅”了一个未知却又是“了然于胸”的自己。人在不同时代、不同背景下有着不同的追求。人离不开大时代洪流带来的被动和无奈。老先生的例子让我们看到了教育的经历契合于时代和社会背景，人如何在被动的时代裹挟中寻求自己的梦想、追求

---

① 胡忠英．教师幸福感实证研究：以 W 市小学教师为例［D］．北京：北京师范大学，2014．

自己的理想，并能脱颖而出。这需要勇气和胆量，需要决绝和智慧，这不正是自我领导力所探索的话题吗？

目标是方向，围绕着目标发生的人和事促成了教师的专业成长。市教坛新秀、师德楷模 Z17 老师回忆：

“接过一个班以后，我都有这么一个志向，就是把我所带的班级打造成最优秀的班级。在这个目标的指引下，我每天都跟学生在一起，我也很喜欢读书，我总是在找最好的方法教育我的学生。”

同为市优秀班主任的 Z18 说：

“要说我这几年的进步，最关键在于我有一颗强烈的责任心和对目标的不倦追求。每次接手一个班，我都给自己暗下决心，我要让我的学生毕业时感到因为曾在这么一个班级学习过而自豪。就是这样的一个目标，促使我很努力地去学习教育的一些理念，去向同行学习一些好的做法。”

成功有多种表现方式，有时，目标却以另外一种独特的身影出现。Z19 是县名师、县教坛新秀，也是县教师发展中心的研训员。他是我的朋友，我们曾经有过几年的培训项目合作。他的专业水平、敬业精神和待人接物都让我敬佩。他认为自己是一个“屡战屡败，屡败屡战”“随遇而安式”的“成功”教师。他给自己近 8000 字的自传取名为《假如从头再来，我将如何取舍》，对自己有一个全方位的回顾，文字如人平实朴素。由于自传字数太多，忍痛割爱地撷取部分内容。

“……我不是名师，我不清楚我能够走向哪里，哪里才是我的目标。我感觉自己相信了一点宿命论。当我十分想要某种东西时，往往得不到；可在要这样东西的路上，我可能得到一些东西。比如我十分想成为一名作家，却没成，可我通过体验生活，改变了我待人处事的方式，改变自己木讷性格。我很想考上硕士改变命运，未成，但学的英语足够我很顺利通过教育硕士考试，才偶然获得王尚文、李海林老师的赏识，学得比他人就多一点。2002 年，我很想调入高中，未成，结果是去鹤盛学区，搞了一次‘洋思模式’的引进实验。自己没成功，但总算是帮助他人成功，让全县知道 H 中学在做教学改革。我很想在教学荣誉上获得成功，却屡屡在优质课、基本功比赛中浪费学校名额，无果而返，但因为在全县露面次数多的缘故，许多人视我为对手，让他们在心理上承受不安，结果是在全县公开选调研训员的考试中获胜。我很想报考博士，光耀门楣，然五年难成，岁月蹉跎，白头折戟；但我收获了专业自信，心里踏实，不再虚浮。正所谓‘有心栽花花难开，无心插柳柳成荫’。我是失败教训多于成功经验，我是十把赌注九落空，偶尔一次小成功。……我永远记得导师李海林勉励毕业生的一句话：在任何时候，在任何情况下，都不能够放弃自己对理想不屈不挠的追求；在任何时候，在任何情况下，你们都要有一种从生活的最底层崛起的勇气、气魄和永不消失的力量！”

正如Z19所述，他没有宏大的目标、在奋斗的方向上总是折戟沉沙，却总是“歪打正着”地取得“不经意”的成果。他有着读书人的“迂腐”，但更有着读书人的敬业和执着。他是那种无怨无悔接任务，千方百计找方法，竭尽全力解决事的人。你能否定他没有自我领导力吗？自我领导力会不会存在另外一种缓慢、细微、内敛而平缓的表现形式呢？

四、调整：惩罚与奖励的工具运用

基于工作成效的行为强化或弱化是社会学习的特点，自我惩罚策略与自我奖励策略是对已有行为的奖惩，是对“不平衡状态”的调整。两个策略都能有效地促进积极行为的再一次出现，消除消极或不良行为的重演。自我惩罚策略与自我激励策略都可调整一个人的行为方式，相辅相成，相得益彰。

研究认为，自我惩罚策略作为一种有限使用的自我领导力策略，可进一步澄清个体的行为策略。下面是小学教师Z10回忆自己上校级公开课后不成功的反思日记：

“昨天的校优质课，下午第二节，我抽到了最后一根签。把紧张压抑到最后！其实是很平和很宽松的一次学校比赛，或许真的是自己太较真了……这样一个公开展示的机会或许实在太难得了，把它看重了，有时候得失方寸间也是在所难免的。结果，它已然是事实。正视！为了前行！

“昨夜的万千思绪，至今日，有些懵然也有些惘然，呵呵，还是枉然?!说说又无妨的，向来是这样的任性而之，不吐不为快的，想敲下这些或许也仅能略述一二的情绪，且留些自己不该忘却的记忆。

“很用心地去准备这堂课，尽了心，很认真，不说拼却一切的热力，也是很尽心了……正因如此，最后在面对这样的尴尬时更是难以控制地失衡。其实总是折腾自己的也只有你自己了！想想凡事但妨不可强求的，太在意太刻意了，往往总是欲而不得的挫败！很多事，以为可以学习淡然，其实，该死的！呵呵，真的只能骂自己该死了！”

无法有效完成自己期待的结果，对过程及结果表现出后悔、自责和埋怨等行为。这段日记可以理解为传主的自我惩罚策略使用。过度使用自我惩罚策略会影响教师的自我领导力发展，但适当的使用自我惩罚策略可有效促进教师反思遇到的困难，并不断强化自身的优势资源，减少不利因素的影响。

下面这位 Z11 老师则在自我惩罚后给予了积极的自我奖励策略的运用。

“在我的教书生涯中，印象深刻的是评一级第一次居然评不上，我那时真是心里一直堵得慌。不停地读余华的《活着》，书里的很多画面很多细节都可以令我心慌、令我落泪，为主人公感到可笑、可怜、可悲、可叹。

“这是一部常读常新的作品。余华的叙述视角也很有意味，一位老人向一位年轻的故事搜集者讲述了他生活中的一天和整个人生。人类也许无法忍受太多的真实，但人类一定要学会承受苦难，而且要坚强乐观地承受苦难，人不能被苦难打倒！

“的确，人生，就是不断经历不同程度的痛苦和苦难的成才过程，痛苦使人深刻，苦难净化灵魂！在风平浪静的日子里，我们的灵魂容易沉睡，唯有幸福或苦难能把灵魂唤醒。

“我经常会这样把自己埋进书本，这时，我觉得我是个很幸福的人。特别是在天寒地冻的寒夜，我待在家里，可以看看书，看看电视，煲‘电话粥’，上上网，想睡就睡，想吃就吃，想喝就喝，也可以……我是多么自由啊！而这样的晚上，我几乎每天都可以拥有，我何其幸福！而这世界上，多少人，在这样的晚上，不能看书，也不能看电视，也不能打电话，也不能上网，也不能躲进温暖的被窝想睡就睡，更不能……所以，我没有理由不热爱生活！我没有理由不热爱这份职业。”

在教师自传中关于自我惩罚与自我奖励的表述不多。王雯在研究中也发现，我国有些地区高校学生的自我奖励和自我惩罚能力仍然偏弱，自我奖惩能力是自我领导力有效提升的基本方法，由此可见学生自我领导力在实施策略上存在不足[①]。在本书第二章的开放式问卷中提到，教师会用“自我惩罚”，但对此策略的运用主要体现为“后悔、埋怨自己、自我安慰”“下次再努力、改进”等。教师对自我惩罚的理解倾向于对不良结果的认识及后续行为的跟进，一定程度也反映教师在面临挫折或遭遇困境后的情绪表达。在“自我奖励”运用上，主要体现在吃、喝、玩、购等物质上和看书、听音乐、玩游戏、旅游、休闲等身体放松和精神享受上。梁翰中发现，国外的研究显示，自我奖励是提高自我领导力最有效的方式之一，将自我奖励与自我目标设定结合起来，可以非常有效地帮助个体努力不懈地完成既定目标[②]。我想，教师或学生对自我惩罚与自我奖励的较少运用，可能与中国传统文化宣导“内敛”“自省”的要求不无关系，特别是自我奖励策略所涉更甚，容易把自我奖励与骄傲自满混淆。

第五节　讨论

托尔斯泰说过“所有幸福的家庭都一样，不幸的家庭各有各的不幸”。教师自我领导力尽管受诸多因素不同效果的影响，但在实践中还是有其一致的地方。实践中，教师自我领导力充实了这个概念的内涵，并赋予更多个性而具体的感性色彩。

一、教师自我领导力是自我趋于完善的过程

影响教师自我领导力的因素诸多，除了背景变量中分析过的八个因素以外，上节从走向教师职业的不同缘由来看，家庭因素、入职动机、重要他人

① 王雯．我国回族地区高校学生自我领导力调查和发展策略研究：以宁夏银川市为例［D］．湖北：华中师范大学，2014.

② 梁翰中．中国文化背景下企业员工的自我领导［D］．郑州：河南大学，2009.

和个人体验都会影响一个人的后续发展。我们可以看到教师早年的生活经历对个人成长、职业发展有影响。教师的成长具有高度的个人生活史特性，生活史与教师的专业发展息息相关（Britzlnan，1986）。研究表明，生活史不仅能促进教师的自我反思，产生更深层的自我了解，而且会激起其自我成长的职业承诺与动力，努力探寻个人专业发展的新方向与策略，从而促进教师更积极主动地发展，建立高度的专业意识与自信心，突破以往的教学模式[①]。可见，教师的专业实践无法脱离自身的生活痕迹，教师专业实践知识是其受各种生活条件影响的产物，生活史分析是理解教师、重新建构教师认识的有效途径。

重要事件是影响教师发展的另外一种途径。刺激效果及对新认知的作用会影响教师的行为和思维。如教学前三年、工作后十年、退休前等时间，容易发生重要事件。国外学者认为，来自家庭、婚姻、生老病死等经验，对个人而言，都是重要事件的来源，这些事件足以影响教师专业实践知识的再建构与发展（Measor，1985，转自姜勇，2004）。生活史中的重大事件是促成教师专业实践知识重构的重要力量来源。个人生活史中的事件能提供机会促使教师思考：什么样的教学行为在何种情境下是有效的，什么样的行为表现能有助于扮演好教师的角色，进而对教师角色产生新的界定方式，形成新的专业实践知识内容。这种观点暗合了上一章内容中对教师自我领导力与相关背景变量的分析。教师的个人经历所构成的实践知识和价值体系，逐渐影响后续的个人发展。从教师的就业缘由而言，有良好家庭“文化基因”的延续，也有对当时消极现状逃离的斗争。但从个体所表现出来的行为和思想，我们可以预见一种不同寻常的发展可能。

自主是教师发展的需要和愿望，教师自主是教师有效实施课堂教学活动的条件，也是学校管理措施达成的关键。舍图（Certo，2002）指出，教师自主对教师形成良好的教育教学观点和态度具有重要的作用，教师自主程度越高，他们的工作责任心就越强，越忠于职守。自主是教师成为创造性教师的

---

① Britzman D P. Culture myths in the making of a teacher: Biography and social structure in education [J]. Harvard Educational Reniew, 1986, 6 (4): 442-456.

必备条件。国外大量研究表明，教师在社会和教育机构中的存在方式、他的人生经历和自己作为学生时的学习经历是构成其教育思想的主要来源。可以说，教育机构的日常工作模式对教育观念的影响是深层的，因为它首先造就了教师的现实存在状态，转而以或这或那的方式制约教师教育观念的转变。教师自主发展是教师自身价值发现和再现的过程，也有利于对教育价值的认识①。教师发展是一个变化的过程，教师发展研究理应考虑教师的“行”与“思”，亦即贯穿其职业生涯的学识、信念、态度、行为、兴趣等。这些学者从不同角度阐述教师专业发展对时间和空间的需求②。

相同或类似的背景、处境和问题，不同的教师却有不同的发展走向。这里除了客观的因素外，还与主观因素有关。自我在发展中不断变化，自我概念的观点认为，个人的自我是由个人自我、人际自我与群体自我组成，而这些自我又是员工与组织互动的界面（Schlenker，1984）。克尔曼（Kelman，1998）的顺从、认同与内化的三构面社会影响力模型正好说明了不同自我获得的途径，即顺从中获得人际自我、认同中获得群体自我以及内化中获得个人自我。卢丽卿通过对从弗洛伊德到罗杰斯即精神分析学派到人本主义学派中的“自我”演变史分析发现，个人人格的形成是一个不断趋于整合、完善的过程，而自我是实现这一整合和完善的主宰。教师自我领导的发展过程是个体自我整合和完善的过程，更是自我不断历练、不断重构的渐进过程。教师自我领导力是自我完善过程中的一种形塑过程，可纳入自我人格完善的框架图中。

二、教师自我领导力是教师的实践能力

赵国祥和梁瀚中认为自我领导力是“个体在实践活动经验积累基础上③”

① Connelly F M & Clandinin D J. Stories of experience and narrative inquiry [J]. Educational Researcher, 1990, 19 (5): 2 - 14.

② Polettini A F F. Mathematics Teaching Life Histories in the Study of Teachers' Perceptions of Change [J]. Teaching and Research, Education, 2000 (16): 765 - 783.

③ 赵国祥，梁瀚中. 国外自我领导研究的现状述评 [J]. 心理科学进展，2011 (4): 589 - 598.

的行动能力。勒温“心理场”理论中就提到，由一个人的生活事件经验和未来的思想愿望所构成的心理场会随个体年龄的增长和经验的累积在数量上和类型上不断丰富和扩展。

教师自我领导力作为一种能力，最终以具体的教育教学行为体现出来。W 老师是 1977 年大学本科生，从中学普通语文教师开始，历经教研组长、重点高中副校长、校长、教育局局长和全市教师培训、教研机构负责人，是 W 市首届教育名家①，省教育督学。丰富的人生阅历、教育教学管理经验，赋予他对教育有着自己深刻的理解和认识。在一次交流中，W 老师说：

“当老师有三重境界。第一重是底线，教师的底线是守住社会道德和社会规范。具体而言就是要把课上好，要把学生教好，要把学校的任务完成，要能坚守作为一个教师应有的责任与义务，教师的工作是良心的工作。如果没有守住这个底线，就不是一个称职的教师。第二重是使命感。教师要有教育信念，要能感受到教育的价值和意义，能全面地感受教育是服务社会的，对社会和个人是有帮助的，教育最终的任务是促进人的发展。第三重是趣味化。能把工作做得更有趣味，享受工作的快乐。三个层次是递进的，如果没有第一个就不会有第二个和第三个；没有第二也不会有第三。三个层次构成了教师的职业境界。”

作为区域内优秀教师和优秀教育管理者的代表所阐述的三个层次，与笔者前面教师自我领导力所提的内在价值感、工作意义感非常相近，也有异曲同工之处。内在价值感就是责任感，对职业的高度认同，对教师教育职业的高度认同。厘清“教师能干什么和不能干什么”是对教师教育职业具体要求的内化过程。工作意义感其实是他谈的第三个层次——怎样把教育工作赋予趣味化，让自己干的工作能更加的有意义趣味化？在问到他是不是有目标意识时，他说：“有，基本上有，不是很清晰。但会有一个模糊大概的目标。”

---

① “教育名家”是 W 市经市政府批准的特殊教师荣誉政策，是“三层次”荣誉的进一步延伸。评审对象要求：具有 20 年以上教育教学工作经历，并获得过省特级教师、市名校长、名教师（名班主任）、享受教授级待遇的中学高级教师等荣誉称号之一者；或具有 10 年以上教育管理经历，在教育发展、教学研究方面有突出成绩，为全市教育改革和发展作出重大贡献者。教育名家每 5 年评一次，是区域内最高的教育荣誉头衔。

他认为，目标越清晰，成就越大，事实上“自我领导力”[①] 也会越强。他说他的一位高中同学，在全班几乎没有谁认真学习的70年代，却能严格要求自己，认真完成相关作业，不受外在困扰，然后考上重点大学、出国深造，发展非常好。至于教师自我领导力的目标导向、自我惩罚和自我奖励应该是具体的策略和方法，更多的是建立在前面基础上的外化行为。

把教师专业发展放到更大的空间去审视，可以提高工作的意义感。在专业成长的道路上，不要把自己的学习窄化为仅仅是教育教学技能的训练。特级教师余自强在回顾自己的经历时说：“起初对课程的看法是局限于学科方面的，后面才把视野扩展到文化视野的层面。一线教师专业成长道路也应如此，我们看自己的学科，如果仅仅是学科本身，或教学技能，往往使自己的教师专业成长工匠化，而如果我们把自己的学科、教学行为放大到一个大文化背景下，或者从教育哲学，或者就是从哲学本身发展的角度去看教育教学问题，教学行为就有了更大的生命力，教育教学的工匠行为会蜕变为艺术行为，这样的教育教学才有可能触及学生的心灵。[②]”其实我们可以画出一个教师自我领导力五大策略使用的路径：价值内化策略—工作意义感策略—目标导向策略—自我惩罚与自我奖励策略。价值内化是基础，工作意义感是支点，目标导向是方向，自我惩罚和自我奖励是行为调整的具体策略。回顾上述几节内容，可以发现教师在发展过程中的几点共性。

首先，历史参与感。人不是独立存在的，更无法回避历史背景，每一位传主都以自己所处的时代为个人发展的基本背景。余志强老师从“文化大革命”开始一直走到现在，不同的时间节点中赋予他不同的历史责任感和使命感，在梦想中坚持并不断精彩。更多的传主出生在二十世纪六七十年代甚至八十年代，他们经历的则是改革开放后的思想自由和经济高速发展所带来的变化和诱惑，体现在教育中是“坚守”还是“逃离”斗争中的思索；在新课程改革背景下的自主、自由和去权威理念期待每一位教师都要保有终身学习

---

① 被访谈者自觉地采用了自我领导力的概念。

② 余自强．人生的真谛在于完成历史的责任：我的基础教育探索与研究之路［J］．中小学管理，2011（5）．

的热情。影响人发展的环境因素可分大、中、小三类。大环境如“文化大革命”、改革开放、经济发展、社会舆论开放等。出生在四五十年代的教师，吃过很多苦受过很多委屈，他们在自传中时常提起历史事件中个体的被选择和被命运安排。中等的环境如教育系统内部的高考改革、新课程改革、素质教育等，教师们需要身处其中，无法遁逃。小环境则有如学校改革、教师队伍建设、教研组氛围等，是教师每天要面对、无时无刻需要关注和被关注的活动环境。不同环境影响教师做出各种选择，选择就意味着参与历史。自我领导力具体到每个人身上时就具有了历史的厚重感。

其次，工作意义感。优秀教师能从关键人物和关键事件中找到职业的价值，并内化为自己的工作标准。中小学教师的“关键事件”主要包括参加课堂教学比赛获奖、科研成果取得（发表），关键事件为教师后续发展提供精神鼓励和可持续发展的动力。关键事件并不是事件本身的属性，而是人们在主观上对它的理解。如果当事人认为某件事是重要的，那么这件事就是关键事件。需要澄清的是，我们总是以习惯性的观点来看什么是关键，什么不是。其实，每一件事都是潜在的关键事件，我们要批判性地去分析它，它才能成为真正的关键事件①。“关键人物”几乎在每一位优秀教师发展中都可能遇到，关键人物是教师发展经历中的催化剂，把教师的目标具体化地“发酵”起来，从外在的事件中通过一个权威或重要人士的信息输入固化为个体发展的基调。上述大量的传主谈到自身在困境中的精神体验和工作状态，优秀教师在困境中的坚持与崛起、对成功的渴望和坚守，往往催生其由成功走向更大的成功。另外，他们总是会在困难面前想办法，找出路，具有独特的教育智慧。他们懂得大小抉择，拒绝外在诱惑，听从内心声音，能坚持自己认为有意义的事。如优秀班主任 Z22 所言：

“每次接手一个班，我总是非常兴奋，经常会花好几天去研究学生。我一般都会在一个月内对每个学生进行家访，了解学生的家庭状况，了解学生的个性和学习态度，这样我就能很快地抓住学生的特点，然后根据特点进行引

---

① 王洁，顾泠沅．行动教育：教师在职学习的范式革新［M］．上海：华东师范大学出版社，2007.

导。学生有时也很惊讶我怎么这么快就能了解他们。我觉得了解学生的方方面面很重要，只有了解，才能做到有效引导。只有有效引导，学生才能真正成长。”

这是她所熟悉和依赖的教育方式，带有强烈的个人色彩。

最后，个体实践性。教师个体实践知识在工作中不断丰富，形成个人的教育观点和独特的教育行为。陈向明（2003）认为，教师的知识可以分成“理论性知识”和“实践性知识”。理论性知识的标准来自外在，是对“应然”问题的回应，如一般文化课程知识和师范教育中必修类的课程如教育学、心理学、教材教法、学科专业知识。此类知识，主要解决“是什么”的问题，通常通过文本学习即可掌握。实践性知识的标准来自内在，解决的是“实然”问题，此类知识主要解决的是“怎么办”的问题。如面临问题解决时需要的不仅仅是认知，还包括情感、态度、价值观等非认知因素和其他策略性的知识。教师的实践性知识体现在职场中，并在职场中发展。从教师自传中可以看出，优秀教师会根据实际情况，把理论性知识融于实践性知识，解决实践中遇到的问题，并进一步积累经验为下一次实践问题提供方便。教师所具有的独特的教育思想、教育行为和教育智慧就是教师个体实践知识的具体表征，体现出教师自我领导力面对具体问题时个性化的解决思路。

三、教师自我领导力是教师意义追寻的过程

对来源的追寻并不是容易的事情。在教师的工作环境中，行为、人和环境三者之间到底因怎样的关系促使教师要不断“卖力”地工作？这是一种普遍现象还是特殊现象？在第一章我们讨论教师自我领导力的一般和特殊的关系提到，人人都有自我领导力。问题在于多少和方向的问题。自我领导力应该是一个矢量，它有一个指向，一种力量驱使的带有方向的能力。那么这种隐秘的驱使力来自哪里呢？在上述传主描述中，涉及大量的感人至深、催人成熟的个人早年生活经历和工作阅历，这些经历无疑会在一定程度上奠定一个人的人生观和价值观，从而影响后续的成长轨迹和工作状态。

人具有主体性能力或意向性能力的假设。心理学家阿德勒认为“人的潜力是没有局限的，更不是天生注定的，只要肯去挖掘，每个人都有成功和飞跃的机会。”这是阿德勒个体心理学的一个重要原则。阿德勒认为每一个人都是自卑的，这是一种原罪。他认为，自卑感与优越感是一对矛盾，每一个人存在不同程度的自卑感，而通过优越感的获取从而实现对自卑感的补偿。一个健康、正常的人，当他的努力在某方面受到阻挠时，他就能在另一方面找到新门路，争取优越感。阿德勒强调人们追求完美及借着精熟事物以克服自卑感是来自天性（阿德勒，1979）。我们借着追求能力、精熟以及完美来克服无助感。例如，我们将自己的短处转为优点，或在某方面追求突出以补偿另一方面的缺陷。在寻求增强能力的独特方式中，逐渐形成我们每个人的个体性。

人本主义心理学创始人马斯洛提出自我实现的观点。他认为人类有五种基本需要，这些需要按照层次由低到高分别为：生理的需要、安全的需要、社交的需要（爱与归属的需要）、尊重的需要以及自我实现的需要。马斯洛认为，当人们产生某种需要而得不到满足时，就会产生一种心理紧张状态。而在遇到能够满足需要的目标时，这种心理紧张状态就转化为动机，促使人们采取相应的行为去实现目标。教师成长的每一个阶段存在不同的发展需求，而到一定程度后最高层次的自我实现就被需要。心理学家高德斯坦（Goldstein）先于马斯洛提出“自我实现”这一名词，他认为：自我实现就是在一定的条件之下，追求自己才能或潜能的最大可能的发挥。他还认为追求自我实现是人类的动机，是内发的而非受外力所迫，是在人的一生中持续开展的过程，也是外在环境不断折中与权衡协调的结果①。

提出意义疗法的精神病理学专家维克多·弗兰克在《追寻生命的意义》一书中用自己的经历提出，每个人都应追问生命的意义；并且，每个人只有通过承担他自己的生活才能向生命做出回答；他只有通过成为负责任的人才能对生活做出反应。人类最后的自由是在已给定的环境下选择态度的自由。

---

① 转引自：杨国枢，陆洛．中国人的自我心理学的分析［M］．重庆：重庆大学出版社，2009：208.

环境可能无法改变，但我们可以改变自己的态度。活着便是受苦，要活下去，便要由痛苦中找出意义。如果人生真有一点目的，痛苦和死亡必定有其目的。懂得“为何”而活的人，差不多“任何”痛苦都忍受得住。

教师自我领导力是自我实现的需要，是通过对优越感的追求来克服自卑感呢，还是在受苦中不断追寻活着的意义？“教师的发展不是被动、被迫、被卷入的，而是自觉主动地改造、构建自我与世界、他人、自身内部的精神世界的过程。[①]”教师发展的本质是自主发展，是教师作为主体自觉、主动、能动、可持续的建构过程；教师应从自身的教育实践活动中寻求自我成长的源泉和动力。这种专业发展范式凸显了教师个人意义，它不是一种行政命令的外加，也不是学校或团体意志逼迫，而是来自教师内心深处的个人所需，是一种自我的要求；它还强调内容的人本化，要求教师自觉地发掘专业生活中的有利因素，使自己的内在专业结构不断更新，具有个性化的丰富内容和多向文化价值观。重视个人内在发展，凸显个人意义与价值应该而且可以成为教师专业发展的新内涵。下面的例子就是很好的明证：

“城乡教育的教师待遇差距真的很大。同样的一个教师在乡村也许付出更多，但是回报却更少，就比如今年的教师节，校际交流的老师说：‘这儿的教师节家长也太安静了，没有看到一束鲜花。你们毫无怨言吗?’我说：‘这儿有三分之一的学生是外来务工子女，四分之一的本地学生接受着资助，刚解决温饱的家庭，怎么有鲜花的概念呢？我们习惯了。’我的学生们在我的办公室看到一名一年级老师的桌上放着一束玫瑰，很新奇，悄悄问我：‘老师，那位老师有鲜花，您为什么没有呢?’我说：‘那是学生家长送的，而你们的家长把你们送到老师班级，老师和你们在一起，老师就心满意足了。’学生说：‘老师，等我们工作了，我们也给您送花，您在这学校等着我们。’我感动得想哭。这是我们乡村老师所得到的精神馈赠，我们也是富有的。”

这是一位获得省春蚕奖的小学教师 Z21 写的自传片段，她在比较中寻找工作的意义，在工作中提升自身价值认识。在物质和精神被淡化的工作条件下，自己赋予工作价值感和意义感，并成为他追求工作幸福感的内在动力。

---

① 姜勇．论教师专业发展的后现代转向［J］．比较教育研究．2005（5）：67－70.

四、教师自我领导力受教师发展空间的影响

教师发展的空间非常狭窄，基础教育教师发展空间更小。中小学教师的发展路径在世俗的眼光中基本上有四条。第一条是“新教师—班主任—取得相应的职称—老教师”，然后就是按部就班的工作等待退休，其中大量的时间就是重复原来的工作。第二条是“新教师—教研组长（备课组长、辅导员等）—学校中层—校长—退休”，这是一条管理者的路径，也是少数人的路径。一般教师就往往在教师岗位上守望着来来往往的学校管理者和自己的教育对象的流动，并不断地重复着自己对教育的认识。第三条路是综合上述两条路，在专业和管理的融合中走向教研和教师培训岗位，如教师进修学校、教研室、教育局等部门。第四条路是通过各种渠道离开教育行业，也包括离开基础教育系统。自传中有两位博士就是由基础教育调入高校。

可供教师持续发展的动力源并不多。教师是一个从入职即可看到退休的职业。累计起来的教师前辈是每一位入职教师可供参考的标准“文献”。入职、教书、评职称、完成各类检查，然后就是退休。这是一条少有争议的教师发展路线，一种被规划甚至僵化的教师生涯路线图。当班主任、当教研组长、当学校中层，最后可能成为校长之类的管理干部，这是一种伴随教师职业生涯的某种“意外”。哪怕是最优秀的教师，在进入少有争议的路线图中，也难免不被这两条线路所依赖。经济学里说的路径依赖在教师的专业发展中同样适用。由于具备相对成熟的班主任工作技能和经验，因此，在各项常规评比中比较容易胜出。但同时他们对工作却失去了“冲劲”，不再力求别出心裁，彰显个性特色。教书与班主任工作成为平淡的一个过程。在外化的鼓励性条件缺失的背景下，老师成长中的刺激力度的确是不够多。在与很多教师接触中，我们发现，如果一切顺利，教师在评完最高级别的职称往往不会超过四十岁。有些教师干脆就不评最高级别的职称，提前逃离这个对教师而言是人生大事的工作。当然逃离也是一种选择，这样的选择并不是不可以。但单就事情而言，教师评职称有如打游戏的玩家，总需要有一个逐级上升的空间和渠道，方能意兴阑珊。

在访谈中，一位中学教师自述，已经评完中学最高的职称（中学高级），其他荣誉、职称也难以争取，也不可能去领导岗位，现在的任务就是“等死”。这个貌似为瘫痪的病危人士设计的悲观字眼，被一个年龄仅近不惑的在职公办教师反复提到。在职业生涯理论里，类似的现象出现在职业倦怠期或者职业高原期。费斯勒于1984提出了一套动态的教师生涯循环理论，她将教师生涯发展划分了八个阶段，其中第六个阶段即“稳定和停滞阶段”，非常符合这样的解释——这一阶段的教师存在着“做一天和尚，撞一天钟”的心态。这些教师只做分内的工作，不会主动追求卓越和成长，没有进取心，可以说是不求长进的阶段，他们常常只是敷衍了事，仅仅履行合约中规定的工作①。在经过这个阶段后，教师开始进入退休前的阶段②。而那些评完职称即可认为是“等死”的教师，则很好地解释了这样一种教师存在的态势。此时，如何赋予常规的工作意义感就显得尤其迫切。由职称、职级和荣誉为主构成的教师有限的发展空间影响教师自我领导力的发展。

教师自我领导力与幸福感。访谈中，上面提到的W教师认为，自我领导力高的教师是“不会幸福”的，甚至是“一定不会幸福”的。因为，他会对自己和对别人都有高要求，不断地发展自己，也对别人和自己一样的要求。一个与人打交道的职业，要有基本规范，但不能偏执，更不能执着，搞学术或技术可以，但去当老师就不行。老师需要处理各种人际关系，他需要融通，需要协调，更需要妥协。一个有着专业洁癖和道德洁癖的人，无法做好与人打交道的工作。W老师从教师人际关系角度阐述职业幸福感，认为教师自我领导力高会影响人际关系。这里可能涉及与人要求和与己要求的分离，更多与个性有关。在实践中，更多研究者会从职业收入角度探讨教师的职业幸福感，微薄的收入是教师职业发展的物质天花板，影响教师职业幸福。这里不去讨论教师收入差距及对教师专业发展的影响大小，但中小学教师收入普遍较低，与教师的身心投入不对等却是不争的事实。刘晓明等对北京市知识分

---

① 王春光．反思型教师教育研究［D］．吉林：东北师范大学，2007：93.

② R. 费斯勒，J. 克里斯坦森．教师职业生涯周期［M］．董丽敏，高耀明，译．北京：中国轻工业出版社，2005：21－27.

子职业认同现状做了问卷调查，报告显示："当代中国绝大多数知识分子热爱祖国、献身事业。但是受社会大环境的影响，知识分子职业态度中也存在明显的问题：个人职业价值取向与社会职业价值取向相左，职业认知与职业践履相悖。造成部分知识分子职业认同感淡化的思想根源，是人生价值迷茫，表现为职业角色偏离，并由此导致职业素质低落。其社会根源在于：我国知识分子的收入与贡献不成正比，近年来，'脑体倒挂'开始缓解，但在从事脑力劳动的各行业之间存在不平衡现象。[①]"在经历职称到顶、职务无望、子女长大后，年龄渐长，心态也逐渐归于恬淡，此时，不少教师会在职业生涯的后半段倾心于生活质量的追寻。

五、教师自我领导力受教师自主权的影响

教师拥有较大的自主权是教师自我领导力问题探讨的逻辑起点。正如绪论部分所讨论的，曼茨和内克（2004）认为，教师角色适合自我领导的研究，因为教师职业有一个较高程度的自主权来决定如何完成任务。福尔克（2003）认为，即使在高度控制管理的情况下，教师也有思维过程中的诸多自由裁量权。

教师自主权是横亘在教师幸福之路的关键因素。安德森认为，富有创造性和艺术性的教学需要教师拥有自主权，需要教师能够自由地按照自己确定的有效方式来呈现教学材料，自由地与学生建立灵活的师生关系，自由地创造、改进或超越自己所教的课程、课堂以及课程目标的控制[②]。现实并不是意义的具体化。我们可截取教师的时间都去哪里了的话题来了解教师的幸福感。一位在当小学教师的学生反映，他们每天清晨6：50到校，下午4：30下班，一天头尾两次打卡，这看似正规的工作时间已达到了10个小时。如果是初中或高中，还有自习课，教师工作时间可达到12～14个小时。高三年级的教师

① 刘晓明，王明友，欧阳放，石雨湘．知识分子职业认同感初探：1997年对北京市506名知识分子的现状调查［J］．北京科技大学学报（人文社会科学版），1998（1）．

② Anderson D R. Creative Teachers：Risk，Responsibility，and Love［J］．Journal of Education，2002，183（I）：33－48．

因为要带领学生上晚自习很可能要23：00才能下班回家。超长的劳动时间造成身体的极度疲惫和沉重的负担。更甚的是绩效工资改革剥夺了原先学校微薄的加班补助，教师在惯习和管理思维中，用时间和身体填补一个又一个任务。《中国教育报》2015年2月27日发表的《老师们的时间都去哪了》一文提到“据抽样调查，中小学教师每周的实际工作时间平均值为54.5小时，一些地区的高中主科教师日平均工作时长16小时，班主任的工作时间则更长，远超法定时间。”文章通过对13226名校长和老师的投票结果分析发现，“老师们的时间其实不光用在教育教学上，还有很大一部分精力被花费在了各式各样的检查、评估、开会上了。”具体包括备课、批改作业、管理学生、教学评估、检查、晋升、评职称、课题研究、参加培训等事情。文中提到：“中国中小学教师非课堂教学工作任务繁多。如备课、教研、听课、开会、批改作业、教学反思，撰写各种业务学习、政治学习、读书笔记。另外还有班级纪律管理，早晨组织学生晨练，晚上领学生打扫卫生，自习课辅导学困生都耗费了教师大量的时间。”正如上面提的学生所言：

“老师生病都会在周末或放假的时候，平时没有时间生病。因为，教师每天都像打仗一样过，没有消停，也不允许消停。意识中我们不断提醒自己‘你要坚强地活着’”。

佩尔森（Pearson）考察了教师态度变量与教师自主之间的关系，发现教师自主与教师工作满意度之间存在显著相关。也就是说，如果教师的工作满意度越高，并且教师知觉到的工作负荷越轻，那么教师自主就越高①。此外，教师的优越业绩得到奖励或报偿的程度也是教师自主的一个预测源，甚至教师的优秀业绩缺乏奖励报偿是导致教师离职的一个原因。一般认为学校过于官僚管理体制影响教师发展的空间和时间，从而影响教师的自主发展。许娟发现：知识型员工的自我领导与工作幸福感有显著的正向影响作用，提升员工的自我领导程度能在一定程度上提升工作幸福感水平②。

① Pearson L C. The Prediction of teacher tonomy [J]. Educational Research Quarterly, 1998, 22 (1): 33-38.

② 许娟. 知识型员工自我领导、自我效能感与工作幸福感的关系研究 [D]. 南昌：西南财经大学，2012.

非意义感的工作充斥会影响教师职业生涯的幸福感。那些自我领导力强的教师可能会更多地寻求工作的质量而忽视了生活的质量，教师幸福感在时间的挤压下无法有效舒展。从另一方面讲，意义的出现一定程度上缓减了教师对幸福感的麻木感知。弗兰克尔在《活出生命的意义》一书中的精华部分就是对生命意义的探索。书中写道："我们这个社会，每个人被不断催促着去追求幸福。但是，幸福其实是可遇不可求的。幸福只会伴随着某些东西款款而来，一个人必须有一个'变得幸福'的理由。你才能有幸福。"对自己的未来丧失信心的人，注定要走向失落。但过于执着于自己的未来也容易陷入精致的利己主义。当教师把工作的幸福付之于对学生、对教育教学事业、对学校发展、对社会的责任和意义追寻的时候，他所追寻的目标在疏离了唯自我的前缀的时候，意义的价值会凸显得更加明显。当然，这是一种高尚而伟大的愿景，要通过不断的实践得以实现。

第五章　结论与建议

第一节　研究结论

一、教师自我领导力是自我领导理论在教师职业上的具体化

本研究认为，教师自我领导力是指教师以自我认识和职业认同为基础，以提高教育教学效率、促进学生发展和自身发展为目标，整合内外各种资源的自我影响、自我完善和自我建构的能力。教师自我领导力是一种有价值导向的矢量，是自我领导力在教师职业范畴的具体化。具体体现在以下几个方面：

（1）教师自我领导力以自我认识和职业认同为基础，统摄理想、信念、人生观、价值观等于自我系统之中。

（2）教师自我领导力以提高教育教学效率，实现专业发展目标为宗旨。教师自我领导力指向于教育教学实践，要处理诸多的人际关系（如师生关系、同事关系、领导关系、家长关系等）、要在工作中体现教师专业的爱与责任的特点，要呈现教师职业的幸福情感体验等。

（3）教师自我领导力是教师整合内外各种资源的自我影响、自我完善和自我建构的过程。教师自我领导力是教师在工作中的价值澄清、具体策略运用与影响因素整合的一个过程，具体体现在各种教育情景中。

（4）教师自我领导力是一种有方向的矢量能力，这是教师自我领导力的价值内化的体现。

二、教师自我领导力内部结构由五个维度构成

教师自我领导力由价值内化策略、工作意义感策略、目标导向策略、自我惩罚策略和自我奖励策略五个维度构成。通过开放式问卷、访谈、文献分析等方法，以测量学量表编制标准，最后形成有 34 个题项，5 个因素构成的教师自我领导力量表。

教师自我领导力量表部分验证了经典自我领导理论内部结构，也对其复杂性做了进一步探索。得到验证的是，总体上教师自我领导力五个维度可适当地对应于经典自我领导理论的三个维度。建设性思维策略对应价值内化策略，自然奖励策略对应工作意义感策略，行为聚焦策略对应目标导向策略、自我惩罚策略和自我奖励策略。值得商榷的不一致的地方有：经典自我领导力中的自我提示、自我观察、自我对话、心理意象等并没有独立地形成各自的维度。自我领导力经典理论中的诸多因素在教师职业特点中出现了融合和交叉，本研究对融合的维度做了重新命名。

三、教师自我领导力受个人因素和环境因素的影响

通过 W 市 703 个样本调查和 24 位教师自传分析，对教师的个人因素和环境因素进行综合研究。研究发现：总体上，中小学教师自我领导力普遍较强；教师自我领导力在男女性别、任教学科、学校类型上无显著性差异，在学校所处区域、工作年限、学历和荣誉上存在显著性差异；教师的家庭背景、入职动机、重要事件和个人经历会影响教师自我领导力，从而影响教师专业发展。主要量化研究结果如下：

（1）不同任教学科教师与自我领导力及价值内化策略、目标导向策略、自我惩罚策略上无显著性相关。在中小学被称为副科的音体、美术、信息技术教师与被称为主科的语文、数学、外语教师在工作意义感策略和自我奖励策略上存在显著性相关。

（2）不同学校区域（城市、乡镇或农村）与教师自我领导力存在显著性

相关。城市、乡镇和农村教师自我领导力分值依次递减，在其他五个维度上同样体现出类似的结果。

（3）不同学校类型与教师自我领导力及相关维度均无显著性相关。初中学校教师自我领导力得分最高，高中次之，小学最低，呈现出倒 V 形结构。在价值内化策略、工作意义感策略、目标导向策略和自我惩罚策略四个维度上，存在初中学校教师得分最高、高中次之、小学最低的倒 V 形结构。但在自我奖励策略的使用上，小学教师得分最高、初中教师次之、高中教师最低。

（4）不同工作年限教师与教师自我领导力、价值内化策略、目标导向策略存在显著性相关。教师自我领导力得分最高的是工龄在 20 年以上，其次是 10 ~ 20 年、1 ~ 3 年，最低是工龄在 4 ~ 9 年的教师，呈现出 V 形走势。

（5）不同学历教师在教师自我领导力上存在显著性差异，与工作意义感、自我奖励策略存在显著性相关。

（6）不同职称教师在自我领导力及价值内化策略、工作意义感策略和目标导向策略维度存在显著性正相关。在教师职务诸多类型中，教师自我领导力的分值各不一样，中学高级职称教师得分最高，其次是中学三级（小教二级）、中学一级（小高），最低是中学二级（小教一级），呈现出 V 字形结构。

（7）不同荣誉教师在自我领导力及价值内化策略、工作意义感策略、目标导向策略和自我奖励策略维度上均存在显著性相关。而在自我惩罚策略维度上无显著性相关。在诸多学术荣誉中，市名师、特级教师自我领导力得分最高，然后依次是市“三坛”或县名师、县学科骨干、市学科骨干或县“三坛”，最低是普通教师。教师的学术荣誉越高，教师自我领导力及价值内化策略、工作意义感策略、目标导向策略、自我奖励策略也越高。教师自我领导力随教师学术荣誉水平的提高呈爬坡式上升趋势。

（8）用线性回归分析发现：教师自我领导力 = 135.768 + 0.150 × 学术荣誉 − 0.130 × 学校区域。教师自我领导力可有效预测教师的学术荣誉和教师所在的学校区域，教师的学术荣誉越高，教师自我领导力越强；教师所在学校越偏离城市中心，教师自我领导力越弱。

四、教师自我领导力体现在具体的工作实践中

通过对24篇教师自传的综合分析，从教师自我领导力的五个维度切入，构建了四个主题，即“基础：做教师分内的事情”“支点：赋予工作意义感”“核心：有一个发展的方向”“调整：惩罚与奖励的运用”。研究发现：

（1）教师自我领导力是自我趋于完善的过程。主客观因素在不同程度上影响自我的发展，自我在发展中不断深化。教师自我领导力的形成是一个不断趋于整合、完善的过程，而自我是实现这一整合和完善的主宰。

（2）教师自我领导力实践存在一些共性。教师自我领导力是教师的实践能力，最终以具体的行为体现在教育教学实践中。首先，历史参与感。教师的行动离不开特定的历史背景，教师参与了历史，也被历史影响。其次，工作意义感。教师能从关键人物和关键事件中找到职业价值，并内化为自己的职业标准。中小学教师的“关键事件”“关键人物”往往以参加课堂教学比赛和科研成果的良好成绩取得为主。最后，个体实践性。个体实践性知识的不断丰富，凝练成教师个人的教育观、学生观、教学观和独特的教育价值判断。

（3）教师自我领导力是教师意义追寻的过程。意义感可视为教师自我领导力的来源，教师发展过程中会不断深化教育实践表象，赋予行动更丰富的内涵。

五、教师自我领导力受教师发展空间的影响

外部因素会影响内在动机。教师发展空间的有限性限制了教师的进一步发展。中小学教师的发展路径相对狭窄，可供教师持续发展的动力源不多，职称、职级和荣誉为主构成的教师有限的外部发展空间影响教师自我领导力的持续培育。“停滞”或“逃离”成为许多教师完成职称晋级之后继续发展的瓶颈。如何赋予常规的工作意义感，让教师由外至内的发展需求就显得尤其迫切。

六、教师自我领导力受教师自由的影响

教师自主权对教师的发展意义重大。教师拥有较大的自主权是教师自我领导力问题探讨的逻辑起点，是横亘在教师幸福之路的关键因素。非意义感的工作充斥教师职业生涯，教师幸福感在工作时间挤压生活时间的背景下心灵无法有效舒展。当教师把工作的幸福付之于对学生、对教育事业、对学校发展、对社会的责任和意义追寻的时候，他所追寻的目标在疏离“被要求”“被强制”“被剥夺”时，意义和价值的教师自主构建会凸显得更加明显。

第二节　策略与建议

教师自我领导力是教师基于自我认识的自我建构和自我发展的综合能力，体现在专业成长上则是自主式发展。在新时代，教师的自主发展既是目标，又是过程，还是一种学习特征。教师入职后，从发展来源来看，往往会有两条专业发展的路径选择，一条是被动式地接受外在培训要求，一条是主动式地寻求发展。外在的环境、政策要求和教师内在的职业发展诉求可成就教师的专业发展方向。

一、教育行政要赋予教师更多职业自由

社会在变化，学校和教师也相应的发生变化。教师由“组织的人”逐渐变为“做我自己”。今天的学校是需要以教师为核心的自我建设，赋予教师更多专业自由。

（一）教育行政部门要逐渐淡化管理功能

试想，如果没有教育自由，教师如何去实现自己的教育抱负？如何去贯彻自己的教育思想？如何激发自我实现教育理想？试想，一个无法施展自己

心灵深处理想的教师又如何去完成所谓的“奉献、爱心、责任”？一个被禁锢在灵魂深处无法施展手脚张扬个性的教师又如何去体现职业的崇高和伟大？一个囿于千篇一律陈规陋习的文化中无法拨云见雾的教师又如何能轻松上路？没有自由的教育，就没有完善的教师专业化；没有教育自由的教师，就没有自由的学生。浸淫于教育自由的教师的教学活动才能熠熠生辉。

就全球而言，由于学校受到权力的支配、人口规模的缩减等影响，学校规模结构也会发生变化。中国教育也同样面临类似的问题。未来的学校应该是以知识生产为本质特性进行建构，而不能够停留在行政组织管理层面。学校的知识生产功能在强化，传播和组织功能会弱化，行政管理的功能自然也应该要淡化，甚至消失，也就是说学校要去行政化。去行政不是说不要行政，而是要着眼于教育作为准公共产品的特点利用好行政的力量。行政部门评价校长和学校，不唯教育结果，不以成绩论英雄。行政部门在教育改革实践中的最大价值不是规范而是规划，不是管理而是服务，不是命令而是引导。从功能的角度来说，改革教育的主导力量根基在民间，而不是行政部门；是从下到上的，而不是从下至上的；是自发自觉的而不是强力推进的。所以，教育改革要宽容错误、宽容失败、宽容批判和争鸣。我们的教育行政部门要让一些有想法、肯做事、有干劲的人去实践、去实验、去研究、去构建教育的理想大厦。因为，学校是容得下梦想的地方，教育行政是让学校带着梦想去实践的机构。

（二）教育行政部门要引导教师自我评价

教师劳动是复杂的脑力劳动。职业性质决定了教师工作具有与其他脑力劳动许多不一样的特性，其中主要体现在教师的隐性工作中。教师的隐性工作具有以下的特点：教育形式以感染熏陶为主，重视学生的感悟、领会、内省、慎独能力，促进学生的自我统一；教育内容以非智力因素为主，重视学生的情感、情绪、意志、动机、习惯、兴趣、人际关系等，培养学生的情商；教育方式具有人格化、个性化，教师依据自己的人格特质，去芜存菁，塑造学生的人格；工作的效能取决于教师的专业能力和发展需求。

复杂的脑力劳动性质需要合理科学的教师评价系统。教师评价事关教师发展、学校发展和学生成长。教师的教育过程是教师由内而外的行为体现，这种行为是教师显性工作和隐性工作的综合体现，是教师教育理念的具体化，教育思想的行动化。教师评价体系的建构需要把教师显性工作和隐性工作有机地结合起来，最大可能地去评价教师的工作表现、工作绩效、职业道德等。对教师行为的全过程全方位的认识和评价是对教师整体评价的基础。对教师隐性工作的全面认识是对教师全面评价的一个重要的环节。基于教师隐性工作的认识，教育行政部门有必要在以教师的显性工作为主的传统的教师评价体系中纳入对教师隐性工作的评价，以有利于对教师的全面评价[①]。

正如每一个人心目中都有一个哈姆雷特一样，每一个教师心目中也有好教师的形象。教育行政部门在推进好教师共性问题的宣传时，也要宽容不同教师的存在形式。多姿多彩方显自然界的丰富，教师队伍也需要风格多样、个性多元能力各异的教师。在符合教师职业道德和教学伦理的前提下，教育行政部门可以赋予教师更多的自主评价权利。让教师有更多的机会去反思自我、重构自我，增强自我领导力的孕育和发展。

（三）教育行政部门要完善教师管理制度

教师管理制度的建立与完善是教师队伍建设的重要环节和保障，也是提高教师队伍素质和专业化水平的必要前提。政府要对农村教师的工资、职务、津贴补贴标准等方面实行倾斜政策，逐步缩小城乡教师收入待遇差距。城乡差距不仅表现在物质方面，更主要体现在精神层面。教育行政部门在教师的职称晋升、荣誉评选、学历提升等方面要向一线教师倾斜。基于教师实际需求的制度才能发挥政策的引导作用。目前，有些地区为了不让优秀教师外流，囿于区域保护主义思想，出台严苛政策防止教师正常流动。教师对流动的期望是教师内部自我激励的具体体现。所以，教育行政部门要利用教师流动的愿望，做好教师发展顶层设计，变个体发展为群体发展。

教育行政部门可以建立符合教师内在发展规律和客观诉求的教师激励制度，扩展教师有限的发展空间。如 W 市的荣誉激励制度在一定程度上激励了

---

① 吴思孝．隐性评价：教师评价的另一视角［J］．教学与管理，2003（8）：7－8.

教师的发展积极性。目前，W 市形成“三层次”“三奖励”“三制度”的“三三三”教师激励制度。“三层次”① 是形成“学科骨干—‘三坛’（教坛新秀、教坛中坚、教坛宿将）—名师（名教师、名班主任、名校长）”金字塔形的教师人才梯队，为全市所有教师指明了发展的方向；“三奖励”是指新闻奖教金、师德楷模奖、终身班主任奖；“三制度”是指中小学校长工作目标考核奖制度、骨干教师学年度工作考核奖制度、特殊教育学校教师学年度工作考核奖制度。“三三三”制为不同发展需求的教师提供了不断进步的空间。

二、学校组织要营造良好校园文化

美国心理学家班杜拉在 20 世纪 70 年代提出的人、环境和行为三方互惠理论。其中任何两个因素之间的双向互动关系的强度和模式，都随行为、个体、环境不同而发生变化。好的学校能产生良好的发展互动机制。

（一）学校可在好学校的指引下营造良好的工作氛围

对“好学校”的追问说到底是百姓对优质学校办学的内在讨求。本质只有一个，形式可以多样。学校的办学质量，说到底是学习对象的发展。在原有基础上的正向的发展。发展有快慢，有多少，有深浅。但发展的本质是积极的变化，如果没有变化，或者是消极的变化，就不是教育，也不能称为学校办学效果。所以，好学校是师生正向、积极、可持续发展的场所。就教师管理而言，好学校意味着对教师的宽容、理解和尊重。其一，好学校是允许宽容教师的非道德性错误。学校管理固然需要管理，但管理是手段和途径，是通往教师发展的途径。如果把管理视为结果则是本末倒置的错误行径。如果不是教师职业道德方面的问题，学校是教师专业发展不断试错不断尝试并不断改正的场所，学校是教师专业再认的场域。一个不犯错误的教师是不现

① “教育名家”是“三层次”提出后增加的一个荣誉，是对三层次的补充，五年一评，目前仅有 2010 年一届，共八人。

实的对象理想化。教师能在学校中感受到宽容、心情愉悦，这才是一个好学校的标准。其二，好学校是尊重结果关注过程的地方。对学校成绩的追求是办学中无法回避的客观现实。实践中，我们的学校要跳出对纯粹成绩的追求，要看分数升学以外的过程性的东西，在教师发展中我们可以关注的地方太多了，譬如习惯、态度、价值观、健康、乐观、自信等内在的品质，这些在传统教师管理中被淡化也无法量化的品质却可以成为学校的文化积淀，这些不易显性化的指标可浸润教师的自主式觉醒。其三，好学校是教师影响学生的场所。教育学生的途径很多，在时间和空间来看，好学校是学生发展的制高点，课堂是主要场域。教师传授知识、技能、情感态度价值观固然是主渠道，但课堂及其教室中衍生出来的教育情景不足以促成一个全面健康的学生。学生的发展还需要学生、教师及其环境整合一气的大课程。教师的精气神、意义感和价值感会培育心怀梦想的学生。

（二）学校在制度的建设中形成良好的职场生态系统

在组织中，员工发展到一定程度就出现两种可能：一种是往上晋升，进入新的层级；一种是停滞不前，没有发展意愿。教师队伍也一样，不是发展就是停滞，停滞意味着倒退。

学者扬（Young）曾说，现代教育危机的根源在于一味追求人力资源的理性管理以及教育问题的理性解决。学校机构是一柄双刃剑，它既可成为问题的集结点，也可成为个体变化的推动力①。建章立制促进教师专业发展是每所学校师资管理思路的起点，也是规范管理的路径选择。学校、教研组、备课组、教师个体，层层建立的规则意识是教师发展的外部要求，也是教师管理的必要手段。这无疑是必要的，但显然是外在的，是基于管理需要的一种策略。教师的发展要由外在的要求内化为自发的行动，即由规范到自觉。教师的发展自觉是教师工作动力和职业认同基础上发自内在的成长需求。教师由初涉讲台到站稳讲台，由普通走向优秀，由优秀走向卓

---

① Young R. A Critical Theory of Education: Habermas and Our Children' s Future [M]. New York: Teachers College Press, 1990.

越，发展的自觉是一种必然，也是一种结果。那么，如何促进教师的发展自觉呢？可以通过学校大小场域内的学习研究气氛的营造，通过优秀教师表率，通过文化管理，通过学习共同体建设等。教育是一个生态系统，学校场域则是大生态系统内的一个相对封闭的小生态系统，学校也会自然形成一个错落有致的生态链条。是链式还是塔式，是破坏性的还是建设性的，是积极的还是消极的，这都是学校管理者制度设计所能触及的内容。所有学校都会有这样的生态链条，优质校的竞争态势如何转换为合作模式，如何让高位系统有效运转，是管理的问题，但也由教师不甘于平庸所带来的发展自觉所决定。舒尔茨认为：教师们并不愿意在教育行政管理下的规制和检查来调节和保证教学进程，而更愿意通过自我调节和自我要求来开展教学工作，完成教育任务。在社会和文化的变化中，学校能采取的最好的对策就是给教师革新性的工作和教育过程中创造性的计划提供自由空间①。例如，学校可调动教师对学校发展的使命感，做好教师对自身发展的生涯规划；积极鼓励推荐各个层次的教师参加各类促进教师专业发展的活动，如业务技能大赛、观摩课展示、论文评选、课题研究等。说到底，学校的发展是教师文化的发展，教师文化发展的核心是教师专业发展的自觉。

（三）校长要发挥学校组织的核心价值引导者角色

课堂是教师专业成长的主阵地，校长是师资队伍建设的第一责任人。校长是学校队伍建设的第一责任人。陶行知曾经说："校长是一校之魂。"一个好校长应该能带出一支好的教师队伍。校长任内致力于让教师冒尖出彩，这样的校长才是好校长。在上海某区，如果学校教师符合评职称条件，但当年评不上，校长是要被教育局领导谈话的。教师论文发表不足、上课不合格这些问题都和校长工作有关。教育行政部门把校长的评价和队伍建设结合起来考虑会激发校长的工作热情。如果一个校长关注队伍建设像关心自己的工作升迁一样，这会是教师的福音，也是教育的福祉。徐匡迪曾经在题为《今天

① ［德］迪特·舒尔茨. 作为人格培养的教师教育——教育学意义上的教师教育的因素［J］. 张可创译. 全球教育展望，2003（1）：7.

我们如何做校长》[①] 的讲话中说过：在学校管理中，对每个人影响最大的因素就是利益问题。人们追求公平、合法的利益是无可厚非的，然而限于物力，在利益分配上还难以满足每个人的愿望和要求，如评职称、评先进、发奖金等方面的问题，容易引发矛盾，因此往往影响到工作。但是只要一个校长在处理这些问题时是公正无私的，那么他一定能得到大家的谅解和拥护。这里，校长需要用自己的正气来营造良好的学校文化。

校长要赋予教师工作的意义。教师在工作中容易出现无力感和消极的情绪。研究发现，具有追求和充满意义的生活方式会全面提升一个人的幸福水平和生活满意程度，并促进身心健康，提高恢复力，提升自尊，减少忧郁。心理学家马丁·塞利格曼认为，“追求有意义的生活，就是用你的全部力量和才能去效忠和服务一个超越自身的东西。”管理学者小罗伯特·H. 沃特曼说：人们对工作的意义和生活的意义需要非常强烈，要是有一个组织能使他们感觉到意义所在，并使他们获得安全感，他们就会在很大程度上心甘情愿地把自己托付给这个组织。作为管理者就是要赋予员工工作的意义，并进行认可。把自己的精力用在自己最适合的领域，这样往往更容易实现个人价值。譬如W市S小学就推出“做成一件事（项目）”，通过项目申报的形式，让每一位教师基于自身发展规划和工作岗位特点。学校建议教师从四个方面选择自己的研究项目：第一，做成一项独特性、创新性、可推广的项目；第二，培养全班学生的一种习惯或转化一名行为偏差的学生；第三，探索校本课程、校本研究中的一种做法；第四，进行一项重大的教育教学改革。尽管这四类内容并不能穷尽小学教育工作者的工作任务，但可以看出学校在规划教师有意义的职场生涯，在用专业的方式引导教师去做有价值的事。

三、培训机构要加强教师自主意识培养

天道酬勤，亦酬术。勤是勤奋，术是策略。成功既要依靠勤奋刻苦的精

① 徐匡迪在上海市教育党委、市教委组织召开的“上海市部分中小学校长座谈会”上的讲话（2003年4月1日）。

神，还要讲究策略和方法。教师在不间断的工作实践、探索总结、反思学习中日趋成熟。

（一）重视教师专业精神培育

教师专业素质从其本质内容结构上看，包含专业知识、专业道德（伦理）和专业精神三方面。专业精神是教师专业素质的重要组成部分，能够影响个人工作努力及工作成效。凡是教师在教育场域中所传递出对职业一致而平稳的认同感、责任感、奉献意识、积极行动和良好道德意识的价值追求，是教师对教育行为所秉承的一致、连贯、自觉和专业的行为，均可认为是教师的专业精神。从其本身来说，教师专业精神是一种职业认知倾向；而从其实践表现来说，教师专业精神则是一种行为表现。教师专业培养首先要关注教师的职业认同感。教师的成长分两个阶段，职前和职后。职前的培养就是师范教育，以正规课程学习为主，关注知识的储备和技能的掌握，通过对教育职业的认识形成教师角色的初步认识。职后的培训则以职业技能提升为主，其中重中之重是教师的职业认同感。

授人以鱼不如授人以渔。如果说“鱼”是结果，那么“渔”是获得鱼的过程、方法和技能。问题是，假如一个人不想吃鱼，却被要求努力学习捕鱼的方法，这是怎样的结果？这种现象普遍存在于中小学教师职场。一个不喜欢教书的教师被要求和学生待在一起从事自己没感觉的工作，这会是一种怎样的折磨？笔者从事教师培训十余年，在平时的培训中发现一些教师不热爱教师职业，没有职业认同感，他们对培训的态度就不可能有热情，培训效果就不可能好。这好像，一个自己想吃鱼，懂得捕鱼方法的人才能教出想吃鱼、会捕鱼的学生。想教书才能教好书，这就是教师的职业认同。职业认同经历“感受”“接受”“悦纳”。一个教师在职业初期对教师职业是怎样的感受对后期的工作至关重要。具体来说就是能否感受到，被关心、尊重、友爱、胜任、自信、乐趣和团队的力量。

所以，W 市在设计新教师培训课程的时候，除了提供新教师必须具备的知识、能力和技术外，还会增加教师专业精神方面的课程，培训内容更多的是让他们感受到职业中的“关心、尊重、友爱、胜任、自信、乐趣和团队的力量”。其中会安排“校长心中新教师”“优秀教师的成长经历”等课程，安排上一届优秀新教师从自身发展角度来谈的工作心得，让新教师对课堂、教学、教育和管理“有感觉”。会特别安排新教师到农村学校参观考察，听课上课，让他们感受农村的简陋和教师辛苦；还会安排一天时间去特殊教育学校参观、听课和研讨。让新教师真切感受教育职业的奉献精神，这是新教师的始业教育，也是教师的职业认同教育。让新教师感受教育的价值，教师的辛苦与幸福，最终喜欢教师职业，喜欢面对的每一位学生，喜欢所从事的当前岗位。

教师只有从关注职业的外在价值过渡到关注职业的内在价值，将职业的社会价值纳入自身价值体系中去，才能够唤醒内在的职业动机，才能够从内心体会到作为教师的幸福感，才能理性地投入教育事业中去，职业认同感是教师激活内在动机，克服职业倦怠的坚实基础。

（二）关注教师自主发展培养

教师的自主专业发展需要有内在驱动力，同样也离不开外部的支持，这集中表现在对自我导向式学习的专业指导的需求上。教师的自主专业发展不仅要有“我要发展”“我想发展”的心理诉求，同时更要有“我能发展”“我会发展”的心理资本。教师的发展其实就是不断学习和突破自我的过程，教师自我领导力是其内在的驱动力，教师的学习是自我导向式的学习。

当然，教师不是一个单纯的学习者，他是以引导和指导学生学习为职业的学习者。他自身的学习能力、学习态度、学习方式必然对学生潜移默化地产生着影响。新课程改革对学生的学习品格提出了较之以往更高的要求，那么教师作为学生学习的引领者，显然有必要率先达到新课程改革希望在学生身上实现的那些素质目标，因而必须强化自我学习的意识，掌握现代学习方法和学习策略，提高学习的迁移和创造能力。通过自我导向式学习的引领，在教师中培养自我建构性的学习精神，这不仅有利于教师轻松驾驭处于不断变革中的课程与课堂，更有利于在教学行为中无形地渗透自主学习的思想，从而深刻地影响学生的学习行为。

而自我导向式学习绝不等同于自发的、随意的、松散的学习行为。如何让教师的自我导向式学习有迹可循，有章可依，从而保证学习质量呢？可在培训内容中加强教师专业成长指导模块的建设，主要包含以下几个方面的内容：

（1）教师专业发展现状分析。提供教师生涯发展阶段、教师教学艺术发展模式的专业知识，集中分析教师所处发展阶段的特点以及自身专业发展的优势和劣势，帮助教师增强自我认同，激发进取意识，明确成长定位，科学规划发展目标。

（2）教师专业成长途径分析。扎实落实以“课堂”为核心的教学实践（听课、上课、开课、评课）；利用教研组、备课组、同伴组、网络合作团队等形式，灵活构建学习和发展共同体；自主阅读积累，紧密跟随前沿动态，在广泛涉猎中逐渐形成专长强项；培养自主反思的能力和习惯，不断积累、提炼经验，螺旋式提升；大胆捕捉教科研契机，了解研究动态，掌握研究方法，保持研究意识，以研究促发展。

（3）教师专业成长资源汇总。向受训者推荐重要的专业书目、期刊；精选网络资源，介绍检索技巧；组织相互交流平台，资源互补；建设、丰富教育平台提供资源。

以上这些内容有的以独立讲座的形式呈现，有的则渗透于学员活动之中，共同的目的都是为了激发受训者的自主学习意识，形成比较科学的自主专业成长规划，掌握比较专业的自我导向式学习手段，并能够将其应用于个人工作实践之中，提高自主专业发展的能力。

（三）唤醒教师的自主意识

唤醒是“促醒；弄醒”的意思，启蒙是“传授基础知识或入门知识”之意。马克思说过，教育绝非单纯的文化传递，教育之为教育，正是在于它是一种人格心灵的“唤醒”。教师培训也要唤醒教师，让他们寻找在这个时代背景中拓展自己专业发展的空间，培训要带着教师走向学生，要帮助教师经常反问“到什么地方去”“怎么去”“到了没有”。对这些问题的追问和思考将促成教师反思意识的觉醒，它们将成为教师专业意识自主发展的契机与基础。教师能对自己以及身处的实践世界有更多觉知，能够质疑、挑战习以为常的做法和现象。教师只有处于自主的环境中，以非强制的方式从事工作，才会有思维的活跃，个性的舒展。教师培训中的唤醒教育就是要通过培训唤醒教师的自主意识，只有具有了自主意识，教师才能将典型的、常见的教育现象悬置起来，才会对目前的现状问题有一种忧患意识，才能有种改变现状的内在动力，从而有可能从这种被规限的生活中突围出来，其专业自主权才能真正地建立起来。这就促使我们改变传统的教师教育模式，重点是在课程设计时目标上要考虑教师教育的核心是培养教师的反思能力和自主意识，而非传递新信息或者新技能，课程的内容要从偏重理性向情意课程转向，以丰富教师的人文内涵和精神世界，同时，在课程的实施方式上要正视教师的个体教育观念和其隐性知识，创造一个宽松自由的讨论环境，鼓励教师敢于说出并主动剖析自己关于教学的真实想法，使他们有可能处于一个有意义的建构性学习的过程中，专家与教师、教师与教师之间要建立一种平等的协商机制，形成一种探索的氛围，尽可能通过各种途径为教师交流与对话提供机会，使其在不断地交流与碰撞中锤炼自主意识。

遵循教师专业发展成长的规律，立足优秀教师的个性，以整体宏观发展的视角去引导教师静下心来读书，潜下心来育人，不浮躁，不功利，重视发挥教师内在力量，激发教师拥有向上的积极昂扬的精神状态，养成持久的专业发展热情。

四、教师个体要挖掘自我主体发展意识

贯穿本研究的一个基本思想是教师是自己发展的领导者，教师要对自身发展负责，其中包括如何有效地挖掘自我发展意识。当然，促进教师自我发展的意识与能力有很多，但从教师自身角度而言，可通过阅读、时间管理和培养职业趣味来提升。

（一）教师要做好目标管理

目标管理首先是认识自己。“认识你自己”是一个永恒的话题。1999 年，管理大师杜拉克对职业经理人提出“管理你自己”，他把“认识”上升到了

“管理”的高度。杜拉克说，你要问自己五个问题：我的长处是什么？我做事的方式是什么？我的价值观是什么？我该去哪里工作？我该贡献什么？教师要认清自己的工作风格和教学特长，有针对地朝着自己擅长的方向发展。成为优秀的管理者，成为特级名师，成为自成特色、学生喜欢的教师。教师在职业的规划定向上要做好目标的分解，各阶段都要完成职业的发展任务。在教师职业生涯理论中，不同的教师教育理论均提出不同发展阶段，教师要对照自身的特点寻求发展的基点，妥善处理好目标和任务的关系。

认识自己的方式很多，最好的方式是阅读。教师是最需要不断学习的职业。阅读是一种人与书的对话，说到底是人与人的对话。是今人与故人，是东方与西方，是思想与思想的一种交流。对话和交流是一种行动，是一种行为背后的巨大自我再认。所有行为背后必然蕴藏着巨大的思想，思想支持着人的行为。人的思想与环境的交互形成了行动，认知和思想促使人的行为不断持续应对。读书是思想获得内化和外化的过程。同样，阅读是对不同思想的宽容、吸收和内化。一个坚守陈规陋习的人是无法博览群书，无法取长补短，无法自成一体的。阅读的过程是加强自我认识的最好路径选择。认识自己之后，方可付诸具体行动。

教师要树立职业理想，寻找教育的价值感和使命感。从特级教师和优秀教师的成长轨迹我们可以发现，在优秀教师成长的背后蕴藏着巨大的精神力量。笔者曾经对一位来自农村的优秀初中班主任做过访谈，为什么在偏僻的农村他能在短短的三五年内脱颖而出，他的同事却不能。他说“我感觉自己有一种力量，促使自己要努力，要出成绩，要超越别人。每天沉浸在怎样把事情做好，怎样把学生教育好，怎样更有效地开展工作……”那种促使他“破土而出”的力量就是寓于专业精神的价值观和使命感。

（二）教师要学会时间管理

很多教师反映影响发展的主要障碍是时间和精力不足。这固然和教育行政部门和学校组织部门的管理方式有关，但也和教师的工作方式有关。教师很忙，中小学教师更是忙，在忙什么呢？他们上课、批改作业、管理，课前课后，白天黑夜，没有自己的时间。很多中小学教师都抱怨没有时间学习。

听一位小学的老师说，她们像老母鸡与小鸡一样与她们的学生们“拴”在一起。教师一天，一个星期，一个月，一个学期，一年在干什么？如果一天与一年没有区别，不断地重复劳动甚至是体力劳动，这样的工作价值究竟有多大？当教师遇到学校工作任务时，往往喜欢“熬夜去完成”，“用时间来换工作任务”是在访谈中很多教师面对问题时的处理方式。网上查询、咨询老教师、继续关注和学习等固然是积极的处事方式，但也造成了教师“向时间要质量”的处事方式。无形中，构成了教师的工作压力大，闲暇时间少，幸福感低的现状。

我们发现，不少教师的工作效率偏低，这种低效主要体现在做不正确的事情。我们的教师在做着其他老师的事情，做着学生干部的事情，做着学生做的事情，做着家长做的事情，做着医生做的事情，做着没必要做的事。有时候“做正确的事”比“正确地做事”来得重要。教师的价值在于他的独特性，小范围里的不可替代性。别人能做的自己就不做，一定要做的也要做出效率。譬如作业的布置和修改，是不是每一节课都需要布置作业？是不是每个学生都要交作业？是不是每一本作业都要批改？这些都是需要在“工作价值”“效率”的范畴里予以思考。

教师要学会时间管理。自我管理的起点是时间管理，因为唯有时间是每个人都拥有的基本资源。2008 年，畅销书作家马尔科姆·格拉德威尔在他撰写的畅销书《异类》（*Outliters*）中指出：人们眼中的天才之所以卓越非凡，并非天资超人一等，而是付出了持续不断的努力；经过 1 万小时的锤炼，任何人都可能从平凡变成超凡。他将此称为“1 万小时定律”。当然，这里的 1 万小时练习并非是普通的常规练习，而是一种设定了清晰的目标，以适当的难度在自己的能力边缘，通过不断试错而获得精准技能的一种练习。教师若能用好时间资源，做到“要事管理”“愿景管理”才能做好目标管理。这也是自我领导力的一部分。人类文明是源于人类对自身的不满，不满是来自想抽出更多的时间休闲娱乐自我发展。“偷懒”是一种技术，它可以促进社会发展。教师要学会“偷懒”，要学会巧干，不是苦干。“老黄牛”的精神可取，但方法不可取，不足以推广和学习。教师可以因“偷懒”而智慧地匀出更多的时间拥有更多的选择的权利，选择有意义的而不是谋生的工作和工作方式，这样教师才会有更多的存在感和价值感。

要保持对时间的危机感。认清时间的意义，把时间当做自己最宝贵的资源来对待，养成规划时间的习惯。在精力最好的时间里做最重要的事情，养成按日程表规划工作的习惯。要掌握好利用时间的技巧。美国瓦赫特在《教师时间管理策略》一书中提到了21种时间管理的策略。譬如：学会更加聪明地工作、有效而简捷的沟通 、管理材料、提前一周计划 、学会说“不”、使用互联网节约时间、节约零碎时间等，这些策略可有效解决教师面临工作紧张、时间紧迫、分身乏术而身陷困境的窘境。

（三）教师要培养职业乐趣①

按照哈贝马斯的解释，兴趣（interest）等同于乐趣，是我们求得满足的乐趣，这种乐趣和某个对象的存在或某个行为的存在观念相关联。他把“兴趣”分为两类：其一是“经验的兴趣”，这种兴趣受功利目的支配，来自需要，它是由令人愉快的或有用的东西刺激感官而产生的一种嗜欲力；其二是“理性的兴趣”或“纯粹的兴趣”，这种兴趣超越了实用功利之目的，它是由理性原则所决定的，它不是来自需要，而是“唤起需要”。在哈贝马斯看来，作为认识基础的不是“经验的兴趣”，而是“理性的兴趣”。他认为，这种“理性的兴趣”之所以能成为认识的基础，关键在于它同时又是实践的兴趣。他赋予这种兴趣以实践的品格，强调它“不适用于客体的存在，而适用于卓有成效的工具行为和顺利进行的相互作用本身②”。教师专业精神既包括职业行为中所体验到的“经验的兴趣”，也包括是基于理性认识基础上“理性的兴趣”。

享受职业乐趣。职业乐趣是个体的独特体验，源自于内心的思考和判断。这种个人体验实际上是非常主观的，即使是面对完全相同的教学情境，不同的教师会产生各自不同的感受。所以，教师在工作中快乐与否，是否有热情，在很大程度上是取决于教师自己。教学的过程，不仅是学生成长的过程，也

---

① 吴思孝．教师职业精神：内涵、价值与培养［J］．教育理论与实践，2013（34）：39－43.

② 刘放桐等．新编现代西方哲学［M］．北京：人民出版社，2000：477－478.

是教师发挥自己才能实现价值的过程。教师要学会唤醒自觉，善于从平凡的教学活动中去发现、丰富自己的职业生活，享受职业带来的乐趣。

享受教学乐趣。如果你想让教师的劳动能够给教师带来乐趣，使天天上课不至于变成一种单调乏味的义务，那你就应该引导每一位教师走上从事研究这条幸福的道路上来。重复而相对稳定的工作变得有趣味是教师的智慧，但更是教师专业精神发挥的场所。作为教师，要研究自己教授的科目，在教材中加入自己的思考和体验，用自己的语言将内容呈现给学生；同时也要研究学生的需要，根据学生不同的心理特点采用不同的教学方法。这样做不仅有利于学生的学习，也能够使教师体验到教学的价值，感受到教学并不是一种外在的被动的工作，而是富有创造的价值和行动的力量。从而能够充分地享受到教学过程所带来的乐趣，而不是简单的知识传授和技能复制。

第三节　反思与展望

在本书写作过程中，笔者深切地感受到学术能力匮乏带来的无力感和挫败感。虽然，偶有灵感，不胜感慨，但更多的是困顿、质疑和惭愧。所有困难都不应该成为问题存在的借口，基于研究不足的反思驱使笔者用积极的心态展望可能的未来研究。

一、研究亮点

（一）研究选题和研究设计的创新

本书把自我领导理论运用到专业发展背景下的中小学教师职业范畴，把自我领导力视为互为变量来探索区域内中小学教师专业发展及影响因素，用教师自我领导力来替代已有的教师专业发展影响因素，在研究选题和研究设计上有一定的创新意义。

（二）量化研究和质性研究混合使用的创新

严格运用测量学方法自编教师自我领导力量表，综合运用问卷调查、文献分析、个案访谈和自传分析等研究方法。量表编制对自我领导力对象化研究有一定推动作用，量化和质性研究的方法混合运用对自我领导力研究和教师专业发展研究有一定的创新价值。

（三）本土化自我领导力内涵探讨的创新

从自我认识和职业认同的角度诠释教师自我领导力概念，并构建了教师自我领导力五角模型，分析了不同变量影响下的区域教师自我领导力现状和实践表现，对自我领导理论内涵探索和本土化研究有一定的启发和借鉴意义。

二、研究不足

（一）样本容量无法满足所有背景变量的取样

样本容量应该多少是量化研究中一直被讨论的问题，尽可能多的样本可提高研究结果的信度。由于诸多原因，本研究正式问卷调查取样 703 人，仅占研究对象的 1%。所以，在不同的背景变量上，特别是任教学科上无法顾及不同学段教师的取样，一些学科教师数量过少，如物理、化学、生物、思想政治或思想品德、历史或社会、地理等样本均没有超过 20 人，这样的样本容量一定程度上影响了方差分析中的信效度。且在取样方法上，受到各方面因素的影响，选用了整体性取样，这容易受到学校整体水平的影响。如在背景变量上，城市优质学校教师相对来说会更容易趋向高的教师自我领导力。另外，问卷是关于自我的自评量表，自我本身就是一个非常难以全面有效评估的概念，量表没有反向题，尽管在问卷筛选时也用了一些方法，尽可能保障分析数据的有效性，还是存在数据信度被质疑的泥淖。

（二）背景变量选择缺少教师管理角色

研究关照教师诸多的背景变量，如性别、任教学科、学校所处区域、学校类型、工作年限、学历、职称及取得的学术荣誉等，全面了解教师自我领导力的发展现状，寻求背景变量与自我领导力之间的关系。但背景变量缺失了班主任和管理干部。班主任岗位的任职作为中小学教师职称晋级不可或缺的一个环节。从自传研究中发现，班主任承载着教师自我领导力的各种策略，是教师自我领导力得以全面实践的一个重要载体。另外，担任一定学校管理岗位的教师，如教研组长、备课组长、学校中层和校级干部，在自我领导力上是不是和学校普通教师在自我领导力上有显著性差异？另外，父母职业、工作收入、夫妻关系、学校人际关系等背景变量都可能是影响教师自我领导力的因素。尽管在访谈和自传分析中尽可能地渗透了此类问题，但若能在背景变量中体现用数据来说明问题无疑会更有说服力。

（三）研究方法使用稍显生硬，不够灵动

本研究仅采用了混合研究方法，即量化研究和质性研究。量化研究主要体现在通过问卷的编制和调查统计，使用描述统计、独立样本 t 检验、单因素方差分析、多元方差分析、回归和路径分析、探索性和验证性因素分析等方法。质性研究主要体现在通过访谈、个案分析和教师自传分析等方法。两种研究方法的混合使用一定程度上拓宽了自我领导力的研究思路，但对两者方法混合交替使用的熟悉程度有待提高，对质性研究的适切性问题仍需做进一步探讨。对教师自传诸多材料的不忍割舍一定程度也反映了研究者对问题把握的无力感和对教师自我领导力这一颇具神秘话题的敬畏感。

（四）研究内容缺失教师自我领导力作用机制分析

尽管研究者力图在“是什么”“怎么样”“为什么”等问题做出满意解答，但研究过程中发现探寻教师自我领导力的内部动机是一个难题。尽管，在研究中触及教师自我领导力的概念及内涵的分析，在量化和质性研究中对教师自我领导力的产生和运行也多有触及，但对教师自我领导力作用机制的探讨较难深入，也稍显无力。特别是教师自我领导力与教师专业自主发展、内在动机与自我领导力等的关系还很模糊。作为整合性的自我领导力概念本身包含了诸多独立理论中的独立因素，但如何有效地区分和界定各自的研究

边界和领域仍然是有必要的。

三、研究展望

后续研究中可适当减少无关变量，增加预想有关的变量，增加任教学科教师方向的取样。或者，以文理综的形式，整合任教学科教师取样，便于更精确地认识教师自我领导力在学科变量上的表现。可以增加管理岗位人员在自我领导力上的表现，并分析管理干部自我领导力与普通教师自我领导力之间的关系研究。

后续研究可采纳扎根理论来处理自传素材，适当运用自陈自我领导力的方式和个案研究的方法，结合量化研究方法，寻找专业发展与自我领导力之间的作用机制和影响路径。

后续研究可考虑加强自我领导力概念形成脉络的梳理，从不同的理论中寻找自我领导力概念的源头，并鉴别出自我领导力与教师自我领导力、教师自我领导力与教师自主发展、内在动机与自我领导力之间微妙而复杂的关系，寻求内在动机、外在环境和价值信念三者之间的自反联动机制的动态过程。

后续研究可在学校管理和教师队伍建设的诊断、教师自我领导力课程开发和培训项目实施等方面做进一步跟进。研发教师自我领导力课程，并通过培训提高教师的自我领导力，通过实验检验培训效果，从而开发出一套基于教师自我领导力发展的培训课程。

附录1 国内自我领导力量表使用情况汇总

序号	研发者（时间）	取样对象	题项	内容结构和因素	内容出处	文章出处	备注
1	刘云（2011）	上海市、江苏省、山东省、河北省、浙江省、四川省、重庆市、广东省等地区企业，有效问卷947份	13	4个维度。心理意象与自我对话属于建设性思维策略，自我奖赏和自我惩罚属于行为聚焦策略	自我领导与员工创新行为的关系研究——心理授权的中介效应	科学学研究	以RSLQ为蓝本
2	曹威麟，谭敏，梁樑（2012）	中国科技大学MBA班学员及安徽境内4个事业单位，有效问卷222份	10	3个维度。其中行为战略3个题项，自然报偿战略4个题项，积极思维战略3个题项	自我领导与个体创新行为——一般自我效能感的中介作用	科学学研究	以RSLQ为基础
3	彭彦彬，徐亮（2012）	广州市5所高校中随机抽取各学科硕士研究生，有效问卷187份	20	6个因子。自我目标设定策略、自我谈话策略、自我奖赏策略、成功心象化策略、自然报偿策略、情绪控制策略	研究生自我领导策略对创新能力的影响研究——基于广东省五所高校的调查分析	文教资料	六因子没有分类

续表

序号	研发者（时间）	取样对象	题项	内容结构和因素	内容出处	文章出处	备注
4	李晓蕾(2006)	北师大一至四年级本科生，有效问卷484份	50	3个维度，10个因子。行为策略（自我观察、自我目标设定、自我奖励、自我惩罚、自我提示、实践），建设性思维模式（自我对话、反思内在价值观、想象成功的行为），内在动机策略（内在动机）	关于大学生自我领导力水平的实证研究——以北京师范大学为个案	北京师范大学	修订安德森和普鲁士（1997）的《自我领导力自量表》（SLQ）
5	朱生玉(2007)	等距取号河北秦皇岛职业学校30位教师、900位学生，有效问卷30份	50	3个维度，10个因子。行为策略（自我观察、自我目标设定、自我奖励、自我惩罚、自我提示、实践），建设性思维模式（自我对话、反思内在价值观、想象成功的行为），内在动机策略（内在动机）	中学教师自我领导力与工作绩效的相关性研究——以秦皇岛市职业学校为个案	北京师范大学	直接用李晓蕾（2006）问卷，在北京丰台对45位教师做预试，Cronbacha's α系数为0.900
6	胡荣堃(2007)	分层整群抽样，选取北京、河北、河南三地7所中小学，有效问卷315份		3个维度，10个因子。行为策略（自我观察、自我目标设定、自我奖励、自我惩罚、自我提示、自我发动、自我强化），建设性思维模式（自我对话、心理意向与反思），内在激励策略（内在激励）	中小学教师自我领导水平的实证研究	北京师范大学	用李晓蕾（2006）问卷，“行为策略”改为“行为关注策略”，增加“自我发动”和“自我强化”，删除“实践”因子；建设性思维模式增加把“反思内在价值观”改为“心理意向与反思”，删除“想象成功的行为”

续表

序号	研发者（时间）	取样对象	题项	内容结构和因素	内容出处	文章出处	备注
7	梁瀚中(2009)	7个城市（开封、郑州、上海、台州、成都、东莞、深圳）18家企业，有效问卷832份	26	7个维度。自我奖赏、情绪调节、成功绩效心象化、工作内在奖赏、自我目标设置、自我谈话、自我惩罚	中国文化背景下企业员工的自我领导	河南大学	严格按问卷编制方式进行信效度检验，采用Likert 6级计分法
8	陈元勇(2010)	合肥地区某两所高校的本科生和研究生，有效问卷204份	10	自我目标设定项目修改为长期目标设定和短期目标设定	基于职业生涯动机的自我领导能力研究	中国科学技术大学	以RSLQ为蓝本
9	张潍华(2010)	山东省11所高校的431名管理干部	49	3个维度，8个因子。三个策略即行为策略、内在动机策略、建设性思维模式策略；八个因子即自我目标设定与提示、自我激励、自我奖励、自我惩罚、自我觉察、内在动机、自我对话和心理意象与反思。内在动机策略只包含内在动机一个因子	高校管理干部自我领导力水平实证研究——以山东省为例	北京师范大学	安德森和普鲁士编制、李晓蕾汉化的《自我领导力量表》作为蓝本，微调
10	曹文峰(2010)	南昌高新开发区、九江经济技术开发区等江西省高新技术企业的在职员工，有效问卷279份	29	7个维度。自我奖赏、情绪调节、成功绩效心象化、自我目标设置、自我谈话、自我惩罚、工作（任务）和关系导向自然补偿	自我领导对员工创新行为的影响机理研究	江西财经大学	采用梁瀚中七维度问卷，结合何杰西和尼斯比特（2009）的研究，将梁瀚中量表中“工作内在奖赏”维度拓展为“工作和关系导向自然补偿”

续表

序号	研发者（时间）	取样对象	题项	内容结构和因素	内容出处	文章出处	备注
11	汤磊（2010）	上海市内大专及以上学历的企业在职知识员工。有效问卷252份	22	6个分量表。行为聚焦战略（自我目标设定、自我奖励、自我惩罚）、自然报偿、建设性思维战略（预想成功表现、积极的自我对话）	企业知识员工的自我领导现象研究	华东理工大学	借鉴梁翰中（2009）修订的《中国员工自我领导问卷》
12	蒋洋（2012）	成都地区的服务型行业，包括银行、证券等金融行业、通信行业、软件行业等。有效问卷375份	17	5个维度。自我目标设定、自我谈话、自我奖惩、预想成功表现、工作内在奖赏	服务企业员工自我领导、自我效能与创新行为的关系研究	电子科技大学	结合RSLQ和中国实际，形成的初始量表25道题
13	许娟（2012）	有效问卷284份	17	5类因子。自我目标的设定、自我谈话、自我奖赏、预想成功表现、工作内在奖赏	知识型员工自我领导、自我效能感与工作幸福感的关系研究	西南财经大学	霍顿和内克（2002）（RSLQ）问卷原型基础上调整
14	付静（2012）	在郑州、开封、乌鲁木齐、西安、深圳等城市选取不同类型的企业组织和公共组织，有效问卷603份	26	自我奖赏、情绪调节、成功绩效心象化、工作内在奖赏、自我目标设置、自我谈话、自我惩罚	自我领导、内外控人格与工作投入的相关研究	河南大学	梁瀚中（2009），对该问卷的7维结构进行严格因素分析，并对问卷的内部一致性信度加以检验
15	李秀娟(2013)	知识员工		以知识型员工为对象，验证了诺伊贝尔和J. C. 吴修订的自我领导量表。主要由自我目标设定、自我奖赏、自我惩罚、自我谈话和预想成功表现五个维度构成，具有良好的信度和效度	知识型员工自我领导力对工作投入的影响：基于工作自主性的调节作用	东北财经大学	

续表

序号	研发者（时间）	取样对象	题项	内容结构和因素	内容出处	文章出处	备注
16	周青（2013）	企业员工		5个维度。自我奖励、参照激励、成功绩效心象化、自我目标设定和自我谈话	中国企业员工的自我领导：影响与作用机制	暨南大学	
17	王雯（2014）	宁夏银川市回族高校大学生		基于过程性，形成由RSLQ、过程性调查问卷和学生自评问卷三部分组成的我国民族地区高校学生自我领导力发展调查问卷	我国回族地区高校学生自我领导力调查和发展策略研究：以宁夏银川市为例	华中师范大学	

附录2　SLQ量表与RSLQ量表比较分析

SLQ问卷（50题）			RSLQ问卷（35题）		
维度	因子	题目	题目	因子	维度
一、行为策略	自我观察（50－1、9、19、27、40）	1 我注重了解自己目前学习或工作的表现 9 我能够了解自己在目前的学习或工作中所取得的进步 19 我常常记录自己在学习或工作中取得的进步 27 当我从事某一活动时，我通常能够清楚地意识到自己的表现 40 我关注自己在工作中的表现	7 我会特别关注我的工作表现 16 当我做一件事情时，我通常能清楚意识到自己的表现如何 25 我会关注自己工作表现 31 我会密切关注自己正在进行的工作进展	自我观察（35－7、16、25、31）	一、行为策略
	自我目标设定（50－2、10、20、28、32、41）	2 我为自己的表现写下明确的目标 10 我为达到自己的明确目标而努力工作 20 我为自己的表现设定明确的目标 28 我会认真思考自己今后想要达成的目标 32 为了取得学习或工作的效果，我会有意识地设定目标 41 我会在心里为自己目前的任务，设定明确的目标	2 我会为自己执行的任务设定具体目标 11 为了完成工作任务，我会有意识的在心中设置目标 20 我会朝着已经设定好的具体目标前进 28 我会思考以后要实现的目标 34 为了能取得好结果，我会把具体目标写下来	自我目标设定（50－2、10、20、28、32、41）	

续表

SLQ 问卷（50 题）			RSLQ 问卷（35 题）		
维度	因子	题目	题目	因子	维度
一、行为策略	自我奖励（50 - 4、12、22、34、43）	4 当我所做的某件事进展顺利时，我会给自己一个特别的奖励，例如吃一顿丰盛的晚餐、看场电影或逛街购物等 12 当我已经成功地完成某项任务之后，我经常用一些自己喜欢的东西犒劳自己 22 当我将别人交给我的任务完成得特别出色时，我喜欢用一些自己特别喜欢的事情或活动奖励自己 34 当我很好地完成某一项活动时，我会产生良好的自我感觉 43 取得成功后，我会在内心深处祝贺自己	4 当我能很好完成一项任务时，我会用喜欢的方式犒劳自己 13 当出色完成一件事情时，我会犒劳一下自己，如一顿美食、一场电影或一次购物等 22 当我成功地完成一项任务，我经常会奖励一些自己喜欢的东西	自我激励（35 - 4、13、22）	一、行为策略
	自我惩罚（50 - 5、13、23、29、35、44）	5 当我的表现不能达到外在给定的标准时，我会让自己得不到自己喜欢的东西 13 当我没有做好时，我通常会坦率地表达出对自己的不满 23 当我对自己的表现不满时，我会克制自己做一些自己喜欢的事 29 当我把某件事情干砸了，我会感到内疚 35 当我糟糕地完成某项任务时，我会在心里瞧不起（厌恶）自己 44 当我不能很好地完成任务时，在心灵深处我趋向严厉地对待自己	6 当事情做得不尽人意时，我会瞧不起自己 15 当我未能很好完成一项任务时，我会在思想上严格要求自己 24 当我不能很好完成任务时，我会感到内疚 30 当我做得不够好的时候，我会公开表达对自己的不满	自我惩罚（35 - 6、15、24、30）	

续表

SLQ 问卷（50 题）			RSLQ 问卷（35 题）		
维度	因子	题目	题目	因子	维度
一、行为策略	自我暗示（50 – 3、11、21、33、42、49）	3 我用已经写好的便条提醒自己需要完成的任务 11 我会用具体的东西（例如，笔记、清单）帮助自己把注意力集中于需要完成的学业或工作上 21 我设法让自己的身边围绕着能激发我做出最佳表现的人或物 33 我会在内心提醒自己需要做的事情 42 我有时会采用心理小窍门（例如，记住任务的缩写或简称）帮助自己记住需要做的事情 49 我经常给自己打气加油，让自己确信我能行	9 我用写便条的形式提醒自己哪些事情需要完成 18 我用诸如便条、清单等具体方式提醒自己，帮助我专注完成任务	自我暗示（35 – 9、18）	一、行为策略
	实践（50 – 14、50）	14 在我真正地面对挑战之前，我经常会身体力行地演练计划好的应对挑战的方法 50 我喜欢采取行动，自己解决问题			
二、内在动机策略	内部动机（50 – 6、15、24、36、45、48）	6 我会在工作中寻找并增加自己感兴趣的活动 15 当我可以选择时，我喜欢用自己能从中得到乐趣的方法处理事情，而不仅仅是把事情做完了事 24 我设法让自己喜欢的活动成为自身工作的一部分 36 我尽量了解学习或工作中自己特别喜欢的方面 45 我将自己的思想集中于从学习或工作中所获得的愉悦感觉，而不是那些不开心的感觉 48 我倾向于寻找能够提供机会的行动方案，而不是过多地去强调潜在障碍的行动方案	8 我会在工作学习中关注令人愉快的一面而不是令人讨厌的一面 17 我会尽量让那些能给我带来可取表现的事物伴我左右 26 如果可以选择，我会尽量去享受工作而不是仅仅为了完成任务 32 我会在工作中找到自己喜欢的活动内容 35 我寻找自己喜欢的方式来完成工作	自然奖励策略（35 – 8、17、26、32、35）	二、自然奖励策略

续表

SLQ 问卷（50 题）			RSLQ 问卷（35 题）		
维度	因子	题目	题目	因子	维度
三、建设性思维策略	想象成功的行为（观察成功的行为和表现）（50 - 7、30、37、46）	7 我能用语言描述自己成功完成某项任务的样子 30 我在实际进行某一任务之前经常会在脑海中先勾勒出成功表现的情境 37 我有目的地想象自己克服了所面临的挑战 46 我会想象自己游刃有余地处理重要任务时的情形	1 在执行重要任务时，我会想象自己完成得很好 10 做一件事情之前，我会设想已经成功完成的情形 19 有时候，做一件事情之前，我会在脑海里想象成功的表现 27 我会设想我正在克服所面临的问题 33 在处理一项具有挑战性的工作之前，我会在脑子里先预演一下	想象成功的行为（35 - 1、10、19、27、33）	三、建设性思维策略
	自我对话（50 - 8、16、18、26、39）	8 有时，我会通过大声地与自我对话的方式来提高自己战胜困难的信心 16 有时，我尝试着将自己成功处理某项任务的心理活动大声地表述出来 18 有时，我发现自己正在通过大声地与自己交谈的方式来克服面临的困难 26 当我处于困难时，我有时会大声地和自己对话以并帮助自己克服困难 39 我经常有意识地思考自我对话的内容	3 我有时发现自己会自言自语或在脑海中自我对话，因为这样有助于对付面临的问题 12 在面临工作困难时，我有时会自言自语或心中嘀咕 21 当我在困难的情况下，我有时会自言自语或在脑海中自我对话，这样有助于帮我渡过难关	自我对话（35 - 3、12、21）	

续表

SLQ 问卷（50 题）			RSLQ 问卷（35 题）		
维度	因子	题目	题目	因子	维度
三、建设性思维策略	反思内在价值观（评价内心的价值观和假设）（50－17、25、31、38、47）	17 当我与其他人的意见不同时我会公开自己的观点并评价自己的设想 25 我试图说出或写下自己面对困难的信念，并评估它们是否有效 31 每当我遇到一个难题时，我通常会重新审视自己内在的信念和先前的设想 38 当我面临困境时，我总是在心里评价自己对于这种状况的认识是否准确 47 我经常认真思考并评价自己所持的信念和想法	5 每当面临困境，我会想一想自己的信念和假设 14 我会在内心评估自己所面临困境的判断是否准确 23 当与别人有分歧时，我会公开表达和评估自己的假设 29 我会思考并评估自己持有的信念和假设	评估信念和假设（35－5、14、23、29）	三、建设性思维策略

附录 3　教师自我领导力正式量表

教师工作基本情况问卷

尊敬的老师：

您好！

下面是您在日常教育教学工作中可能遇到的一些想法和做法，请您评价这些想法和做法与你的实际情况的符合程度。请仔细阅读每道题目，并在后面相应的选项上划√。所有问题无正确与错误之分，您只要按自己真实想法回答即可，所有信息仅供我们推进工作和研究之用。我们郑重承诺对您的真实想法保密，请放心如实填写。

请不要漏选多选，感谢您的支持！

W 市教师教育院

20××年 1 月

一、基本信息（请在相应的□上打上√）

1. 您的性别：　男□　女□

2. 您所任教的学科：　语文□　数学□　英语□　物理□　化学□　生物□　思想政治或思想品德□　历史或社会□　地理□　科学□　音乐□　体育□　美术□　信息、通用技术□　其他□

3. 学校所处区域：　城市（县市区主城区）□　乡镇□　农村□

4. 学校类型：　小学□　初中□　高中□

5. 工作年限：　1～3 年□　4～9 年□　10～19 年□　20 年以上□

6. 学历：　中专□　大专□　本科□　研究生□

7. 职称：中学高级（小中高）□　中学一级（小高）□　中学二级（小

一）□　中学三级（小二）□

8. 荣誉：　普通教师□　县学科骨干□　市学科骨干或县“三坛”□　市“三坛”或县名师□　市名师、特级等□

二、工作情况量表

1. 上公开课前，我会想象自己能有好的表现

2. 我会为自己任教的学科（或管理工作）设定具体的目标

3. 我会通过与自己交谈（或心理活动）的方式来克服面临的困难

4. 工作卓有成效，我会用自己喜欢的方式犒劳自己

5. 与同事发生矛盾，我能迅速地冷静下来

6. 我更关注工作带来的成就感而不是外在的奖励

7. 我会想办法处理与同事之间的关系

8. 我会用一些方式（如备忘录或手机等）提醒自己哪些事情需要及时完成

9. 做一件事情之前，我会想象成功后的情形

10. 我会认真思考自己今后想要达成的目标（如职称、荣誉或什么类型的教师）

11. 当工作进展顺利时，我会给自己特别的奖励，如吃美食、看电影、睡觉、逛街购物等

12. 当面临困境时，我总是在心里评估自己对于这种状况的认识是否准确

13. 我会因工作失误而埋怨自己

14. 我会用记事本或其他方式，提醒自己要专注于某项任务

15. 我在进行某一任务之前，经常会在脑海中先勾勒出成功表现的情境

16. 当我出色地完成一项任务时，我会自我感觉良好

17. 当我把公开课上砸了，我会难过好一阵子

18. 当很好地完成一项任务时，我会给自己点“赞”

19. 任务没完成，我会责怪自己

20. 我会为自己设定个人职业发展目标

21. 我坚持“工作能给人带来快乐”的信念

22. 我会经常反思自己到底要成为怎样的教师

23. 我会密切关注自己正在进行的工作进展
24. 上公开课之前，我会在脑子里先预演一遍
25. 我对“怎样是一位好教师”有自己的评判标准
26. 我会用自己喜欢的方式开展上课、备课、批改作业或管理工作
27. 如果可以，我会营造自己喜欢的环境来备课或上课
28. 工作中，我经常鼓励自己“努力过了就好，结果顺其自然”
29. 看到学生的问题得到解决，我会有一种愉悦感
30. 我会区别自己的教学行为（如备课、上课或批改作业等）是否有效
31. 课堂上，我基本上能分辨出学生的学习效果
32. 当工作不顺的时候，我会心情沮丧
33. 我会想办法让自己的课堂教学（或管理工作）更加出色
34. 当一堂课没上好，我会心里不舒服

参考文献

（一）中文参考文献

1. 中文书籍

[1] [美] 阿巴斯·塔沙里克，查尔斯·特德莱．混合方法论：定性方法与定量方法的结合 [M]．重庆：重庆大学出版社，2010.

[2] [法] 埃德加·莫兰．复杂性理论与教育问题 [M]．陈一壮译．北京：北京大学出版社，2004.

[3] [美] 布迪厄，华康德．实践与反思 [M]．李猛，李康 译．北京：中央编译出版社，2004.

[4] 陈桂生．到中小学研究教育："教育行动研究"的尝试 [M]．上海：华东师范大学出版社，2000.

[5] 陈熙春，王建国，金荣根．领导学视野中的领导能力研究 [M]．上海：上海人民出版社，2007.

[6] 陈向明．质的研究方法与社会科学研究 [M]．上海：上海人民出版社，2000.

[7] 陈永明．教育领导学 [M]．北京：北京大学出版社，2010.

[8] 陈永明．现代教师论 [M]．上海：上海教育出版社，1999.

[9] 仇立平．社会研究方法 [M]．重庆：重庆大学出版社，2009.

[10] 傅道春．教师的成长与发展 [M]．北京：教育科学出版社，2001.

[11] 顾明远．教育大辞典（第一卷）[M]．上海：上海教育出版社，1990.

[12] 教育部师范教育司．教师专业化的理论与实践 [M]．北京：人

民教育出版社，2001.

[13] 联合国教科文组织．学会生存：世界教育的今天和明天 [M]. 北京：教育科学出版社，1996.

[14] [美] 罗伯特·G. 欧文斯．教育组织行为学 [M]. 窦卫霖 等译．上海：华东师范大学出版社，2001.

[15] 罗伯特·西奥迪尼. 影响力 [M]. 陈叙译．北京：人民大学出版社，2006.

[16] 饶见维．教师专业发展：理论与实务 [M]. 台北：五南图书出版公司，1996.

[17] 申荷永．充满张力的生活空间 [M]. 武汉：湖北教育出版社，1999.

[18] 陶西平．教育评价辞典 [M]. 北京：北京师范大学出版社，1998.

[19] [美] 托马斯·J. 萨乔万尼. 道德领导抵及学校改善的核心 [M]. 冯大鸣译．上海教育出版社，2002.

[20] 王少非．新课程背景下的教师专业发展 [M]. 上海：华东师范大学出版社，2005.

[21] [美] 危姆斯·麦格雷戈·伯恩斯．领袖 [M]. 常健，等译．北京：中国人民大学出版社，2007.

[22] 韦伯．社会科学方法论 [M]. 北京：中央编译出版社，1998.

[23] 吴明隆. SPSS 的操作与应用 [M]. 重庆：重庆大学出版社，2009.

[24] 吴明隆．结构方程模型：AMOS 的操作与应用 [M]. 重庆：重庆大学出版社，2009.

[25] 谢维和．教育活动的社会学分析：一种教育社会学的研究 [M]. 北京：教育科学出版社，1999.

[26] 辛自强．知识建构研究：从主义到实证 [M]. 北京：教育科学出版社，2006.

[27] 叶澜．教师角色与教师专业发展新探 [M]. 教育科学出版社，2001.

[28] 朱永新．朱永新教育文集（卷九）·享受与幸福 [M]. 北京：人

民教育出版社，2004.

2. 期刊论文

[1] 操太圣，卢乃桂. 教师专业发展新范式及其在中国的萌生 [J]. 教育发展研究，2002 (11)：71 – 75.

[2] 曹威麟，谭敏，梁樑. 自我领导与个体创新行为：一般自我效能感的中介作用 [J]. 科学学研究，2012 (7).

[3] 陈正芹，吴涛. 自我领导理论视野下的高校大学生创业教育研究 [J]. 江淮论坛，2013 (3).

[4] 冯国梁，赵媛. 自我领导力的修炼 [J]. 现代企业教育，2012 (9).

[5] 高建中. 校长信息化领导力的自我认识与自我提升 [J]. 中小学信息技术教育，2009 (4)：11 – 13.

[6] 高顺伟. 领导者如何实现自我领导 [J]. 领导科学，2009 (34)：53 – 54.

[7] 林存华. 走向自我领导力培训 [J]. 党政论坛，2010 (10)：45 – 47.

[8] 刘碧辉. 组织中自我领导对个体创新行为的影响研究 [J]. 商场现代化，2013 (21)：134 – 135.

[9] 刘素贞，张潍华. 自我领导在高校管理中的应用探析：基于山东省 431 名高校管理干部的调查 [J]. 黑龙江高教研究，2012 (9)：50 – 53.

[10] 刘文辉. 个体创新性、创造性与员工自我领导的关系研究 [J]. 现代经济信息，2010 (13)：28 – 30.

[11] 刘新梅，于博. 高校变革型领导对教师组织承诺的影响机制研究：自我效能感和目标自我一致的中介作用 [J]. 科技管理研究，2009 (5)：261，268 – 270.

[12] 刘云. 自我领导与员工创新行为的关系研究：心理授权的中介效应 [J]. 科学学研究，2011 (10).

[13] 彭彦彬，徐亮. 研究生自我领导策略对创新能力的影响研究：基于广东省五所高校的调查分析 [J]. 文教资料，2012 (19)：116 – 118.

[14] 汪洁. 女性领导群体自我组织与教育的调查分析 [J]. 南方论丛，

2005（1）：77-83.

［15］王登峰，崔红．基层党政领导干部的行为风格与自我和谐及工作绩效的关系［J］．心理科学，2006（5）：1040-1044.

［16］王绯烨，洪成文，萨莉·扎帕达．美国教师领导力的发展：内涵、价值及其应用前景［J］．外国教育研究，2014（1）.

［17］吴国珍．为农村教师持续成长发育城乡统筹教师共同体［J］．教师教育研究，2013（1）：11-16.

［18］吴国珍．引出教师的课程领导智慧［J］．教师教育研究，2006（3）：28-32.

［19］吴颖民．国外对中小学教师领导力问题的研究与启示［J］．比较教育研究，2008（8）.

［20］夏星，钱自严．自我领导力的执行原则［J］．领导科学，2013（2）：38-39.

［21］谢维和．教师培训：补充还是转型［J］．高等师范教育研究，2002（1）.

［22］叶澜．跨世纪中国教师教育发展的若干问题［J］．教学与教材研究，1998（2）.

［23］伊翠莹，王鹏，王赛男，陈雷，高峰强．中学领导干部人格特征、自我效能感与领导方式的关系研究［J］．当代教育科学，2007（7）：57-58.

［24］鱼霞，毛亚庆．论有效的教师培训［J］．教师教育研究，2004（1）：58-60.

［25］曾荣光．教学专业与教师专业化：一个社会学的解释［J］．香港中文大学教育学报，1994（1）.

［26］张红琪，鲁若愚，蒋洋．服务企业员工自我领导对创新行为的影响研究：以自我效能为中介变量［J］．研究与发展管理，2012（4）.

［27］张明．领导干部心理抑郁问题的自我预防与调适［J］．领导科学，2013（1）：8-10.

［28］张潍华，刘素贞，胡青，孔雨佳．山东省高校管理干部自我领导力测评与分析［J］．宁波大学学报（教育科学版），2010（2）：43-47.

[29] 张学明，申继亮．国外教师教学专长及发展理论述评［J］．比较教育研究，2001（3）．

[30] 赵泽洪，朱亚兰．组织扁平化趋势中员工关系管理的变化与重构：基于自我领导理论的视角［J］．江淮论坛，2013（4）：71-75．

[31] 钟启泉．“教师专业化”的误区及其批判［J］．教育发展研究，2003（4）．

[32] 朱朝辉，胡建生．授权型领导与自我领导的比较［J］．商场现代化，2010（23）：136．

[33] 朱志勇．教育研究方法论范式与方法的反思［J］．教育研究与实验，2005（1）．

[34] 朱志勇．教育研究者在质化研究中的“关系”：一种反思社会学的思考［J］．教育理论与实践，2001（6）．

3. 学位论文

[1] 曹文峰．自我领导对员工创新行为的影响机理研究［D］．南昌：江西财经大学，2010．

[2] 陈雷．中学领导的人格特征、自我效能感与领导方式的关系［D］．济南：山东师范大学，2006．

[3] 陈元勇．基于职业生涯动机的自我领导能力研究［D］．合肥：中国科学技术大学，2010．

[4] 房菲．变革型领导对员工工作绩效和挫折感的影响：员工自我效能的中介作用［D］．上海：上海交通大学，2012．

[5] 付静．自我领导、内外控人格与工作投入的相关研究［D］．郑州：河南大学，2012．

[6] 胡荣堃．中小学教师自我领导水平的实证研究［D］．北京：北京师范大学，2007．

[7] 蒋洋．服务企业员工自我领导、自我效能与创新行为的关系研究［D］．成都：电子科技大学，2011．

[8] 李晓蕾．关于大学生自我领导力水平的实证研究：以北京师范大学为个案［D］．北京：北京师范大学，2006．

[9] 梁瀚中. 中国文化背景下企业员工的自我领导 [D]. 郑州：河南大学，2009.

[10] 刘成敏. 授权型领导力对自我效能感的影响 [D]. 哈尔滨：哈尔滨工业大学，2010.

[11] 刘文兴. 授权领导与员工创新行为：角色认同、自我效能感及风险偏好的影响 [D]. 武汉：华中科技大学，2010.

[12] 宁卓慧. 护士长领导行为与自我效能、成就目标定向的关系研究 [D]. 太原：山西医科大学，2008.

[13] 潘芳芳. 小学教师心理资本对其工作投入的影响研究 [D]. 北京：首都经济贸易大学，2012.

[14] 曲少凤. 员工成就动机与职业承诺、工作投入关系研究 [D]. 太原：山西大学，2011.

[15] 汤磊. 企业知识员工的自我领导现象研究 [D]. 上海：华东理工大学，2011.

[16] 许娟. 知识型员工自我领导、自我效能感与工作幸福感的关系研究 [D]. 成都：西南财经大学，2012.

[17] 张婉莉. 公路工程企业中层干部人格特质、成就目标定向、自我效能感、职业紧张与其领导行为的关系 [D]. 西安：陕西师范大学，2005.

[18] 张潍华. 高校管理干部自我领导力水平实证研究：以山东省为例 [D]. 北京：北京师范大学，2010.

[19] 张哲. 组织内信任、组织承诺对企业员工工作投入的影响 [D]. 太原：山西大学.2012.

[20] 朱生玉. 中学教师自我领导力与工作绩效的相关性研究：以秦皇岛市职业学校为个案 [D]. 北京：北京师范大学，2007.

4. 论文集和报纸

[1] 坚持用好批评和自我批评的武器提高领导班子解决自身问题能力 [N]. 人民日报，2013－09－26.

[2] 刘云，石金涛. 思维自我领导理论在绩效评价中的应用 [A]. 北京大学、无锡市人民政府、江苏省人事厅、中华人力资源研究会. 区域人才开

发的理论与实践：港澳台大陆人才论坛暨2008年中华人力资源研究会年会论文集［C］. 北京大学、无锡市人民政府、江苏省人事厅、中华人力资源研究会，2008：7.

［3］王国锋，井润田，陈睿．危机情境下自我牺牲式领导研究述评及研究模型提出［A］. 中国管理现代化研究会．第五届（2010）中国管理学年会：组织行为与人力资源管理分会场论文集［C］. 中国管理现代化研究会，2010：8.

［4］余世维．卓有成效从自我领导始［N］. 中国证券报，2008-02-01：A12.

（二）英文参考文献

［1］Alves J, Lovelace K, Manz C, Matsypura D, Toyasaki F, Ke G. A cross-cultural perspective of self-leadership［J］. Journal of Managerial Psychology, 2006.

［2］Anderson J S, Prussia G E. The self-leadership questionnaire: Preliminary assessment of construct validity［J］. The Journal of Leadership Studies, 1997.

［3］Bandura A. Social Learning Theory［M］. Morristown: General Learning Press, 1971.

［4］Bligh M C, Pearce C L, Kohles J C. The importance of self and shared leadership in team based knowledge work［J］. Journal of Managerial Psychology, 2006.

［5］Boss A D, Sims H P, Jr. Everyone fail! Using emotion regulation and self-leadership for recovery［J］. Journal of Managerial Psychology, 2008.

［6］Carver C S, Scheier M F. On the Self-Regulation of Behavior［M］. Cambridge University Press, New York, NY, 1998.

［7］Christopher P. Neck, Charles C. Manz. Mastering Self-leadership: Empowering Yourself for Personal Excellence［M］. Pearson Education, Inc, 2013.

［8］Christyn L D, Mike S, Mary A S. The relationships between self-leadership and enhanced psychological health and work outcomes［J］. The Journal of Psychology, 2001.

[9] Diliello T, Houghton J. Maximizing organizational leadership capacity for the future toward a model of SL innovation and creativity [J]. Journal of Managerial Psychology, 2006.

[10] Elloy D F. The influence of superleader behaviors on organization commitment, job satisfaction and organization self-esteem in a self-managed work team [J]. Leadership & Organization Development Journal, 2005.

[11] Georgianna S. Self-leadership: a cross-cultural perspective [J]. Journal of Managerial Psychology, 2007.

[12] Horner M. Leadership theory past present and future [J]. Team Performance Management, 1997.

[13] Houghton J, Bonham T W, Neck C, Singh K. The relationship between self-leadership and personality a comparison of hierarchical factor structures [J]. Journal of Managerial Psychology, 2004.

[14] Houghton J, Yoho S. Toward a contingency model of leadership and psychological empowerment: when should self-leadership be encouraged? [J]. Journal of Leadership and Organizational Studies, 2005.

[15] Jackson S A. An evaluation of pastoral self-leadership and church health in church plants. 2005.

[16] John D P. Self-leadership behavioural-focused strategies and team performance The mediating influence of job satisfaction [J]. Leadership & Organization Development Journal, 2006.

[17] Joiner B, Josephs S. Developing agile leaders [J]. Industrial and Commercial Training, 2007.

[18] Khan M A. Self-leadership: Factors influencing self-managing activities of professionals in for-profit organizations. 2000.

[19] Kinkade K. The association of self-leadership and coping style for urban, economically disadvantaged women. 2003.

[20] Kirschenbaum D S. Self-regulatory failure: An overview with clinical implications [J]. Clinical Psychology Review, 1987 (7): 77-104.

[21] Latham C A P, Locke E A. Self-regulation through goal setting [J]. Organizational Behavior and Human Decision Processes, 1991 (50): 212-247.

[22] Lovelace K J, Manz C C, Alves J C. Work Stress andLeadership Development: The Role of Self-leader-ship, Shared Leadership, Physical Fitness and Flow in Managing Demands and Increasing Job Control [J]. Human Resource Management, 2007.

[23] Manz C. Self-Leadership: Toward an expanded theory of self-influence processes in organizations [J]. The Academy of Management Journal, 1986.

[24] Mike K, Sharon L S, Amy E H. The use of mental imagery in the simulated employment interview situation [J]. Journal of Managerial Psychology, 2003.

[25] Neck C P, Houghton, J D. Two decades of self-leadership theory and research [J]. Journal of Managerial Psychology, 2006.

[26] Neck C P, Neck C C. Thought self-leadership: The impact of self-talk and mental imagery on performational Behavior [J]. Journal of Organizational Behavior. 1992, 13 (7): 681-699.

[27] Neck P, Manz C C. Mastering Self-leadership Sixth Edition: Enpowering Yourself for PersonalExcellence [M]. Pearson Education Inc., 2013.

[28] Neubert M, Wu J. An investigation of the generalizability of the Houghton and Neck Revised Self-leadership questionnaire to a Chinese context [J]. Journal of Managerial Psychology. 2006.

[29] Nick Kweldam. Personalleadership: The development of personal leadership in relationship with job and life satisfaction [D], University of Twente Supervisors, 2013.

[30] Pearce C L, Manz C C. The New Silver Bullets of Leadership: the importance of self and shared leadership in knowledge work [J]. Organizational Dynamics. 2005

[31] Prussia G E, Anderson J S, Manz C C. Self-leadership and performance outcomes: The mediating influence of self-efficacy [J]. Journal of Organ Dysfunction, 1998.

[32] Reyes E V. An inquiry into the applicability of self-leadership to missionary leadership: A case study. 2007.

[33] Udo K, Panja A, Thomas E. Self-Leadership in Organizational Teams: a multilevel analysis of moderators and mediators [J]. European Journal of Work and Organizational Psychology, 2009.

[34] White R W. Motivation reconsidered: the concept of confidence [J], Psychology Review, 1959 (66): 297 -333.

后　记

本书由博士论文修改而成。作者和书籍的主体部分都诞生于一个名为大乌石的浙东南小山村。

四季分明的浙东南沿海温润的气候总能给土地带来色彩斑斓的收获，对土地的崇敬和对收获的期待成为我们最初的生存本能和朴素的审美取向。父辈们世代耕耘着熟悉的田地，敬畏神灵，敬畏自然，敬畏知识。五月的老家，枇杷已趋于饱满，坐果的杨梅正逐渐丰润，老屋前的石榴在多次台风后依旧不屈不挠的用火红的花朵迎接新一年的盛夏。那棵小学三年级因村子布电线被砍伐的老梧桐树伴随童年渐行渐远，大家庭的兄弟姐妹们也都在忙着各自的家庭和事业，四十年只是弹指间的灰烬。感谢生命最初印记中的温润亲情。

三十年前，祠堂里的村小学老师用方言夹杂的普通话结束学期课程时，我的语文成绩单上的评语往往会有一句“归纳文章中心大意能力有待提高”。习惯于不求甚解的我，一直算不上出类拔萃。这使我时刻告诫自己须加倍努力方可有常人的学习效果，所以不敢怠慢慵懒。

二十年前，父亲冒雨把大学录取通知书带回递到我手上，农村逐渐远离我的视线；十五年前，我用近乎大胆的方式争取到读硕士的机会，高校再一次走入我的生活；十年后，机遇再一次垂青于我，让我与北师大结缘。流金岁月，谁敢说未来是可以精准预测的呢？努力总不会有错。

四年前，我梦想要写一篇与众不同的毕业论文，四年后，发现自己彼时竟如此狂妄幼稚；四年前，我信奉教育的理想和理想的教育，四年后，我相信落地的行动是思想的脚手架；四年前，北京是一个遥远的地理概念，四年后，因北师大与北京演绎出割舍不断的情缘；四年前，木铎金声傍的开学集体照中的我还是满头黑发，四年后，愤然冒出的老年斑已无从寻觅稍长的秋霜。世事难料，谁又能知道手中盒子里的下一个巧克力会是什么味道呢？生活充满了纷繁未知的悬念，赋予年岁渐长的诸般内涵。

我只是一个偶然闯入麦田的拾穗者。在学术的“麦田”里，我用近乎敬畏的心态去窥视浩瀚的研究场域，时常感受到自己因无知带来的窘态，也同时收获向真理低头的谦卑。很长一段时间，总以工作忙延缓自己的学习进程，直到论文明确提纲开始提笔撰写时才发现最大的“苦难”不是缺少时间和精力，而是缺少以学术素养为核心的专业能力。文中随处可见的武断言辞让人汗颜，却也真实地记录了自己步履蹒跚的求学足迹。研究的过程是不断暴露不足的过程，研究暴露了一位学习者耽于经验汇总、疏于学理分析、乐于价值输出和苦于无力表述等诸多弊端。“无力感”是论文写作中头脑挥之不去的关键词。当然，研究的过程也是自我领导力的实践过程，我享受这个痛苦但有意义的自我探索过程。在学习周期和论文撰写过程中，我把慢跑、写学术日记与论文写作时间节点有机地结合起来，敦促自己要克服慵懒随性的坏毛病，尽可能地把思考和实践学术化。对土地的迷恋是庄稼人的本色，对学术的敬畏是无知者的起点，不敢奢求创新，但求过程呈现。期待做一个麦田守望者。

感谢导师周作宇教授把我带入学术的“麦田”，是他高尚的人格魅力和精深的专业涵养引领我开始学术思考。从论文选题到成文的整个过程，导师总是用惯用的方式激励、启发、引导我阅读、思考和写作。特别是对选题意义的认识、论文逻辑关系及分析框架搭建等方面的指导更是让我有自以为醍醐灌顶的领悟；很幸运，第一次和导师见面，就明确了研究方向。周老师提了四点建议：要先做文献、要开始积累研究素材、要学习研究方法、要坚持写专业日记。这四点建议伴随我四年的学习，也希望能一直予以保持。我用“不求甚解”的能力去“不敢慵懒”的努力。自我领导真是一个玄妙的领域。

感谢论文写作中诸多老师和朋友的鼓励和帮助。感谢洪成文教授、李奇教授、周海涛教授、谷贤林教授、林杰教授、陈向明教授、秦惠民教授、姚云教授在论文开题、预答辩和答辩中给予的鼓励、批判和建议，是导师们的批评和要求让我鼓起勇气去再三翻阅和修改自己的浅陋无知；感谢朱旭东教授、徐志勇博士、杜瑞军博士、肖正德博士、赵志红博士、廖传景博士、温红博博士在论文材料收集、研究方法使用和疑难问题解惑上提供的诸多帮助。他们点对点的问题解决总让人有豁然开朗的愉悦感。

感谢师大学习期间诸多老师和朋友的关心和帮助。有机会到北师大学习，要感谢边玉芳教授、张斌贤教授、马健生教授、赵德成教授、李长吉教授和林可夫教授给予的鼓励和关心；感谢同门马佳妮、赵楷、王媛、赵宇新、李胜兰等同学提供的许多学习便利，她们的热情、真诚、专业和不吝鼓励是我前进的动力和学习的榜样；感谢以徐志勇博士为班主任的2011级教育博士班，这是一个温暖好学有激情的集体。难以忘记，木铎金声旁的灿烂笑容，寓学于乐的安徽和山东游学，励耘学苑的深夜畅谈，十二橡树的书生意气……特别感谢王轶、程玮、艾忻、金波、张金甫同学对论文写作过程中给予的启发、激励和帮助。与他们一起走过的四年充满欢乐和激情。

感谢工作单位领导和同事的帮助。感谢温州市教师教育院周平珊院长、王振中院长、麻晓春书记和温州城市大学陈红辉书记、陈千帆副校长，他们的宽容心胸和开阔视野为学习提供诸多便利；感谢同事卢尚建博士和孙有福老师，他们的专业素养和工作阅历为论文写作提供不少素材；感谢同事黄静、杜佐月、黄孝长、叶文娟、陈晓洁和曾丽萍，他们的时刻“在场”伴随我北师大学习的整个过程。感谢好友胡忠英博士，他丰富的人生阅历、热情的个性魅力和执着的目标意识贯穿我求学的整个过程，完美诠释了挚友的丰富内涵。

感谢论文材料收集中的每一位朋友。感谢浙江乐清师范学校99（5）班全体同学鼓励，感谢提供教育自传的每一位老师，感谢参与问卷调查的每一位老师；感谢朱力老师的问卷技术支持，感谢谢建丰、吴淑玲、陈芳华、章勤琼、章海燕、戴雅丽、金文怡、林宝宝、朱丽娜等老师毫无保留的自我分析；感谢学生黄魏静提供的一手材料，感谢表妹胡凯文对文字的耐心细致校对。是他们的倾力帮助，让论文写作的进程更加顺利高效。

感谢爱人和儿子。读博期间的每个寒暑假，为了让我安心学习，妻子总是不辞辛劳带儿子外出游历。儿子也能理解我的不在场。四年时间，见证了妻子的用心、艰辛和胆识，也见证了儿子的健康、勇敢和独立。

生命是一个惊喜不断的流程，我用四年的时间给四十年的人生做一个关于成长的注释。感谢一路上给我指导、关爱、帮助、陪伴、温暖的每一位师长、领导、同事、同学、朋友和家人。感谢你们，让我更明白生命的意义。

2015 年 5 月，于温州

又

离开教师教育岗位已逾五年，博士毕业也近四年，以为书稿会随记忆尘封不启。

记得 2015 年初夏，离开北师大之际，导师殷切寄语要把论文修改好，要深化研究选题，要结合理论去实践，要把研究当一辈子的事业去做……2017 年年底，在温州，导师再一次敦促我要去做些有意义的研究，要把博士论文出版了……先生还是一如既往的鼓励，殷切的希望，我却发现自己不思上进很久了。

及至 2018 年 9 月，换了一个城市开始新的工作。那些因教师教育工作结缘的鲜活案例和感人场面不时叩响回忆。曾经因共同关注中小学教师专业发展的许多朋友都活出自己的风采，成为公众学习的榜样。抑或是找不到搪塞自己慵懒和不思进取的理由，散落在书稿中的文字不时地以画面片段斑驳光影般再现，但还是不敢用一本拼凑的文字来总结多年的粗浅思考。

年初，在网络群里被多方告知博士论文获首届全国优秀教育博士专业学位论文，这是国家“教指委”在徐州会议上的评选结果，全国仅有十篇。欣喜之余颇多忐忑，也深受鼓舞。学习之路悠长，念念不忘必有回响。

此书有机会出版，要特别感谢杨淑珺院长的敦促、鼓励和资助，感谢甘丹红女士的帮助，感谢浙江广播电视大学的资助。

吴思孝

2019 年 3 月，于杭州